格致方法·社会科学研究方法译丛

社会科学
概念与测量 （全新修订版）

[美]加里·格尔茨 / 著　　Gary Goertz

宋天阳 / 译

Social Science
Concepts and Measurement
New and Completely
Revised Edition

格 致 出 版 社　　上海人民出版社

图书在版编目(CIP)数据

社会科学概念与测量：全新修订版／（美）加里·
格尔茨著；宋天阳译. — 上海：格致出版社：上海人
民出版社,2024.1
（格致方法. 社会科学研究方法译丛）
ISBN 978 - 7 - 5432 - 3518 - 2

Ⅰ. ①社… Ⅱ. ①加… ②宋… Ⅲ. ①社会科学-测
量 Ⅳ. ①C32

中国国家版本馆 CIP 数据核字（2023）第 218124 号

责任编辑 王亚丽
装帧设计 路　静

格致方法·社会科学研究方法译丛
社会科学概念与测量(全新修订版)
［美］加里·格尔茨 著
宋天阳 译

出　　版　格致出版社
　　　　　上海人民出版社
　　　　　（201101　上海市闵行区号景路 159 弄 C 座）
发　　行　上海人民出版社发行中心
印　　刷　浙江临安曙光印务有限公司
开　　本　635×965　1/16
印　　张　16.75
插　　页　2
字　　数　239,000
版　　次　2024 年 1 月第 1 版
印　　次　2024 年 1 月第 1 次印刷
ISBN 978 - 7 - 5432 - 3518 - 2/C · 305
定　　价　75.00 元

致　谢

　　我想对在写作本书过程中给予积极反馈的诸多个人、研究机构以及大学表示感谢。本书的写作历经数年，因而我不可能全部记住所有对本书写作有过贡献的个人和机构。本前言旨在对所有的贡献者表达诚挚谢意。

　　我首先要感谢我在圣母大学研究方法课程的所有同学，他们读过本书不同版本的手稿。我还要感谢雪城大学质性与多方法研究院（IQMR）的同学们，他们是本书的试验对象。

　　我还要对通读过本书书稿的朋友们表示感谢。他们包括巴里·库伯（Barry Cooper）、瑟弗琳·德努林（Séverine Deneulin）、卡斯滕·施奈德（Carsten Schneider）和理查德·斯威德伯格（Richard Swedberg）。

　　同时，我也要感谢查尔斯·拉金（Charles Ragin）和吉姆·马奥尼（Jim Mahoney）数年来针对方法论的研究启发与讨论。

　　本书手稿的不同章节在最后成形时已经在一些工作坊和学术研讨会上展示过：感谢日内瓦大学西蒙·胡格（Simon Hug）和基思·克劳斯（Keith Krause）、得克萨斯大学奥斯汀分校的扎克·埃尔金（Zach Elkin）、帕姆·帕克斯顿（Pam Paxton）和约翰·耶林（John Gerring）；感谢安特卫普定性比较分析（QCA）工作坊；感谢詹姆斯·科普斯泰克（James Copestake）在巴斯大学组织的一系列探讨和主旨发言；感谢埃塞基耶尔·冈萨雷斯-奥坎托斯（Ezequiel Gonzalez-Ocantos）在牛津大学组织的讲话；同时也感谢科林·艾尔曼（Colin Elman）在2019年的质性与多方法研究院举办的小型图书分享会。

与普林斯顿大学出版社埃里克·克拉汉（Eric Crahan）的讨论让本书全新修定版的出版成为现实。感谢布丽奇特·弗兰纳里-麦考伊（Bridget Flannery-McCoy）和阿莱娜·契卡洛夫（Alena Chekanov）时尚的封面设计。感谢技术编辑艾利森·德拉姆（Alison Durham）将诸多文字、图、表等资料变成精致的书籍的一部分。

目　录

1 绪论：一种概念化与测量的本体语义学路径

　　定义一个事物，就是从它所有属性中选择那些被理解为通过名称指代并宣称该事物的特定属性；我们必须非常熟悉这些属性，之后才能确定选取哪些属性作为定义是最恰当的、最应该的。

　　事物的本质……便是如果缺少了这个本质，那个事物要么不再是原来的那个事物，要么我们不再将之看作原来的那个事物。

　　每个命题包含两个名称（概念），且用一个名称肯定或否定另一个名称……因此，对于名称的意义、名称以及名称所指代的事物之间的关系是我们在进行调查研究的初级阶段必须注意的事情，我们找到了原因。

　　　　　　　　　　　　——约翰·斯图亚特·穆勒（John Stuart Mill）

　　约翰·斯图亚特·穆勒在《逻辑体系》（*System of Logic*）一书开篇就称自己写了一本概念的"书"。由于概念是构建理论命题的重要基石，因此从概念出发便是一种逻辑的选择。命题逻辑包括对符号的恰当处理。为了在科学上能够做到有效，这些符号需要被赋予实质性和经验性的内容。

　　概念在通向理论命题的统计评估和经验评估的过程中被测量。因此，概念一定是在许多社会科学应用中被量化和测定的。但是正如拉扎斯菲尔德和巴顿说的那样，在通向经验分析之前，事物必须被概念化：

在我们着手调查事物某个属性的存在或缺失之前……或者在我们能够就特定变量给事物归类或测量它们之前，我们必须形成关于这个变量的概念。（Lazarsfeld and Barton，1951：155）

哲学家、律师、政治理论和社会理论学者围绕如民主、正义和人权等规范性概念进行争论。概念是描述事物的基础。就人类学、民族志、扎根理论以及类似方法论而言，建构概念是核心的理论性和经验性活动。概念也是因果理论、规范哲学和经验性描述的核心。

本书提供了一个处理、构建和评估在不同领域应用的概念的统一框架。这些领域通常是重叠的。举一个我心仪的例子（这个例子在本书中会持续出现），"和平"便是一个规范的、描述性的概念。它属于因果理论的范畴，又是这些理论的经验性检验（Goertz, Diehl and Balas，2016）。

本质上，概念事涉事物的意义、语义和本体论。概念的方法论在很大程度上是语义学和本体论（即关于存在的理论）：

概念是对"是什么"的问题的回答。

对"民主是什么"或"贫困是什么"等的询问是对本体论和概念的询问。概念是关于意义和语义学的问题。

因而，本书也使用一些在文献中很少涉及的关于指标、测量等方面的术语。概念是关于定义、语义学、本体论、意义等的内容。由此，人们通常希望掌握这些概念在数值上的、量化的测量，即所谓的指标。在约翰·斯图亚特·穆勒的《逻辑体系》中，他开始探讨的是概念的"名称"而不是这些名称的测量指标。

需要强调的是，本体论可以发生变化，也可以在不同的背景下被讨论。例如，对概念的性别分析挑战了其传统本体论的偏见，无论是民主政体还是福利国家等。这与构成许多概念的基础的规范性议题紧密相连。转型正义的概念和数据天生具有规范性。它的本体论可能会随着目的和用途而变化。最后，我个人长期致力于研究国内或州内消极和平的概念(Goertz et al.，2019)。这个概念也有许多版本，取决于我将它作为因变量还是自变量或因果变量。在本书第 3 章结尾关于自变量、因变量的探讨中，一个概念存在多个版本的现象会非常明显。

像下一章所讨论的那样，本书的基本框架提供了一种分析、评判以及创造复杂概念的方法论(可能是通过量化表达的)。复杂概念是多维度和多层次的。多维度存在于包含多种属性和特征的概念中。这些定义存在于有多样编码规则的数据中。多维度通常显而易见。例如在下一章中，我们将看到关于多维贫困指数的分析(MPI；Alkire et al.，2015)。

概念的多层次性几乎没有受到广泛关注。正如下一章所探讨的那样，当概念的属性在不同层次上游走时，概念的逻辑也会发生变化。定义的逻辑具有完整性和非冗余性。回到亚里士多德及一般哲学探讨中，一个好的定义通常为概念提供充分的条件场景。数据层面的逻辑通常是一个定义性维度的多种指标。这是一种冗余性的逻辑，并不存在真正完整性的需要。我们通常需要一个维度定义的诸多指标：冗余的指标通常是好事。

这表明不同定义层次的数学逻辑有诸多不同。为了得到最终的数值，复杂概念的最终量化表达通常混合了不同的逻辑及恰当的数学表达。

尽管概念从根本上来说非常重要，但在方法论角度它们却很少被重视。与此同时，学术界兴起了对复杂指标及其相应指数构建的研究(例如，多维贫困指数)。世界银行、联合国、经济合作与发展组织(以下简称"经合组织"，OECD)、欧盟以及许多著名的非政府组织等构建了许多复杂指标。学术界也不乏如梅莉(Merry，2016)和劳伦特(Laurent，2018)等许多学者撰写的论述指标问题的著作。再如，凯莉和西蒙斯有一个正在进行的"全球绩效指标"的项目(Kelley and Simmons，2015)，布鲁姆研究团队在 2018 年有一个关于全球指标的项目(Broome et al.，2018)，还有韦弗(Weaver)的全球指数项目[1]。所

---

① http://www.ipdutexas.org/global-indices-project.html.

有这些指标均是复合的多层次、多维度概念。

多层次、多维度概念更广的研究领域包含对身心健康的测量，或者更确切地说是对疾病和残疾的测量。例如，在本书中，我也将会参考《精神障碍诊断与统计手册》(DSM)。该书也是临床心理学和精神病学的圣经(American Psychiatric Association, various years)。它包含了一系列概念(又名"精神疾病")以及这些概念的症状和指标。政府也构建和使用许多健康指标为重要的政策决策服务。对儿童而言，有美国卫生与公共服务部儿童局关于儿童健康的测量、联合国儿童基金会的世界儿童状况测量、斯特林儿童健康量表，等等(对健康概念及其测量的讨论，可以参考 Alexandrova, 2017 和 Hausman, 2015)。这些都是复合的多维度、多层次指数。

"指数"和"指标"的概念来源于"指向"，例如用我们的食指来指明方向。这些都是一些事物的指标。本书聚焦作为概念的"事物"，写作基本框架的核心特征是在概念上自上而下。它要求概念能够向下与经验性指标和数据相连接。而量化测量的逻辑是自下而上：量化研究始于数据和指标，随后向上层延伸。概念化和测量密不可分：它们是融合在一起的。

在下一章的附录部分，我将本体语义学方法指导下的概念化和测量与潜变量模型做对比。这些潜变量模型呈现出不同的方法论路径，它们更多地关注指标和测量，而非本体论和语义学。潜变量都是原因性指标。本体语义学方法在基本框架中并不存在因果关系。概念的完整性和非冗余性的核心标准在潜变量框架中毫无意义。在基本框架中，我们更加关注定义和概念的结构，其次才是经验性指标；而对于潜变量而言，其关注的重心在测量模型上。

更一般地说，所有的数据集都依赖于概念。以恐怖主义为例，如果基本的概念化是有问题的，那么我们便很难想象其中的数据毫无问题。正如我们将在政体数据库(Polity)民主概念测量中看到的那样，概念化和测量的分离是很常见的。简而言之，本书提供了分析所有种类数据集的方法论。本书的基本框架将数据编码规则看作通过一定的聚合结构而产生的概念化过程。为了理解数据集，我们需要对编码规则进行语义学和概念上的阐释。编码规则(通常是复数)暗含多维度概念。

在本章开头的引语中，穆勒从"下定义"开始，然后是事物的"属性"；这是关于语义学、意义及本体论的论述。他紧接着谈论了存在于真实世界中的"事物"，并在世界中识别和定位了它们。他继而又谈论了关于世界因果关系的"命题"。本书集中探讨概念在描述、因果假设以及规范分析中的核心作用。

1.1 概念的"杂耍"行为

> 我的观点是，任何具有影响他人或受他人影响的事物，哪怕只是一瞬间，无论原因多么微不足道，结果多么微不足道，都是真实存在的；我认为，存在的意义就是力量。
>
> ——柏拉图(Plato)

> 一种特质携带它自身的(因果)能力，从一种情况到另一种情况。
>
> ——南希·卡特赖特(Nancy Cartwright)

> 解释的失败源于描述的失败。
>
> ——伯努瓦·曼德尔布罗(Benoît Mandelbrot)

建构社会科学的有效概念包含了多个"概念球"的杂耍。我用"杂耍"这一隐喻，是因为焦点是在一两个球上，而剩下的球则掉落在地。一些人在他们的研究中关注一个或者两个"概念球"，其他人关注其他的"概念球"。本书强调，当我们思考概念的时候，需要思考所有"概念球"，最后归结于测量。

图1.1展示了这种"杂耍"游戏的本质。概念的建构与相关分析的所有层面都将出现在以下章节的讨论中。考虑到在许多场景中要求对

概念进行测量，需要强调的是，这些"概念球"并没有出现在研究设计和测量的书籍中。与之不同的是，本书的前三章集中探讨这些"概念球"，随后的章节探讨概念的测量。当然，这并不意味着，概念的测量在讨论中会明确或含蓄地呈现，这是因为，概念测量的一个核心问题是将概念化与测量连接在一起。

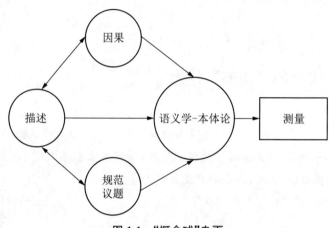

图 1.1　"概念球"杂耍

该图的中间部分是一个语义学球体。这里的核心问题是，概念的含义是什么。这意味着概念化是关于定义的学问。例如，在政治和道德哲学领域，分析的重点是关于一些核心政治概念的定义。

如果一个人只关注定义，那么就有可能对概念和它们的本体论有一种完全单一的看法。因此，在讨论语义学时，将因果关系、描述和规范性问题置于语义学讨论的前面是非常关键的。那么如何决定什么应该放到概念的语义学中呢？正如图 1.1 的箭头所指向的那样，三个重要的因素决定了社会科学中概念的语义学内容。

和概念有关的方法论的核心是概念的语义学与真实世界现象的连接。其中的一个维度是概念及其测量能够准确把握和描述世界的程度。例如，"20 世纪初期，中美洲国家在多大程度上是民主的"这一议题一直饱受争议（Bowman et al.，2005）。这些争议将民主的许多可能的概念及其应用与这些国家当时的现实相连接。大体而言，它们既是概念性的也是经验性的问题。

因此，概念球是描述性效度或经验性效度。所有科学——自然科学和社会科学——的一个核心问题便是准确描述世界。这意味着，本书舍弃概念的唯名论观念，而通过现实视角考察概念。好的概念能准确地描述世界。

心理学上通常讨论"建构"一词，这使得概念的本体论特征变得模糊。心理学中，抑郁是真实存在的，研究者的目标便是使"抑郁"概念化并准确地描述它。简而言之，概念有描述性的目的，并能够依据经验的准确性对概念进行评估。本书的一个核心案例便是贫困的概念及其测量：或许这些贫穷指数的核心目的是准确描述世界上贫困的等级。

图 1.1 通过箭头揭示出描述的准确性影响了概念的语义。因此，经验的准确性应该是决定概念语义的因素。真实世界的发展也影响定义，因为概念本身就是关于世界的本体论的。

概念与数值化测量通常存在于因果分析过程的起始处。这便是为什么穆勒在一开始便讨论事物的名称。因果推断取决于概念及其测量的正确与否。

图 1.1 包含了一个从因果到语义学的箭头。可以看到，概念及其测量在因果机制、假设和理论中均被使用。因果关系问题必须或至少在决定概念的语义方面发挥作用。例如第 3 章中的一条准则声明，我们应该通过因果机制的特征来定义概念。这也使得本书呈现的方法论较为实用。概念需要探寻世界运行的规律，也需要了解概念化的过程。因此，运用本节开头引语中南希·卡特赖特的话来开始这部分的讨论十分恰当。有效的概念能识别构成因果力量的世界的因果特质。

因果关系和因果推断在本书的不同章节出现。当涉及的概念是一个解释性因素时，因果机制在决定不同的定义维度时起着关键作用。研究者通常会选择因果机制中的部分特质且这些特质具有显著因果能力。这也是卡特赖特所强调的：现象的核心构成要素与它们的因果力量是并行的。

区别概念内的因果关系和概念间的因果关系十分有用。当概念在某些理论或因果机制中充当自变量或因变量时，概念间的因果关系便

7

存在了。在概念内，因果关系仍然是非常重要的分析属性。图 1.1 便展示了概念内的因果关系。

概念内的因果关系是潜变量测量方法的核心。通常，未被观察的潜变量引发对指标的考察。我将此称作疾病-症状模型，因为疾病引起症状。人们会通过症状来推断疾病。但是，有时候人们也会将症状和疾病混淆：从本体论角度来说，疾病并不是症状。

人们也会认为，概念的定义性维度之间存在因果关系。这在关于贫困和人类福祉方面的文献中经常出现：

> 发展包含消除各种类型的不自由，这些不自由使人们几乎没有选择和机会行使他们理性的权利。消除大量不自由因素是由发展所构成的……总体而言，作为发展的卓越目标，人的自由的内在重要性通常被其他自由的工具有效性所取代，并推动其他自由的发展。不同种类自由的关系是经验性和因果性的，而非构成性和组成性的。(Sen，1999：xii)

森阐释了本体论（即本质的）维度如何在它们之间产生因果关系。他在最后得出了"以自由看待发展"的组成要素之间因果关系的强有力论断。

从因变量角度而言，定义性维度影响了因果假设，因为因果假设本身便是将要被解释的一部分。例如，如果我们将女性选举权作为民主的一部分，我们需要从自变量的角度思考女性选举权的起因。

因果推断问题是概念建构的核心，这源于概念在建构和评估因果假设方面所扮演的不同角色。

图 1.1 也包含了一个被杂耍的规范的球体。显然，政治和道德哲学关注规范问题、语义和概念化之间的关系。但是，许多其他的研究问题明确或含蓄地包含了规范性问题。国际指标和指数的整个领域通常都有规范性的维度：例如，一种维度应该提高透明度，一种维度关注极贫群体，一种维度希望理解和平。

毫不意外，社会科学家已经倾向于避免、回避或不明确地处理概念化过程中的规范性问题。事实上，正是社会科学哲学家们慎重探究了规范性问题和其他概念球之间的关系，而这些关系在社会科学和健康科学中处于基础地位。

人类福祉的能力分析路径是规范性的也是描述性的。该种分析路径缺乏的通常是它如何与不同类型的因果问题相联系。例如，罗比恩斯讨论了能力分析路径与解释性议题之间的关联：

> 然而，功能性和能力的观念本身能够被用于解释社会现象的要素，或者人们可以用这些概念来描述贫困、不平等、生活质量和社会变革……这便提出了能力分析路径是否应该去做一些解释性的能力分析。能力分析路径的另一项重要任务是联系那些学科，以便嫁接规范性分析和解释性分析。这也是该路径试图在真正的后学科议程中所贡献的。(Robeyns，2017:142—143)

有关医学和精神健康的指标的大量文献阐述了规范性议题的重要性。例如，在《精神障碍诊断与统计手册》(以下简称《手册》)的历次版本中，同性恋在很长时间内被认为是一种精神障碍。《手册(第一版)》(American Psychiatric Association，1952)中，同性恋被定义为一种障碍：

> OOQ-x63 性偏移
>
> 这一诊断仅针对性偏移，而不包括例如精神分裂和强迫等更多症状。该术语包括大部分过去被归结为带有病理性特征的变态人格案例。其诊断将具体确定如同性恋、异性异装癖、恋童癖、恋物癖以及性虐待狂(包括强奸、性骚扰、毁尸)等病理行为的类别。(DSM-I:39—40)

显然，以上论断在今天很难被广泛接受。就规范视角而言，以上论断也存在很大问题。回顾过去，同性恋与强奸、毁尸等罪行放在一起。石墙事件和20世纪70年代的同性恋活动最终驱使《手册》在第三版增补本（American Psychiatric Association，1987）中删除将同性恋作为一种精神障碍来看待的内容。

当失聪和其他"残障"被认为是疾病或不健康时，同样的问题也会出现。例如，"根据健康效用指数3（HUI 3），失聪但没有其他健康缺陷的健康状态的赋值（标准为0—1）为0.465。根据健康效用指数3，对于失聪者来说，他们两年的生活相对于健康人一年的生活产生的'质量调整生命年'（QALYs）较少。许多失聪群体也否认失聪是一种残障。这一论断并非'吃不到葡萄就说葡萄酸'：失聪群体中的许多人谢绝通过耳蜗植入来恢复听力。他们更偏爱失聪而不是获得部分听力"（Hausman，2015：90—91）。

与"转型正义"相关的概念和文献与"犯罪""不法行为"等规范议题有关。冲突正义数据库尤其关注与特定冲突事件相关的犯罪或不法行为的"正义"问题。该数据库包含处理不法行为的六种方式的信息，即审判、真相委员会和质询委员会、赔偿、大赦、肃清以及流亡（Loyle and Binningsbø，2018：445）。即使大赦包含在转型正义数据库中，也并不能明显说明大赦就是正义。一般而言，大赦意味着正义没有得到伸张。因而，把大赦包含在转型正义的概念里是在做出明确的规范性抉择（我个人认为，这完全站不住脚）。联合国采取了同样的立场，拒绝将大赦放在标准的、受到认可的转型正义机制中（United Nations Secretary General，2010）。

社会科学哲学使用"混合假设"的概念处理了概念化过程中规范问题与经验问题之间的联系。亚历山德罗娃定义道："如果（1）假设是关于假定的因果关系或统计关系的经验阐释，（2）在该阐释中，至少一个变量的定义方式预先假定对该变量的性质进行道德的、审慎的或政治观念的判断，那么该假设是混合的。"（Alexandrova，2017：82）泰比里厄斯阐明了"混合"假设的重要性：

> 虽没有将一些概念定义为混合性的，但哲学家已经意识到效率、强暴、虐待配偶、失业、离婚、通货膨胀、侵略、健康与疾病、人类福祉等概念中蕴含的规范内容。我关于混合假设的概念涵盖了上

述例子。目前还没做的是这些假设是否能够成为科学的一部分，以及如果它们是科学的一部分，这些混合的假设应该遵循怎样的规则。（Tiberius，2004）

本书将要讨论的大部分概念在哲学层面上均是混合的。规范性问题是存在的，它不是悬在空中的，而是真实落地的。

对于任何声称社会科学概念没有规范性的基础或者维度的论断，人们都应持怀疑态度。例如，罗特伯格认为，他关于"治理"概念富有影响力的指标并不十分规范：

> 比较而言，我关于治理的研究（本研究和更早的研究）是建立在治理（进一步讲是良治）之上的。治理被定义为国家、省、市或其他政府提供具体明确政治产品的表现。对这些政治产品的指定更多是描述性的，而非规范性的。这些政治产品是在每种文化、每种政治辖区下的公民期待他们的政府和领导人所提供的。（Rotberg，2018：35）

无论多少人需要政治产品并不会在性质上使政治产品更为规范或更不规范。我们也需要警惕"无规范判断"的论断。一些学者将民主的概念描述为决策过程，这是正确的。但是，还有许多关于个人自由、权利等的规范价值构成作为决策过程的民主。

总而言之，图1.1认为，语义应该被一些关切所指导，而非词语的意思本身。这是因为概念是用来形容、解释和评估世界的，这些标准需要注入概念的语义学讨论当中。

同时，图1.1中还有一个箭头是从语义学-本体论指向概念的具体衡量。这个箭头表示的方法论构成了本书的重点。一个关于方法论的核心问题是概念建构中所有要素与数值测量之间的连接。数值测量存在于数据集以及统计假设的变量中。本质上，它存在于任何需要得到具体数值（也包含许多二元对立的场景）的测量中。简而言之，概念化与数值变量和数据集构成的连接形成了概念方法论的重要部分。

一旦我们将概念置于更宽范的社会科学研究的核心，关于概念"杂耍"的本质就会变得更加清晰。概念的测量在研究中主要有四个作用：

第一，概念的测量在描述推断中被使用。人们会询问关于贫困或和平演化的问题；其答案通常需要概念及其相应测量的支撑。

第二，概念通常被用作自变量或者解释变量。构成自变量的特征通常在因果机制和因果解释中发挥作用，否则，人们为什么会在概念中包含无因果联系的特征呢？

第三，作为因变量的概念及其测量。为了解释因变量的程度、发生频率或者变化，人们必须解释构成概念的属性。

第四，概念被用于案例选择和范围决定。这些与自变量、因变量在本质上没有什么区别。没有通过应用概念而做出的重要的案例选择，学者们并不能得到一个完整的因果推断设计。

概念的应用与测量自然地与概念的"杂耍"相匹配，它们在概念化过程中非常重要，因为它们在社会科学研究中扮演核心角色。

1.2 概念语义学与测量：聚合、量度与转化

> "测量 X（物理量），什么是关键的？"以及"什么是物理量 X？"，这两个问题每一个都不能被独立地回答。
>
> ——巴斯·范弗拉森（Bas Van Fraassen）

关于方法论的讨论绝大部分集中在统计以及测量的数学上，而我对方法论的讨论则从意义、概念化和本体论展开。本书的后续章节将系统讨论数学化、操作化和测量等议题。在本章和接下来的两章中，我们将重点关注意义、语义学以及本体论。倾向于用数学知识解决问题的学者早已知晓接下来的章节将讲述的大部分内容，这是因为概念结构的数学意指为测量而产生的数学过程的种类。我在这里之所以强调"种类"，是因为中间值——"或"（OR）与"和"（AND）等逻辑关系——

真正形成了选择的种类而非具体的数学公式。

最重要且难度较大的方法、概念及测量挑战是将语义学和本体论与聚合、量度和测量联系在一起。概念是关于定义、本体论和语义学的。同时，我们也需要对这些概念进行量化测量。如何使这种联系紧密而顺畅，从而尽可能反映可能的意义和本体论呢？本书将集中解决这方面的挑战，尤其是在如何使数据-测量指标成比例、如何聚合数值化的数据-指标以及定义性的属性方面。这一切都必须尽可能忠实于概念的含义和语义。

当涉及量化和测量时，聚合便成了关键性问题。许多研究人员希望对某些群体或范围的每次观察都得到一个概念的数值。联合国希望获得所有国家尽可能长久的人类发展指数（HDI）数据。同样的情况也出现在政体数据库中。

概念结构的核心便是聚合的问题。聚合的连续统涉及可替代性的程度。为分析可替代性连续统，我将模糊逻辑和公共物品经济学（即生产和效用函数）相结合。以下三种不同聚合层级并非自由浮动的类型，而是沿着可替代性连续统构成的可替代物。有三个不同区域的可替代性连续统，但区域间仍然是连续的。考虑蕴含在三个不同区域的逻辑对理解其中的逻辑是有益的：

● 最弱联系：最小值是聚合的核心原则，还有产生比最小值还小的值的方程，没有可替代性。

● 平均值：平均值被用作描述"什么的指标"，它属于适度的可替代性。

● 最优值：定义性特征总和或最大值，它属于泛可替代性。

最弱联系的隐喻来自关于公共物品生产的文献（例如，Sandler，1992）。这些文献普遍强调，链条的强度便是最弱联系的值。在数学逻辑上，这便是使用在模糊逻辑和定性比较分析中的最小聚合原则。最优值同样来自公共物品文献，同时意味着真正重要的是最好的维度。经济案例通常包含技术：重要的并不是平均技术或者产品，而是最好的技术。在模糊逻辑语境下，这是最大化或逻辑"或"（OR）聚合函数。

对于经济学家而言，他们处理聚合问题的标准方式是通过效用和生产函数。例如，消费贫困分析依赖于效用函数。效用函数中的一些是最弱联系［包括经典的科布-道格拉斯（Cobb-Douglas）生产函数］，一些是平均值（广义平均，即经济学家所熟知的替换函数的常弹性），还有一些是最优值。它们在维度和指标之间的可替代性程度有所差异。模糊逻辑在处理聚合问题上显得更为清楚，这是因为模糊逻辑使得以上三个区域形式化并包含小于最小值和大于最大值的聚合过程。

第 6 章讨论了关于概念结构和聚合选择的核心议题。聚合过程中的定义和数学操作之间存在一些冲突。例如，当聚合操作使用求和、取平均值等手段时（参照下一章节中关于政体数据库的论述），就概念的语义化过程而言，援引充分必要条件是非常普遍的。在基本框架的不同层次使用不同的聚合方法也是可能的。聚合的逻辑在不同层次有不同表现，我们在下一章会详细论述该问题。

在复杂概念中进行数值测量意味着决定聚合规则和概念结构。这是不能回避的过程。甚至在纯粹概念、哲学以及道德层面的讨论中，人们必须对概念结构表明立场（通常是隐晦地）。例如，康德的道德哲学援引了最弱联系过程，而功利主义则考虑到高层级的可替代性。

第 7 章关于混合概念，继续讨论第 6 章所涉及的聚合过程。这一章介绍了混合结构，尤其是人们运用"和"与"或"等逻辑的混合结构，而不是在一个层次上运用同样的聚合过程。混合结构通常在不同层次使用不同的聚合过程。第 10 章重点讲述数据-指标层使用逻辑词"或"时，第二层级使用逻辑词"和"的混合结构。混合结构针对灰色区域概念时尤为适用。灰色区域概念并不在光谱的任何一端（即两个必要条件），但却使用不同的聚合过程（逻辑词"或"或者"家族相似性"）来表达含义。混合概念结构是任何概念测量工具的重要组成部分。

概念结构是内涵-外延讨论的重要部分。内涵是概念的本体论，外延则是经验覆盖。第 9 章分析了就案例选择的数量来说概念如何变得更松散或更强大（即那些从属于某些概念且被赋予很高分数的案例）。内涵-外延划分被萨托利（Sartori，1970）引入政治科学，并被科利尔和他的学生广泛探讨（如 Collier and Mahon，1993）。通过去除必要的定义性特征，一个概念能够覆盖更多经验案例。第 9 章便讨论包含最优值和最弱联系的概念结构如何与经验性的外延相联系。家族相似性是哲学家对必要定义性特征的相关要求的回应，即无任何必要条件的概念化过程。家族相似性也是思考从最弱联系到最优值的概念结构的另一种方式。内涵-外延的关系可以通过民主-专制数据库来进行解释（Cheibub et al.，2010）。

在实践层面，由于诸多原因（哲学的、实践的、政策的、理论的，以及因果的），概念必须被聚合。十分重要的是，在概念聚合的过程中确立同样的量度。跨维度的聚合对提升到下一个层次也十分重要。例如，人们通常将所有的测量转化成标准差量度；潜变量测量模型通常进行这种转化。[①]所以，实践层面上的讨论关键并不是是否需要聚合，而是如何聚合。如何将概念聚合需要一套系统的思考框架。这也是本书的重点。

在哲学层面，学者们通常认为，不同维度不可通约。例如，在《弱点》(*Disadvantage*)中，沃尔夫（Wolff）和德-沙利特（De-Shalit）强烈反对将生活中的所有要素缩减成单纯的数值刻度。他们认为，在生活中不同要素之间的聚合必然会遗漏一些十分重要的事情。例如，森认为"不可通约性"是一个"被过度使用的且能够引起焦虑和恐惧的哲学概念"（Sen，2009：240）。在哲学领域，不可通约性是用来反对概念聚合的论断（如 Chang，1998）。在实践中，一个复杂概念或定义将不同的要素组合在一起。所以，在一些比较重要的语义学层面，如果人们对定义性特征的不可通约性要求过高，那么便不能够创造一个定义。

不同维度的聚合需要一个共同的量度。但是，不同的维度、数据和指标都包含着不同的量度。心理学上有许多经典的指标分类，例如名义指标、顺序指标、间隔指标及比率。这些关于量度的经典论述大多出现在研究设计的教科书中（可追溯至 20 世纪 50 年代）。聚合过程通常很少需要间隔数据，更多的是需要比率或真实数量。理想状态下人们需要将二元的、顺序的以及间隔指标转化成比率变量。这些方法都需要一系列数学操作来完成。

---

① 在实验者中，用标准差来评估因果效应十分常见。

有些方法（如经济学）事实上假定了比率或实数。这是因为，进行任何复杂数学运算都需要比率变量。人们经常看到一些名义变量无故被转化为间隔变量（例如添加一系列0—1的名义指标）。量化测量是间隔指标还是比率指标有时候并不清晰。第5章解决了这方面一直被忽略的问题以及量度的基本问题。模糊逻辑方法的优势是它提供了把不同量度类型转化为有实际意义数值的方法。

不同维度或不同指标的聚合已经惯常化。但是，包含在其中的语义学问题的重要性却没有被重点强调。最为常见的案例便是通过每个维度的线性转化来使概念聚合标准化，从而使得数值在1—100之间。这里核心的语义学问题在于什么构成了每个维度的"高"或者"低"。为解决此问题，人们必须探究数值测量与含义之间的联系。举个典型的例子：人均国内生产总值（GDP）是多少才能定义一个国家是富裕还是贫困？为维度或指标建立共同的量度便是核心的语义操作。

第4章介绍了一种名为"语义转换"的核心方法。人们可以将语义、意思、概念与相关的量化指标相联系。典型例子是人们如何将例如贫困、富裕、经济发展与人均国内生产总值之类的数据相结合。第4章便是旨在分析指标（如人均国内生产总值）与概念（如贫困国家）之间的关系。它提供了一种如何使"贫困国家"与对贫困的普遍测量方法联系更紧密的方法论。语义转换方法同时也提供了思考标准的默认转换（如在量化测量与意义之间的二分法和线性关系）的框架，该方法还提供了如何将顺序变量转换为比率变量的方法，这对于聚合操作来说是必要的。

语义转换允许人们比较不同的选择。包含阈值的概念和包含线性转化的概念之间通常是有矛盾的。一种解决方式是直接使用例如人均国内生产总值作为贫困的量度。通常，人们会采用人均国内生产总值的对数。几乎所有的贫困测量方式[例如多维贫困指数和森-努斯鲍姆（Sen-Nussbaum）指数]都使用阈值。二分法便是一种阈值操作。

在阈值中有一种被称为"阈值度"的基本连续统。线性转换不存在阈值。S曲线有不同的阈值度，其阈值度取决于S曲线的陡峭程度。二分法转化便是一种极端的阈值。在二分法转化中有垂直的阈值跳跃。例如，关于贫困的测量从0开始是线性的，直到达到阈值（贫困线），然后超越阈值。贫困的人头测量使用极端的二分法阈值转换。

如何将语义与数值测量连接在一起是方法论的核心问题。当社会科学与社会政策相结合，语义和数值测量之间的连接需要被明确和正当化。模糊逻辑提供了使数据指标与概念相连接的框架。我鼓励研究者使用现成的数据并合成在问题中通过概念表达出来的含义的变量。[1]我将用人均国内生产总值数据，并探究人们如何转化此概念以适应贫困和富裕等概念的测量。

1.3　概念集、概念对、两极概念和类型学

本章所讨论的概念集中在被称作"正极"的类型，例如人类福祉、贫穷与和平。事实上，概念通常成对出现，一个经常是另一个的"否定"或者"相反"。本书出现的主要例子包括民主-专制、和平-战争以及贫困-富裕。我将它们称作"概念对"或"两极概念"。例如，衡量民主-专制的政体数据库便是"民主减去专制"，这里包含了民主和专制两个概念。在类型学视角下，概念通常成套出现。例如，专制有许多种类。所有这些选项提出了相关联概念之间关系的问题。

我们认为，例如民主这样的"正极"概念的反义便是实质的"非民主"。具有因果影响的概念表述是，专制与非民主并不相同。当人们声称"和平不仅仅是没有战争"时，这点便在语义实践上表现出来。持有这种观点的人便反对"和平＝非战争"的说法。

两极概念从根本上来说并不全面。下一章的一个核心案例便是运用个体或家庭消费数据来讨论世界银行关于"贫困"的概念化操作。贫困被看作低水平消费。但消费作为概念本身却有高低之分。学者通常运用关于消费的另外一些指标来理解贫困的概念。社会科学的许多概

---

①　在本书第一版中（全新修订版因篇幅关系删去了该章节），我使用了测量民主的政体数据库，并对其进行了重新设计，以更好符合政体数据库研究者对民主概念的理解。

念带有上述这种属性。例如，用求学的年限定义"教育"显然不够全面。理论和假设的联系十分重要：人们对教育概念本身没有任何假设，却对"受教育的"或"未受教育的"有许多假设。同样，人们对民主的概念有许多假设，但对"民主-专制"没有太多假设。

关于两极概念（一个概念是另一个概念的反义），人们通常讨论概念集。学者通常用类型学指代概念集。在第8章，我将类型学定义为通常包含多于两个概念的概念集。①

概念集通常包含一些两极化的概念对。例如，施米特（Schmitter，1974）集中探讨社团主义积极的一面（与多元主义相反的一面）和另外两种类型——"一元主义"（例如苏联）和辛迪加主义。

第8章认为，基于标准建议分出的类型在很多方面存在问题。标准建议是使类型学（1）互斥和（2）彻底详尽。这些标准建议带来许多方法论上的、经验上的以及因果关系层面上的问题。我用格迪斯（Geddes et al.，2014）关于"专制制度"的分类为例。但是这些问题根植于分类的方法论。任何恪守这些分类方法论的人都会碰到与格迪斯一样的问题。

虽然本书大量讨论单一的概念，但我们不能忽视两极概念的问题。学者喜欢分类学——概念集。概念集可以包含也可以不包含两极概念对，可以被组织排序也可以不被组织排序（即不是一个名义上的概念集）。

简言之，概念集包含彼此之间有各种各样关系的概念，比如两极概念对或作为分类的成员。我关于概念的方法论提供了分析这些概念情况的框架。

1.4 产生复杂理论的复杂概念

在《逻辑体系》中，约翰·穆勒用一"卷"的篇幅探讨了概念问题，因

---

① 我不会单独讨论因果关系的类型学问题。

为概念是科学命题的组成部分。第 10 章探讨了多层概念如何在理论中产生。下一章的基本框架是关于单一概念。当学者们将复杂概念组合在一起并放在理解世界因果关系的理论模型中将会发生什么呢？

第 10 章描述了什么是双层理论。复杂概念是多维度、多层次的。当把这些复杂概念置于理论中时，理论就变成了复杂理论。理论会变成多层次的。在本书中，我关注有两个层面的理论，即"双层理论"。复杂理论的多维度性并非新话题。学者们对多变量分析也是驾轻就熟。但是理论的多层次性在以往的研究中并不突出。[1]

人们可以运用不同的概念结构和因果关系建立一系列"双层理论"。第 10 章重点分析斯考切波（Skocpol）在《国家与社会革命》（*States and Social Revolution*）中阐释的一个双层理论。许多著名学者已经独立构建过双层理论。我以斯考切波社会革命理论、奥斯特罗姆（Ostrom）公共池塘资源理论、金登（Kingdon）议程设置模型以及希克斯（Hicks）对福利国家动因的研究等为例，解读基本模型中的关键变量。通过这些不同的实例，我们可以看到在不同维度、不同层次上建构概念以及因果/非因果关系的不同方式。

1.5　结论

概念是关于本体论的理论，是关于现象的基本构成要素的理论。虽然许多量化研究学者认为"本体论"这种表述富有挑衅性，甚至许多解释主义者拒绝使用这一表述，但我用这个表述直观地表明一个现象的核心特征以及特征之间的关系。例如，我们可以问什么构成了福利国家。一般而言，福利国家是那些提供失业保险、医疗服务以及退休金等物品和服务的国家。一个国家要成为福利国家，它就应该提供这些

---

[1]　有大量和我的介绍差别较大的关于层级模型的文献（例如 Gillman and Hill，2007）。这些模型中的变量——概念——仍然是以单一的层次进行处理。

物品和服务。

好的概念通常在现象中挑选有因果关系的要素加以抽象。用卡特赖特的术语来说（Cartwright，1989），概念的定义性特征可以找出现象的因果能力。例如，关于民主的有效的概念化包含了民主影响的因果机制的系列特征。本书反对关于概念的唯名论观念［如《爱丽丝梦游仙境》(Alice in Wonderland)中的红桃皇后］。[1]

好的概念精确描述世界。许多人渴望了解贫困是在加剧还是有所缓解，或者世界是否更加和平、更少暴力（Pinker，2011，2018）。回答这些问题需要很好的经验描述性的概念。

好的概念常常需要严肃的规范论证。关于人类福祉的概念化至少是不完全规范的。

由于概念服务于例如因果分析、描述、规范分析等不同目的，因此它们的本体论依据目的的不同而不同。

就社会科学而言，我主张一种因果的、存在论的且带有现实主义色彩的概念观。概念是存在论的，这是因为它关注什么构成了现象。它是因果机制的，这是因为概念本身明确了有因果联系且在因果假设、解释和机制中扮演重要角色的本体论属性。它是现实主义的，这是因为概念包含了对现象的描述分析。我的方法论强调，概念分析包含了确定有重要因果能力的现象的组成特征。这些因果力量和相关机制在我们的理论中扮演着重要角色。概念、词语以及定义的纯粹语义分析至少在社会科学中是不充分的，在道德哲学和政治哲学中也是如此。

本书持有一种现实主义科学哲学立场。正如基切尔论述的那样：

> 最小现实主义认为，世界上存在独立于人类认知的事物。强现实主义补充道，这些事物被归于自然类，也有这些事物参与的因果过程。科学的任务是通过描述先前存在的自然联系及揭露存在于因果依赖中的机制来揭露世界的因果结构。（Kitcher，1992：104）

---

[1] 值得注意的是，刘易斯·卡罗尔（Lewis Carroll）也是一位杰出的逻辑学家，这为《爱丽丝梦游仙境》中的许多重要部分提供了信息。

概念便是关于参与因果机制和因果解释的这些"自然类"。

我们使用的最重要的概念是本质上的多维度和多层次。许多社会科学概念在这个意义上讲是复杂的。本书便提供了分析和建构复杂概念以及适当的回应性量化测量手段的系统方法论。

2 概念化与测量的基本框架

2.1 导论

本章所呈现的是全书的方法论基本框架。就概念化而言,该框架优先考虑语义学和本体论。本章和下一章很少讨论测量和量化。当测量和量化的讨论在本章出现时,它们明显居于从属地位。第 4 章至第 6 章将详细介绍量度、聚合和测量问题,这些问题从属于概念化、语义学和定义问题。

本章的基本框架提供了思考概念结构和带有复杂概念的数学化聚合方法。概念的语义结构和聚合的数学化之间需要一个连接以形成最后的数值测量。

总之,本章的基本框架提供了思考和分析概念的语义结构和如何进行数学化聚合以达成概念的数值测量的方法和途径。

该框架承认社会科学和哲学的基本事实:许多重要的概念是复杂的,这是就这些概念具有多维度和多层次而言的。方法论层面所要解决的问题便是如何同时处理复杂性概念的水平维度和垂直维度。

本书关于概念及测量的核心挑战之一便是将两者联系起来。作为一个粗略的一般化过程,学者倾向于关注其中一个或另一个。许多关于研究设计的教材都有一章讨论测量问题,但是没有讨论过概念的方法论。关于概念的定性的或哲学的探讨并没有与测量联系在一起。在本章中展示的以及本书使用的基本框架便是要将概念与测量联系起来。

　　图 2.1 展示了分析概念、测量、量度及分类等问题的基本框架。概念、测量、量度及分类是多层次和多维度的。

　　在图 2.1 中,基本层是用于因果假设或作为理论的、规范的或描述性分析的概念。基本层这个术语来源于认知心理学及人们在一定抽象层次上工作的偏好。例如,本书的核心案例包含国际政治、比较政治学、经济学、哲学等领域的重要概念,例如人类发展、贫困和福祉。基本层是数百项国际指数的最顶端。本书其他重要案例包括和平、民主和福利国家。一个简单的方法是在统计分析或核心假设中的变量中确立基本层。

　　第二层(图 2.1 的 SL)指代这些概念的多维度性。就语义学和定义而言,概念有诸多定义性特征或属性。对复杂概念争论最多的是关于给定定义性特征的内容和内涵。例如,国家间"和平"是什么?

　　数据-指标层(图 2.1 中的 DIL)包括数值数据和指标。术语"指标"指代量化数据(包括以 0—1 为计的"存在-缺席")。通常,每一个第二层都存在多重指标或量化数据。这里对所有概念图采用的惯例是基本层用黑体标识,第二层用斜体标识,指数层用常规字体标识。

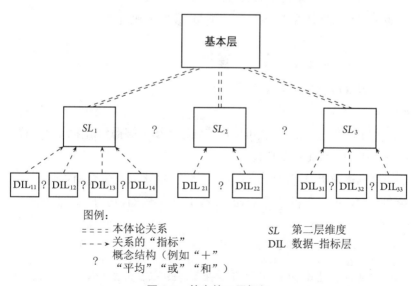

图 2.1　基本的三层框架

概念与测量的方法要从本体论和定义开始探讨。第二层维度的另外一个术语是"定义性或构成性特征或属性"。因而，图2.1使用"虚线等号"来指代基本层和定义性特征之间的本体论关系。

通常，每一个定义性层面有诸多（量化）指标。这些量化指标用箭头表示，代表数据–指标层与第二层之间的关系的"指标"。

图2.1中的因果箭头（→）十分重要。在本章的结尾，我将把基本框架与潜变量模型进行对比。在对比过程中，因果关系处于绝对的中心，它连接了潜变量中因果效应的指标。相反，基本框架是语义学上的，也是本体论的。人们可以将图2.1理解成将概念、意义和本体论同数据和测量相连接的语义学地图。

图2.1中也有许多"？"。它们代表了概念结构或聚合决定。这些聚合决定包含了复杂概念的方法论和语义学。人们需要决定概念是如何建构的：第二层维度如何组合来形成基本层？同样，数值指标如何组合以形成第二层相关属性？这些结构和聚合决定倾向于区分概念化与测量的不同路径。我将用一整章来讨论层次内和层次间的数学和聚合的逻辑。

图2.1也展示了概念的数值指数是如何被建构的。图2.1最为实用的一点是帮助研究者分析指数、变量、数据集和概念：

概念地图准则：对任何概念、指数或数据集，可以画出与图2.1相一致的语义和测量地图。[1]

基于多年个人经验，我可以证实画这类图能够揭示诸多议题、问题以及未被检验和证明的假设。

模糊逻辑提供了思考语义学、本体论、量化以及聚合的哲学、方法论和数学。模糊逻辑是语义学的数学理论。例如，它为处理带有形容

---

[1] 全球指数的重要方法细节（甚至核心问题）不完全公开是很常见的。画图将很大程度上显示出有多少是保密的，例如，参见失败国家指数（www.fundforpeace.org）。人们应该信任创造这些指数的机构，但是，当这些指数的核心方法仍被保密时，人们应该始终保持怀疑态度。

词修饰的概念提供了方法论。人们试图描述"极贫"国家并试图构建其因果关系理论。连接基本概念"贫困"和形容词"极"的语义是什么？我将探讨世界银行如何构建"贫困"国家概念以及它如何与数据-指标和人均国内生产总值相连接。人们使用"贫困"概念发展"极贫"概念。模糊逻辑将在连接量化指标与意义以及为聚合决定提供框架中发挥核心作用。

我将探讨思考概念结构和聚合的两种常见的数学方法。我运用模糊逻辑以及数学、哲学逻辑作为构筑或整合概念以及测量概念的方法。一系列操作可通过线性代数和统计来完成。概念的定性和哲学讨论的一个特点是使用数学逻辑作为概念化的基本工具。相反，许多概念和指标生成是通过使用线性代数、效用方程、微积分及统计来实现的。这里的关键在于，这些方法没有优劣之分，而是构成了解决问题的不同路径。许多人认为，数学逻辑可以通过线性代数来表现。事实上，数学逻辑和布尔代数不同于线性代数和统计学。同时，这两种方法有非常明显的平行和类比结构。这产生了对话的机会，也造成了混淆。

基本框架的一个重要部分是不同符号使用以及就数学操作而言的意义。一个有用的概念框架一定是或至少是以在因果统计分析和描述中被使用的量化测量为目的的。这意味着，图 2.1 中的"?"一定与数学操作相连接。一个重要的前提是数学操作应当符合概念的语义。例如，如果某给定的特征在概念中是必需的，那么包含这一特征的数学化操作需忠实于这个必要条件。

虽然基本框架是相对复杂的(许多全球指数更为复杂)，但它具有基本的分形特征。框架的基本构成分为两个部分：一个方框位于较高的一层，两个指标或方框位于较低的一层。分形的隐喻意味着人们可以在微观层面上观察基本结构且能够通过微观个案看到大部分关于基本概念、方法、量度及结构的决定。本书探讨的所有问题都可以放到这个基本结构中。这个基本结构也是整个框架构建的基础。例如，几乎所有聚合决定和结构决定都可以只采用两个低层框架来讨论。增加更多的低层框架几乎总是不能改变什么。这意味着对许多案例的讨论似乎比基本框架所表现的更为简单。对许多案例的讨论可以通过使用简单的分形结构单元图来实现，即一层在上、一层在下的两层图形。

基本框架的一个有趣且必要的特征是：概念化和语义自上而下运行；测量及数值测量自下而上运行。聚合过程从数据-指标层开始，在基本层的数值测量结束。概念化和语义则是自上而下发挥作用。基本框架自上而下的这种特征把语义和测量整合在一起。

本书的一个核心论点是基本框架允许人们来探究概念化的核心方法论问题及如何将概念化与数据、指标联系在一起。基本框架足够复杂并能抓住概念化与测量的核心方法论以及它们如何在社会科学和哲学中起作用。同时，基本框架在分析具体问题时有较好的操作性。基本框架包含许多应用概念和测量工作，为数据分析、描述和规范化讨论提供了一种有力的工具。我历经数年开发的"100＋"练习（可通过邮件获得：ggoertz@nd.edu）使我确信基本框架在不同场景的有效性。本书便致力于生产标准化的概念基本框架以及概念生成和测量的基本标准。

2.1.1 生活质量（经济合作与发展组织）

想了解基本框架如何工作的最简单方式便是通过案例。本章中的许多例子反映了当人们建构概念和最终测量概念时应该遵循的核心的设计决策。这些例子也体现了在概念设计过程中标准的、普遍的实践。图2.1的抽象结构包含概念结构和聚合的诸多内容和设计决策。人们也可以从中看到维度和层次的数量如何变化。这些例子在本书中以不同的形式反复出现（例如民主、贫困和福祉的替代概念）。

本书核心案例来源于全球业绩指标行业。例如贫困、富裕、人类福祉、健康、疾病等复杂概念和测量形成了大量的复杂概念和测量方法。我将使用经济合作与发展组织（以下简称"经合组织"）的一个概念——"生活质量"，来对基本框架如何运作进行简单介绍。生活质量是关于"个人福祉"的一个次概念。在过去的8—10年，经合组织每年都发布关于成员国的"生活质量"的相关信息。它将"生活质量"与衡量人类福祉的其他概念相联系,例如森-努斯鲍姆能力分析方法。该方法在诸多文献以及联合国可持续发展目标(参见下文)中被提及。

经合组织"生活质量"概念包含了以下八个第二层维度:健康状况、工作-生活平衡、教育、社会联系、公民参与、环境、安全以及主观幸福感。八个维度解释了什么是生活质量。它们是"生活质量"这个概念本体论的、规范的、概念性的内核。我从图 2.2 中抽出了八个维度中的三个——个人安全、工作-生活平衡以及健康——进行讨论。这三个维度在文献中有些已经被普遍讨论(如健康),有些并没有被普遍讨论(工作-生活平衡)。这三个第二层维度阐述了所有包含其中的问题,这些问题或多或少在所有维度上都存在。[1]

有关定义-本体论要素在基本框架中通过虚线等号来表示。这些被经合组织使用的指标出现在数据-指标层的底端。它们属于概念维度的"指标"。箭头意味着它们在概念化过程中指代某些事物。当然,在这里也有其他的指标。指标的决定是关于经合组织成员国数据质量和可比性的一系列实际标准。指标可以被包含也可以被删除,不会产生很大的问题。相反,定义的维度却不能被轻易改变。这个维度需要概念的、规范化的和哲学的论证。它是一个完全不同于前者的领域。

基本框架用希腊字母 μ 来代表经合组织在数学上取同一个水平的各因素的平均值。平均值集中在数据-指标层及第二层。它代表了应用在诸多全球性指标中的普遍默认值。

关键的方法论问题是,一个概念在底端有诸多指标,这些指标不断向上聚合,最终得到关于此概念的数值。这意味着,开始时,人们试图将不同量度单位及特征的指标囊括在一起,并将这些指标转化为统一的量度,在这里是[0,1]。这是非常重要的一步操作。第 4 章和第 5 章将集中解决这一问题。

---

[1] 经合组织将"生活质量"和"物质条件"作为"人类福祉"的两个高层维度。所以,人类福祉有四层维度(参见 OECD, 2015,图 1.1"经合组织人类福祉衡量框架")。对人类福祉这样的大概念而言,四个或更多维度十分正常。另一个参考案例是下文关于多维贫困指数的探讨。

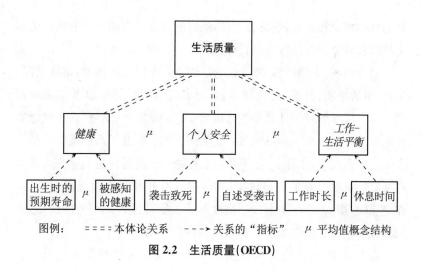

图例：　＝＝＝＝本体论关系　- - -→关系的"指标"　μ 平均值概念结构

图 2.2　生活质量(OECD)

2.2　完整性准则

> 成为一个人，或者人类，与拥有一个人的本质，是一回事。
>
> ——约翰·洛克(John Locke)

　　概念化完整性问题清晰明确地产生于概念化的哲学路径。根据亚里士多德的理解，一个好的概念应该是完整的，因为它提供了对这个概念能够自洽的所有必要条件。概念应该是完整的，因为它不会遗漏任何重要的必要维度。同时，这些维度本身也是充分自洽的。

　　概念和定义的哲学路径产生了完整性问题，进而产生了概念完整性准则：

　　完整性准则：概念定义应该是完整的，它不应该遗漏任何必要或重要的维度。

　　为阐述概念完整性及概念如何在哲学层面运转，我使用人类福祉概念中的"森-努斯鲍姆方法"。基于森的论述,努斯鲍姆(如 Nussbaum, 1992,2011)关于人类福祉的相关论述展示了一个复合的、多层次的、多维度的人类福祉概念。

森和努斯鲍姆都参与了关于贫困的国际讨论并编著了关于贫困问题富有影响力的作品(如 Nussbaum and Sen,1993)。此外,森和努斯鲍姆均是杰出的哲学家,他们通过数学方法完美展示了概念完整性和概念结构如何运作。人类福祉是一个非常好的案例,因为它超越了道德哲学、发展经济学、政治科学、社会学和人类学的界限。人类福祉概念与国际政治中的其他重要概念相连接[例如,人类发展指数、性别发展指数(Gender Development Index, GDI)、贫困-富裕以及其他概念]。这些概念在联合国、世界银行、欧盟、非政府组织、政府间国际组织以及国际法等领域发挥重要作用。

人类福祉是一个有趣的概念,它兼具规范性和经验性特征。人类福祉概念旨在评估发展政策、描述全世界人民的普遍状态。人类福祉不仅是一种概念性争论,也是关于全球不同文化情境下人类生活的现实。它是一个本体论议题,因为它关于人类本身。我们可以看到前沿的概念化的描述性、规范化维度。

努斯鲍姆清晰地从本体论角度探讨人类福祉概念:"因此,这是一个内在的本质主义建议的规划,一个关于人类最重要功能的说明,人类的生活就是根据这些功能定义的。"(Nussbaum,1992:214)。努斯鲍姆对"什么是人"进行定义和概念化。她想从经验上了解人类和他们的生活如何被构成。她并不需要关于"什么是人"的一系列指标,而是需要对人类福祉本质的描述。森做出了同样的本体论论述:"功能性构成了人的存在,对福祉的评估需要考量这些构成性的要素。"(Sen,1992:39)因此,人类福祉是本书提出的非常精彩的本体论路径的案例。

努斯鲍姆概念的一个重要特点是她希望概念化的过程是完整的。当通过定义走进一个概念时,一个合理的要求是定义本身也是相对完整的,没有重要的或必需的构成要素被遗漏。这是一个重要要求。给出片面或最小化的定义是容易的。努斯鲍姆(Nussbaum,2011)对森不愿意给出指标的完整清单持批评态度。劳伦特(Laurent,2018)明确指出森的指标清单不够完整。在本书的下一章，我们将看到经常有研究者为他们的"最小化概念"进行辩护。这意味着，这些概念本身是不完整的。

图 2.3 给出了森-努斯鲍姆关于人类福祉概念的概念层，即基本层和第二层维度的结构和内容。因为我们通常用逻辑思考，所以结构和聚合操作都是数学逻辑的应用。因此，"和"意味着逻辑意义上的"和"，虚线等号意味着一种本体论的关系。

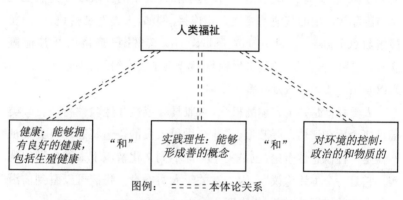

图例：＝＝＝＝＝ 本体论关系

图 2.3　人类福祉：森-努斯鲍姆概念，基本层和第二层维度

努斯鲍姆从人类如何拥有更好的生活来论述人的功能性和人的能力。她为此列出了自己的清单。

　　1. 生命。能够活到人自然寿命的尽头；不会过早死亡；或在一个人的生命缩短到不值得活着之前。

　　2. 健康。能够拥有包括正常生育能力的健康；能够保证营养充足；有必备的住所。

　　3. 身体完整。能从一个地方向另一个地方自由移动，免于包括性骚扰和家暴等在内的暴力侵害的威胁；有机会达到性生活愉悦，并有选择繁殖的权利。

　　4. 判断力、想象和思考。能够通过判断力来想象、思考和推理；能够用人的正常方式来做这些事情。这种方式通常是一种由充分的教育(包括且不限于文学和基础数学、科学训练)所启示和培养的。能够通过思考来体验和创作,并能在宗教、文学、音乐等领域有独立的思考能力。在政治、艺术和宗教自由的保障下,能够自由思考。能够拥有令人愉悦的体验,避免无益的苦楚。

5. 情感。能够与超越自己的事或人有连接;能够爱那些爱我们和关心我们的人,对他们的离去感到伤痛;能够爱、悲悯和体验渴望、感激以及愤怒。情绪发展没有受到恐惧和焦虑的影响。(支持这种能力意味着支持那些被证明在人类发展过程中非常重要的人的连接。)

6. 实践理性。能够形成针对善的概念,也能对人生计划进行辩证思考。(这包含对意识和宗教自由的保护。)

7. 归属。(1)能够与他人共存,能够意识到和表现出对他人的关心,能参与不同形式的社会交往;也能够想象他人的处境。(保护这种能力意味着保护构成和培育这些归属形式的机制以及捍卫集会自由和政治言论自由。)(2)有自尊和不感羞辱的社会基础;能被作为有尊严的、与其他人有相同价值的人来对待。这包含了以种族、性、性取向、族群、种姓、宗教、国籍等为基础的非歧视性原则。

8. 其他物种。能够与动物、植物、自然和谐共处并心怀怜悯。

9. 能够欢笑、玩耍并享受娱乐活动。

10. 能够对所处环境有所掌控。(1)政治。能够有效参与对自身生活产生影响的政治选择;有政治参与的权利,言论和结社自由受到保护。(2)物质。能够拥有财产,享有与他人一样的财产权;能享有和他人一样被雇用的权利,能够从无根据的搜查和抓捕中豁免。在工作中,能够充分发挥实践理性,并进入与其他人相互认可的良性关系。(Nussbaum,2011:epub 73—80)

上述都是努斯鲍姆关于"人的功能"的第二层维度。拥有这些能力意味着拥有丰富而充实的人生以及真正成为人。

努斯鲍姆认为,她的完整清单包含了所有期望获得更高人类福祉的核心的、必需的以及必要的因素。她也暗示道，自己列举的因素对追求更高的人类福祉是足够的。如果人能够拥有上述能力，就将拥有更好的生活。这一论断也合乎情理。

努斯鲍姆一篇文章的副标题［"捍卫亚里士多德的本质主义"（In Defense of Aristotelian Essentialism）］暗示道，她正在运用概念的标准方法——充分和必要条件的数学逻辑——来思考问题。充分和必要条件与本质主义有一种紧密联系。如果一些特征对人类是必要的，那么这些特征也是成为人的必要条件。努斯鲍姆很明确，她讨论的不同维度是必要的：

> 就（第二层次的）能力而言，把它们称作人性的一部分是因为需要做基本类型的评估。没有这些能力要素的人生是匮乏的、贫困的，不能称之为人。（Nussbaum，1992：220）
>
> 大体而言，能力分析路径侧重于对自由领域的保护。不自由会使生命失去尊严。（Nussbaum，2001：71）

基本概念框架的核心是结构和聚合问题。如何在不同层次之内或之间进行聚合呢？在不同维度或指标之间的可替代性是该问题的核心。经典的亚里士多德的概念逻辑方法不允许可替代性（第 6 章将对此加以论述）。

经合组织的案例说明了平均值如何连接不同的第二层维度。一种普遍的做法便是通过逻辑词"和"在第二层上建构概念。这种做法贯彻的理念是每一种维度都是必要的和必需的。正如我们将在谈论聚合问题的章节看到的那样，这种理念意味着每个维度没有替代品。因此，森-努斯鲍姆概念较好地阐释了逻辑词"和"如何成为一种普遍的结构性原则。事实上，对于哲学家而言，它是默认值。例如，在关于"自然类"的文献中（如 Khalidi，2013），必要和充分条件的数学逻辑构成了整个论述的基础。

对逻辑词"和"的挑战来自哲学家维特根斯坦（Wittgenstein）。他提出了概念化和定义的家族相似性方法。这种方法的主要特征是它否定了结构的必要条件,但仍然保留了部分充分性标准,我们将在第9章详细论述。就本节而言,人们可以用逻辑词"或"代替逻辑词"和"。社会科学中很容易找到这种结构的案例。"或"连接了诸多基本层概念的不同表现。当存在替代时,上述现象经常发生:只要有一个替代是存在的,那么它便是充分的。以下是关于宪法的标准数据集如何运转的案例:

> 我们通过援引三个条件来确定成文宪法。第一个条件对确立相关文件成为宪法是充分的。如果第一个条件没有达到,那么其余条件便被用作补充条件。宪法由以下文件构成:(1)被作为宪法、基础法或一个国家基本法的文件;或(2)包含能够使这些文件成为最高法律的具体条款(通过巩固或限制未来法律);或(3)通过建立或中止政府的执行或立法部门来定义权威的基础形态。(Elkins et al., 2009:48—49)

因此,任何被作为国家"基本的、根本的法律"来运作的法律结构被视为宪法。

完整性准则的逻辑在这里仍然适用。他们想要所有的法律文件都作为国家基本法律。由于不同国家有不同情况,这些可能不能称作宪法,或者与标准宪法比,它们可能有不同的形式。完整性准则意味着抓住了一个主题的不同变化,至少是那些出现在真实世界实践中的不同变化。动机仍然是完整性,但是实际构建的原则是逻辑词"或"而不是"和"。

性别配额及相关文献阐述了运用逻辑词"或"进行的概念化和测量的过程。国家主要通过三种方式应用性别配额。在基本层,人们通过三种可替代方式来应用性别配额:(1)被政党运用的政党配额;或(2)被国会委任的立法配额;或(3)通常被写入宪法中的保留席位。这些机制都可以被作为统计或其他分析的性别配额(进一步分析,请参见Krook, 2009)。

总之,概念化的完整性准则总需要被考虑。例如,经合组织中的生活质量概念是完整的吗?是否有一些重要维度被舍弃了呢?就一些现实原因而言（如数据获得性），一个概念是不完整的。我们即将讨论的多维贫困指数也不遵从完整性准则。这被研究多维贫困指数的学者认为是一个问题。他们也试图提出使该指数变得更为完整的方式。虽然获得一个完整性概念并不总是可行的，概念的完整性却是一个目标。

2.3　冗余性准则

通过必要条件、充分条件和逻辑"和"进行概念化的哲学方法在概念设计过程中提出了第二个主要问题：第二层维度应该是冗余的还是相反的？

运用充分必要条件的森-努斯鲍姆的概念证明，冗余性并不是一个好主意。作为一个拥有多维度定义的概念，冗余性并非好主意是可以理解的。高度冗余性需要同义词来定义事物。同义词的添加并不是将语义学意义上的要素添加进概念，这些附加的同义词可以以较低成本删减掉。将属性作为单独的维度的原因已经表明它们应该是无冗余的。如果这些维度是冗余的，那么它们可能并不是必需的，因为一个维度的缺失可能被另一个维度所替代。简言之，概念化的传统哲学路径暗示或假定非冗余性。

但是，人们可以使用逻辑词"或"连接处于第二层的维度。这意味着，冗余性是可能的，甚至是被需要的。在上一节中我们可以看到，逻辑词"或"代替了逻辑词"和"。

人们是否希望有冗余性存在或者事实上冗余性是否应当被避免，是需要被进一步明确的。冗余性准则并不仅仅是一个"做"或者"不做"的问题：

> 冗余性准则：决定冗余性是否可取。用逻辑词"和"或者"加"来表示非冗余，用逻辑词"或"表示冗余。

重复计算的隐喻也是思考冗余性的一种方式。如果重复计算是需要被避免的,那么冗余性便是不好的。

经合组织的"生活质量"概念体现了这一观点。在建立复杂指标的过程中,一个需要考虑的问题是不同指数的多重共线性:

> 当使用相等权数时,通过将有高度相关关系的变量相结合,重复计算可能被引入指数当中。如果两个共线指标以 w_1 和 w_2 的权重被包含进复杂指标中,这两个指标衡量的唯一维度便会有权重($w_1 + w_2$)。在这种情况下,人们会通过例如皮尔森相关系数来测试指标的统计相关性并且只选择那些具有较低相关性或调整过权重的指标(例如给相关系数较低权重)。(OECD,2008:32)

我用贫困概念来解释冗余性问题。我重点来谈"消费贫困"。对发展经济学家来说,贫困从理论和方法论角度都被放在消费行为中进行探讨:穷人是那些消费较少的人(Ravallion,2016)。

如果仔细研究政府和世界银行进行的消费调查,我们便会发现,这些调查非常具体。理想状态下我们需要掌握所有的消费信息。这种方法与努斯鲍姆试图在她的清单中包含所有重要且必需的人的能力是一致的。在理想状态下,消费贫困遵循了完整性准则。

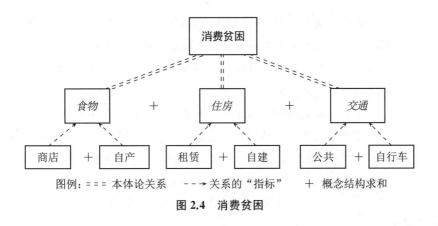

图例:=== 本体论关系   --→ 关系的"指标"   + 概念结构求和

图 2.4　消费贫困

图 2.4 试图通过基本框架构建消费贫困模型。基本层是消费贫困。第二层是消费的基本类型。显然，食物得到了很多关注。一个普通家庭（通常是国际贫困调查中的分析单位）消费食物、衣物、住房等。在世界银行一项较为典型的调查中，每一种分类下面均包含诸多物品，并询问家庭对这些物品的消费。

图 2.4 中包含的是列在"食物"下面的一系列事物的样本。它包含从商店购买的食物、自家栽培的食物以及从饭店购买的食物。在这里也有例如酒等富有争议性的分类——酒也同样提供卡路里。

我将非市场消费类别也包含进来，因为它们在衡量贫困方面具有非凡意义。在图 2.4 中，每一个第二层维度都包含了例如家庭自产食物、自建房屋或自主交通自行车等非市场消费。为了聚合，我们将这些指标统一转换成美元。穷人通常没有更多资源购买市场上的食物，他们经常自己生产食物。我依然能够回忆起孩童时代"大萧条"背景下祖父的巨大菜园。家里也保存有我父亲和叔父一起盖房子的珍贵影像资料，我在那幢房子里长大。

所有不同篮子的商品都被转化为共同货币来允许人与人之间的比较和国际比较。

就概念结构和聚合而言，人们通常会将消费相加来衡量贫困。在图 2.3 中，我们在数据-指标层和第二层都可以看到"＋"。

完整性和冗余性准则都存在于世界银行消费调查中：

> 为准确测量福利，消费概念必须是全面的。所有利于提升生活质量的商品和服务都需要被包含在测量中。它可以被认为是间接效用函数或用金钱衡量福利的粗略估计。（Deaton and Grosh，2000：102）

> 重复计算：在问卷中，通过对不同地域同种类型数据的收集来进行交叉检验是十分必要的。在此种情况下，问题话术应该被仔细思量以致分析者能确定如何排除一个或另一个来避免在整个消费水平估算过程中的重复计算。（Deaton and Grosh，2000：124）

冗余性和实证共线性应该被区分开。在现实生活中,不同维度或多或少地存在联系;但在概念层面,它们构成了不同维度。

一般而言,如果第二层维度是被逻辑词"和"或通过"加"来连接,那么便需要在概念层面考虑冗余性问题。

2.4 数据-指标层：平均值、或、阈

基本框架是多维度的,也是多层次的。复杂概念的多维度属性并没有被清晰地认识,多维度属性的影响也并不总是接踵而至。复杂概念的多层次属性十分重要,因为概念结构的逻辑在第二层和数据-指标层完全不同。第二层维度通常在语义学、定义和本体论问题上加以处理,而标准的数学操作通常在数据-指标层起作用。这些标准的数学操作与第二层中的语义学和本体论并不一定有清晰的联系。本小节和下一小节将在一些标准化场景下探讨理解不同层次逻辑的重要性以及两个层次如何不同。

经合组织"生活质量"概念及测量阐释了理解数据-指标层的准确方式及数据-指标层如何与第二层维度相连接。这一过程的主要特点是我们处于一维模式。原则上,我们可以找到许多处于第二层维度的指标。平均值逻辑在这里完全适用。统计和测量史中有关于一个值的组合测量记载。将这些独立观察值取平均值是统计的核心。理想状态下,由于它们是针对同一事物的测量和指标且受单一外部因素制约,因此它们是高度相关的。

如果我们在同一维度上有一个概念的多维度指标,取平均值便是十分合理的策略。本章附录中的潜变量模型则是对这一理念的复杂应用。

在完整性准则和冗余性准则指导下,在数据-指标层使用平均值十分有用:

指标在理想状态下是冗余的。

关于指标的可能性列表也是无穷尽的：没有必要得到指标的完整列表。

关于概念建构的两个事实阐释了如何思考第二层维度与数据-指标层的区别。像我们在消费贫困案例中看到的那样，有时候它们是一致的。但是，在很多情况下则会出现例外。像冗余性准则和完整性准则所阐释的那样，两个层次的逻辑在许多方面是不同的。

通常而言，指标应该是高度相关的。事实上，"生活质量"概念中的指标常常不是高度相关的（OECD，2011，图1.A.1"'生活怎么样'中包含的标题指标之间的相关性"）。当描述同一事物的指标并不是完全相同时，概念和方法论的问题就变成了如何处理这种情况的问题：这意味着它们不是同一个第二层维度的指数吗？尽管它们并不是高度相关，但经合组织仍然使用了它们。

多维贫困指数（Alkire et al.，2015）阐述了数据-指标层的另一种潜在方法。多维贫困指数与联合国人类发展指数有较为清晰的理论和概念上的联系，它也是联合国测量贫困问题的官方指标（下一章将讨论世界银行关于贫困问题的与此相冲突的概念和测量指标）。探讨多维贫困指数如何在数据层面处理不同的指标是有用的。

表2.1从四个层次展示了多维贫困指数的内涵。基本层是"多维贫困指数"，接着是"第二层""指标"和"数据"。"数据聚合"阐明了如何将原始数据聚合为指标。多维贫困指数便是从这些二分数据中自下而上生成的。多维贫困指数的测量从数据列开始，通过不同的聚合过程达到顶端，使每个国家都有一个多维贫困指数。

正如前文所述，一个第二层维度的指数应该是冗余的，因为它们是对同一个事物的测量。包含冗余性的概念结构通常在这一层运作。正如我们在上面看到的那样，逻辑词"或"执行冗余性。在数据-指标层，我们可以经常看到逻辑词"或"的使用。

表 2.1　数据层的概念结构和聚合：多维贫困指数

第二层	指标	数据	数据聚合
教育	求学	没有家庭成员完成五年教育	如果 $\max(S_i) < 5$，那么贫困$= 1$；S_i 是成员 i 求学情况
	出勤	家中学龄儿童到八年级之后就不上学	如果 $\min(A_i) \leqslant 8$，那么贫困$= 1$；A_i 是适龄儿童 i 上学情况
健康	营养	家中成员营养不良	如果 $\max(N_i) <$ 身体质量指数$)=1$，那么贫困$=1$；N_i 是家庭成员体重
	死亡率	儿童死亡	如果 $\max(M_i)=1$，那么贫困$=1$；M_i 指代死亡儿童 i
生活水平	电力资源	住户没有电	如果 $E=0$，那么贫困$=1$
	卫生	卫生设施没有改善或与其他家庭共用	如果 $I=0$ 或 $S=1$，那么贫困$=1$
	水源	不能接触到安全用水，或需要走 30 分钟以上路程获得水源	如果 $A=0$ 或 $W>30$，那么贫困$=1$
	土地	家里的地面脏、有沙或有粪便	如果 $DI=1$ 或 $S=1$ 或 $DU=1$，那么贫困$=1$
	烹饪燃料	用粪便、木头、木炭烹饪	如果 $D=1$ 或 $W=1$ 或 $C=1$，那么贫困$=1$
	财产	家中至少有其中一样（收音机、电话、电视机、自行车、摩托车、冰箱），但不拥有车或者卡车	如果 $\sum(R, T, TV, B, MB) \leqslant 1$ 和 $\neg(C$ 或 $T)$，那么贫困$=1$

资料来源：基于 Alkire et al.，2015：table 5.5。

　　多维贫困指数证明了逻辑词"或"在数据层使用的合理性。在表 2.1 的数据聚合列中，一系列指标都用到了逻辑词"或"。这些指标都是二分指标，但正如我们将在后续章节看到的，该逻辑对连续变量也适用。例如，"烹饪燃料"中包括粪便"或"木头"或"木炭。我们用二分法对它们进行编码。如果一个家庭使用其中任何一种或任何这三种原料的混合，那么，这个家庭就被认为是贫困的。如果有其他类似的用于烹饪的燃料，我们便把它们列入清单。这也遵循了逻辑词"或"的完整性准则。

　　"阈"存在于多维贫困指数的数据聚合中。指标都是混合的。当它们达到了一定的阈,那么家庭在该指标维度上是贫困的。"阈"概念中通常会有"截点"这个术语。当一个家庭达到某一个指标的程度,那么在这个指标上,这个家庭是贫困的。确定每一个单一指标的截点是非常重要的研究设计过程。例如,"求学"这一指标使用了标准的阈结构,其中如果 $\max(S_i)<$ 五年,那么贫困＝1。在这里,S_i 代表一个家庭的成员 i 的求学情况。

　　求和是一种常见的概念结构原理。它通常与阈概念相连。贫困消费便是一个阈概念(就像事实上所有的贫困测量一样,因为有一条贫困线)。如果 $\sum_{i=1}^{N} C_i <$ 贫困阈,那么人就处于贫困中,i 在这里代表图 2.4 中的消费种类。通常人们把不同的消费相加,当和值达到贫困阈,那么便意味着脱离贫困。

　　"财产"是个非常有趣的指标。它包含了我称作囊括逻辑词"或""和"以及"否"的混合概念结构:如果 $\sum(R, T, TV, B, MB) \leqslant 1$ 和 $\neg(C$ 或 $T)$,那么便意味着财产方面的贫困。本书第 7 章将详细分析混合概念结构,它很大程度上与灰色区域概念相关。标准混合结构与"财产"指标相似,但却属于一个完全不同的概念背景。

　　逻辑词"或"和最大值(我将在第 6 章定义它们为最佳概念结构或聚合)组成思考数据-指标层的第二种方式。如表 2.1 所示,多维贫困指数中大部分指标都使用了最大值。我故意使用许多烦琐数学表达且配合简单的英文来强调多维贫困指数的数据层面使用了高频度的最佳概念结构。所有数据指标包含了有最佳聚类功能的家庭中的个体或某种功能的选项(如居所的地板材料)的聚合。

　　逻辑词"或"、阈值、最大值以及类似的逻辑自然地出现在数据-指标层。它们以不同的方式实现了冗余性。运用逻辑词"或"时,完整性也是一个问题:人们通常想包括能够满足这一概念的所有选择,例如,所有暗含贫困意义的地板材料。正如我们在消费贫困概念中看到的那样,完整性存在的问题同样适用于聚合聚类。

2.5 层次的重要性：民主、政体数据库与测量

基本框架的一个重要特征是，它包含了一个语义的、定义的和本体论的层以及一个独立的测量和数据层。语义层与数据层两者之间的模糊和混淆十分常见。基本框架将它们分开，但是它们在实践中的区分并不明显。在我这里，基本框架并不是一个多层概念。

要强调的关键一点是，平均值是数据-指标层最主要且最显而易见的结构原理。相反，在第二层语义层上，平均值却并没有太大意义。完整性和非冗余性原则使平均值并不是一个合适的选择。两大原则在概念分析和建构过程中使得层次十分重要，这是因为它们体现了概念建构的不同原理。在概念建构过程中，对层次不清楚的认识往往会导致有问题的概念化和测量。

聚类和概念结构因层次的不同而不同。本书第一版的一个核心目标便是展示语义-本体论层和数据-指标层的冲突和对比。政体数据库中对民主概念的测量很好地诠释了上述问题。本书第一版用一整章论述了该问题，在这一全新修订版中，我将其压缩到了几十页来探讨。

关于民主的概念的、质性的和哲学层面的文献都从对民主本身而言必要充分的第二层维度来探讨它。在政治科学中，罗伯特·达尔（Robert Dahl）首先探讨民主的概念化进程。但是，当涉及民主概念的数值测量时，没有人遵循民主概念化的必要条件。简言之，概念的测量模型与概念模型是完全不一致的。在本书第一版中，我重新修订了政体数据库的测量模型以满足概念模型，并解释了最后民主赋分的系统性差异。

政体数据库指标或民主的测量（Jaggers and Gurr，1995）阐释了包含在其中的一些冲突。如若没有语义的、第二维度的层面，民主概念的内容将存在于数据-指标层。我们选择政体数据库中关于民主的五个指标，通过求和将它们聚合在一起以得到关于民主的基本测量。如果我们包含了被政体数据库赋予的民主概念化的要素，那我们便得到了

一个多层概念和测量。根据政体数据库,民主概念化的核心是:

> 我们认为,在西方自由主义哲学中,就其理论核心而言,民主
> 有三个必不可少且相互依赖的要素。第一,拥有公民能够有效表
> 达对不同政治政策和领导人偏好的制度和程序。这点可以通过规
> 范和选举议程的建立来实现。西方构想的民主的第二个组成部分
> 是,对行政权力实施制度化的限制。第三个维度是,通过所有公民
> 日常生活和政治参与来体现对公民自由的保障。(Jaggers and
> Gurr,1995:471;Gurr et al.,1990:83)

政体数据库讨论了民主构成要素中"必不可少的"和"相互依赖的"
要素。这两个关键词意味着使用了逻辑词"和",而取平均值或求和在
这里是不适用的。

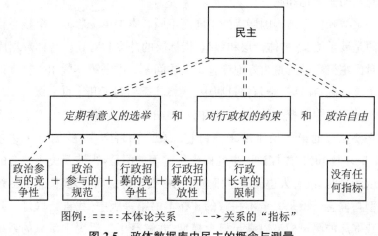

图例：====本体论关系　- - -→关系的"指标"

图 2.5　政体数据库中民主的概念与测量

图 2.5 表明了政体数据库中民主的多层次见解是什么样的。可以
看到,图 2.5 是一个自上而下的结构。我采纳了关于民主的定义性特
征,并将政体数据库中不同的指标与这些特征相结合。就指标层的概
念结构和聚合而言,政体数据库是一个加权总和。但在第二层,政体数
据库使用了逻辑词"和"。这体现在本质主义和相互依赖的语言上。当

进行最后的计算时,我们可以将不同的指标聚合在一起,然后选择一些能够代表逻辑词"和"的数学操作以得出最后的量化测量。

本书第一版用一章的篇幅分析了政体数据库的非多层测量与包含定义维度和聚类的政体数据库测量之间的区别。想了解全新修订版关于政体数据库定义测量与第一版的区别,请参见第一版第 4 章的内容。

这个例子说明了一个非常普遍的情况,即概念或聚合的结构依据层级不同而不同。这就是为什么多层结构是重要的。除非我们能勾勒出概念图谱并确定在概念化过程中隐含的或明确的聚合方法,否则我们并不能得到准确反映概念内容的最终数值测量。

2.6　结论

概念的语义和本体论是本书的核心。如图 2.1 的基本框架所阐述的那样,基本框架的目的是发展一套复杂、多维度概念的方法论,并用来处理量化、聚合和测量问题。模糊逻辑提供了思考如何将语义学、本体论与指标、数据和聚合相联系的方式。它提供了理论和数学工具来探究图 2.1 基本框架中提出的一系列问题。本章中的图表阐明了学者对基本框架的解释。这些不同的选择构成了迄今为止在各种社会科学和哲学中最流行的概念化和测量方法。本书的一个目标是鼓励研究人员不断超越,富有创造力地构建概念-测量模型,并反映出模型背后的实质性逻辑、本体论和因果假设。

如果我们只是谈论概念,而不是数值指数,那么完整性和冗余性准则便不会引起巨大争议。我们自然希望定义是完整的,不遗漏中心元素,也不冗余。这便是亚里士多德认为的"一个定义需要给出必要和充分条件"的核心。

本章的讨论提供了分析数据集的方法。由于对概念十分感兴趣,我已经成为一个狂热的编码手册读者。通常在编码手册中人们才能得到包含测量、聚合和结构的概念化过程。不出所料,编码规则遵循完整性准则,并使用必要和充分条件的概念结构。此外,人们通常不想要冗余的编码规则。

由于概念结构需要从文本中进行解释,人们必须在基本层和第二层进行概念结构推断。这是十分常见的。通常默认的解释遵循哲学,人们应该假定必要、充分条件结构。哲学的概念结构被认为是理所应当的。例如,"半总统"政治体制的概念在本书中出现了好几次。以下是其最初的定义:

> 这里所使用的半总统制政府的概念仅由宪法的内容来确定。如果建立半总统政治体制的宪法包含以下三个要素,那么这个政治体制才被认为是半总统政治体制:(1)国家的总统由普选确定;(2)他拥有相当大的权力;(3)他的对手是一位总理和诸位部长,他们拥有行政和治理的权力,只有在议会不表示反对的情况下才能继续任职。(Duverger,1980:166)

上述论述的前提假设是,这些因素中的每一个都是必要的,并且这些因素放在一起是充分的。然而,这一假设在引用或其他地方没有得到明确说明。实际上,它在文本阐释和分析或带有案例和反事实推论以证明解释正确性过程中十分重要。

当有定量测量时,人们可以从指标构造的数学过程中得到概念的结构。这里最常见的问题是,在政体数据库民主测量中,第二层概念的语义并没有与量化测量的数学运算过程相关联。在定义层使用逻辑词"和",在数据-指标层使用加法或平均值,这种情况并不少见。这是一个概念混乱的信号,也是绘制基本框架图如此重要的另一个原因:它督促人们明确地描述一切。

复杂概念通常至少有三个层次。将本体论的第二层维度与数据-指标维度混为一谈会导致诸多问题。基本框架的核心是语义级别和指示级别都需要呈现。只注重指标意味着强调测量,而忽视概念的实质内容。

在许多质性研究分析中以及政治哲学和道德哲学分析中,基本框架对于探索纯粹概念性和定义性分析十分有用。勾勒出概念的内容、层次和结构可以清楚地看出概念化的许多方面,而这些方面在纯语言学的讨论中是隐藏的。没有基本的框架图来描述概念的内容和结构,很容易产生混淆和歧义。

附录　潜变量的概念化和测量方法

将基本语义和本体框架与使用各种类型的潜变量模型进行测量的方法进行对比是有用的。数百本教科书专门使用这个统计框架进行测量。这些是心理学和教育学方法课程的核心,也在政治科学、社会学和经济学中普遍使用。

本附录的要点是将潜变量方法与本书中提出的方法进行对比。这两种方法有一些显著不同的特点,在此稍做总结,随后进行更为详尽的讨论:

● 作为概念测量模型核心框架的因果论对比语义本体论;

● 概念化过程发生在潜变量模型的指标层面:这是人们看到概念的语义内容的地方。这些模型的语义和定义性内容出现在指标中。所以它们不像在基本框架中那样出现在顶端,而是在底端。

● 潜变量由指标自下而上构建,与概念自上而下的基本框架形成对比。

● 概念结构测量基本上使用平均值。潜变量的数值测量是指标的加权平均。最薄弱的环节或最佳的概念结构几乎从未被使用过。相反,在基本框架中,这些通常是第二层维度的默认值。

● 大体上,潜变量在本质上是一维的、两层的。当潜变量指标不能高度相关时,研究者可以从指标中得到多个潜变量,但每个变量通常被视为一个单独的概念。具有三个或更多层次的模型非常罕见(尽管也有可能出现)。

● 完整性准则不适用。

● 冗余性准则是基本的,其逻辑与基本框架数据-指标级别相同。

　　心理学的传统问题是"未被观察的"变量或潜变量问题。许多心理学概念是不能直接测量的，例如"智力"。人们试图通过调查问卷、调查和测试来获取这些信息。这些问卷的答案成为潜变量的指标。这些技巧在政治科学中被广泛使用，目的是为国会议员或最高法院法官构建意识形态的衡量标准。国会的投票成为衡量指标，意识形态左与右的测量是通过国会的投票来构建的。

　　拉扎斯菲尔德和休伯特·布莱洛克（Hubert Blalock）是将概念的因子分析方法引入政治科学和社会学的关键人物。拉扎斯菲尔德（Lazarsfeld，1966）讲述了他和其他学者如何将心理学方法论的基本观点应用于分析社会和政治现象的历史过程。布莱洛克1982年出版的《社会科学中的概念化和测量》（*Conceptualization and Measurement in the Social Sciences*）一书精辟地阐述了概念和测量的因子分析方法（另见 Bollen，1989）。

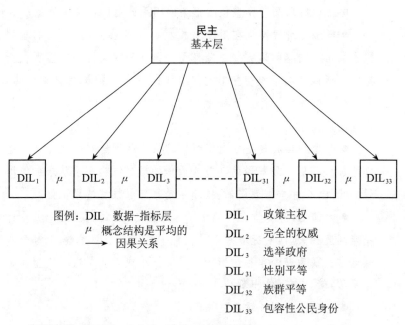

资料来源：基于 Coppedge and Gerring，2011。

图 2.6　潜变量模型：民主

民主是本书的重要例子。几个世纪以来,社会科学家和哲学家对民主概念的含义和内容进行了广泛的争论。有几十个民主数据集是概念化、量化和聚合问题的数据来源。图 2.6 说明了使用民主的多样性模型(V-Dem)的潜变量方法(Coppedge and Gerring,2011)。

图 2.6 与图 2.1 的一个明显区别是:它没有第二层维度。在潜变量方法中,只有潜变量和指标。V-Dem 包含数百个民主指标的数据。图 2.5 包括科皮奇和耶林列表中的前三个及后三个指标(Coppedge and Gerring,2011:255—256)。

我喜欢将潜变量方法作为概念和测量的疾病-症状方法。这些指标都是关于民主的。症状是关于疾病的。至少在原则上,我们不会把症状与疾病本身混为一谈。如果指标与概念相去甚远,那么人们通常会使用"代理"指标或变量。以下是重点:

> 指标既不是关于定义的,也不是关于本体的。

无法测量的变量正是这些指标:它们是症状,而不是疾病本身。

关于民主等概念的潜在变量方法有一个非常大的模糊性:

> 指标定义了特征还是特征定义了指标?

在教育学和心理学的应用中,很明显,测试题不是本体论。智商测试的正确答案是智力的结果,而不是智力本身。国会的投票反映的是整体的意识形态,而不是个人的意识形态。相反,对于消费贫困的概念,人们试图衡量的是实际消费,而不是消费的指标。就人类福祉而言,婴儿死亡率可能是一个国家医疗保健质量的良好指标。简而言之,图 2.1 的基本框架明确区分了定义本体特征和这些特征的(量化)指标。

民主就是一个很好的例子。我们在这个例子中可以看到语义本体论方法与潜变量方法并存。在实践中,语义方法的定义性特征是潜变量的指标。

前文我介绍了完整性准则和冗余性准则：

> 指标在理论上是冗余的。
> 指标的列表没有尽头：没有必要得到完整的指标列表。

如图 2.5 所示，指标的数量是不确定的且有时较为随意。人们可以在不改变任何东西的情况下对指标进行增减。V-Dem 的目标是将学者在民主概念化过程中包含的特征纳入一个列表中。

这种方法的独特之处在于变量与指标之间的因果关系。潜变量产生了指标，用因果箭头→表示。这种潜变量的因果观点可能是心理学和教育学中的标准。人们可以找到很多提供潜变量模型因果解释的教科书和手册。例如，博尔斯布姆有力地论述道：

> 潜变量被视为一组观察分数的未被观察的决定因素；具体来说，潜变量被认为是观测变量的共同原因。（Borsboom，2005：4）
> 所有测量过程的唯一共同点是隐藏或明确的假设。这个假设是，事物的属性存在于复杂冗长的事件链条中，并能够引发最终的测量结果。这一假设决定了测量将要取什么样的值……关键的错误在于认为有效性是关于相关性的。有效性涉及测量，测量有明确的方向。方向涉及的范围从大千世界到我们的测量工具。很难不把这种关系看成是因果关系……现在，测量是一个因果概念，而不是一个相关概念，有效性也是如此。（Borsboom，2005：153，160）

心理学中还可以找到许多其他因果解释的例子。例如，《牛津量化方法手册》（*The Oxford Handbook of Quantitative Methods*）中关于潜变量的章节描述道：

> 潜变量测量模型（即因子分析）的目的是明确潜变量或因素的数量和性质，这些潜变量或因素解释了一组观察测量值之间的变

化和共变,通常被称为指标。具体来说,因子是一个不可观测的变量,它影响多个观察测量值,并解释这些观测值之间的相关关系。换句话说,观测到的测量值是相互关联的,因为它们有一个共同的原因。(Brown,2013:257)

有许多原因可以证明为什么这一解释是合理的。一是"效应"模型,它暗示指标是原因的效应。在因果模型中,潜变量是自变量,而指标变量则是因变量。[①]

如果这些箭头没有代表因果解释,那么如何解释它们就变得困难。它们可能会被解释为相关的,但不是因果关系。然而,如何根据所考虑的现象来解释这种相互关系还有待确定。这就是为什么基本框架使用虚线箭头来象征关系的"指标"。这些虚线箭头代表了一种非因果关系。

因果测量模型十分常见。例如,温度计是以热膨胀的因果模型为基础的。在自然科学中,测量仪器的使用通常需要一种因果测量模式。

在大多数情况下,人们通常得到多个而非一个潜变量(如图 2.2 所示)。多个潜变量在基本框架中发挥第二层维度的作用。这在图 2.2 民主的例子中得到阐述。通常,当有多个民主指标并运用潜变量方法时,人们最终会得到至少两个潜变量(例如,Coppedge,2012)。

图 2.2 说明了一位非常有影响力的方法论学者提出的潜变量模型。因此,虽然我们从图 2.3 开始,但实际上统计分析生成的指标通常有多个维度。在博伦(Bollen)对民主的分析中,有两个潜在因素。科皮奇(Coppedge,2012)在对民主的分析中用了民主的两个因素。在其他分析中,特赖尔和杰克曼(Treier and Jackman,2008)只用了民主的一个潜变量。

统计模型与数据一起,通常会产生多个潜变量(数字通常遵循惯例,即特征值大于 1 则被包含,小于 1 则被排除)。在基本框架方面,统

---

① 在政治科学中,因果解释是比较有争议性的。在我的经验中,从因果方向描述这些模型会在政治科学学者中引起强烈的甚至否定的反应。

计分析生成了民主的多个第二层维度（如图2.2所示）。每个维度都有自己的一组指标，这些指标与未测量的潜变量高度相关（至少理想情况下），而与从指标列表中生成的其他潜变量不相关。

就完整性准则而言，所有潜变量可以被视为一个完整的概念化进程。虽然有些潜变量将被排除，但排除的理由是统计性质的，而不是实质性的。鉴于该方法的归纳性和基于数据的性质，很明显，不同的指标组或不同的样本数可能产生不同的潜变量清单。

每一个潜变量都可以被认为是一个第二层维度。例如，V-Dem项目已经产生了民主的许多第二层维度的潜变量。这些潜变量使用许多（通常是10个或更多）指标。图2.5给出了一个局部列表的部分：该项目有超过200个民主指标。

潜变量方法是一种一维方法。这是所使用的统计方法的一个函数。潜变量方法的核心要求是，指标是一个彼此高度相关的东西。相反，在定义中，根本不需要定义性特征是高度相关的。事实上，我们已经看到，它们通常应该是独立的、非冗余的属性。

因此，虽然一开始可能会有几十个民主指标，但最终可能会用到的要少得多。由于低相关性或其他统计要求，它们将被删除。例如，特赖尔和杰克曼（2008）在分析问题时选用五个测量指标，却在最后只留下三个符合统计要求的指标。

统计和测量的起源在于人们对同一物理现象进行多次测量（例如一颗行星的位置）。真实位置是不能够被观察的，但却存在多次测量的过程。按照统计的中心极限定理（并假设随机误差），自然的做法是用平均值来估计行星的位置。

平均值是有意义的，因为这是对事物的多重观察。通常情况下，观察值越多越好。人们不用担心多维度性，因为它是一维的。没有构成第二层维度的定义性特征。这是图2.5的模型。

在实践中，概念的定义性特征常常成为潜变量模型的指标。一个人的定义性特征是另一个人的指标。V-Dem项目是如何提出一系列指标的？它们探索了民主的各种概念化，并利用它们来发展量化指标。

通常，当我们得到最终的潜变量列表，分析就结束了，正如图2.7

所示(ε 是误差项)。最常见的情况是,不同潜变量在统计或描述性分析中被单独使用。

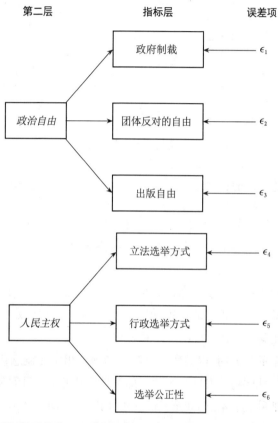

资料来源:基于 Bollen and Grandjean,1981。

图 2.7 民主的两个潜变量模型

我们可以将图 2.5 中的箭头翻转过来。这改变了因果关系的方向,这样,指标便产生了潜变量。这些通常被称为"形成性模型"。如果观察它们的首字母缩写 MIMIC(multiple indicators and multiple causes,多指标和多原因),箭头会给出因果解释。帕克斯顿(Paxton)关于社会资本的研究中有一个很好的例子(如图 2.8 所示),其中,"关联"是基本层社会资本概念的核心维度之一。

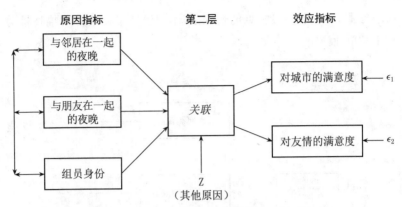

注：社会资本的第二层维度还包含两个信任维度。

资料来源：基于 Paxton，1999：274。

图 2.8　指标促成因素，MIMIC 模型：社会资本的关联维度

MIMIC 或形成性潜变量在政治科学和社会学中并不常见。用谷歌搜索这个首字母缩略词并没有在社会科学中找到很多例子（它们似乎在健康科学中更流行）。

本附录不讨论潜变量估计和构造方法。这是一个大主题，在许多教材和书籍中都有很好的论述（如 Bollen，1989），并构成了心理学、社会学和政治科学方法训练的一个重要部分。

就本章的目的而言，潜变量方法清晰地提出了在概念化和测量过程中的因果性问题。发展一个独立的符号体系的主要目的是厘清因果关系和其他种类关系（例如定义的和本体论的）之间的区别。

3 建构概念的准则：本体论、语义学和定义

当我全身心投入改进化学语言，而无其他打算时，某种程度上，我的工作却在我无法阻止的情况下，逐渐变成了一种关于化学元素的论述。

——安托万·拉瓦锡（Antoine Lavoisier）[1]

3.1 导论

概念是关于定义、意义和本体论的。它们是对"什么是？""你的意思是？"及类似问题的回答。本章介绍了一系列关于概念的建构、分析和理解的指导准则。这些准则构成了一个问题、原则和考虑事项的清单。这个清单可以用来指导概念的建构和分析。

本章是基于前几章探讨的三层概念-测量结构的基本层和第二层展开的。这一章的前半部分停留在基本层的讨论，后半部分将讨论第二层维度。本章不讨论测量、数据、指标、量化以及与数值测量相关的问题。当然，在基本层和第二层维度做出的决定应该影响有关测量的决定。事实上，以下章节中的关键点是，测量应该忠实于本体论。下一章首先讨论了语义-意义和量化测量之间的联系。

这些指导准则提出了一组决定和问题，这些决定和问题对于建构

---

[1] 引自 Goodfield and Toulmin, 1962:218。

好的概念绝对是至关重要的。有些建议与当前的许多实践相互抵触，因此颇有争议。

我列出的准则是从本书第一版（2006 年版）那些隐含的准则开始的。这些准则建立在几百个实践的基础之上。这些实践涉及我多年来形成的概念。①它们代表了我在文章、书籍和博士论文中反复看到的问题。作为准则，它们并非普遍适用，但肯定应用十分广泛。违反一条准则需要一些严肃的正当理由。

3.2 术语

术语的分析是理解概念的核心。人们用来表示概念的词语通常有不同的含义。"相同"概念的术语有很大差异。有时这个词并不能很好地描述定义中的内容。

术语问题出现在本书的方法论语言中。什么是"指标"？首先，指标是某物的指示物。这里的"某物"通常是一个概念。其次，我的用法（也是"指标"一词的通常用法）为指标是数字化的。这就是我在三层框架中使用"数据-指标"的原因。"数值"包括缺席-存在，编码为 0—1，通常存在于基本连续统上。因此，像"质性指标"这样的表述没有实际意义。我将使用指标、测量、数据等术语，它们均为落在概念范围内实体的数值。②

---

① 我所有方法论书籍中的实践与练习在每年夏天便会更新和拓展。这些实践和练习可以通过给我发送邮件来获得：ggoertz@nd.edu。

② "我们这样定义'指标'：指标是一组命名的、按等级排序的数据集合，它表示不同个体单位过去或将来预计的表现。这些数据是通过一个过程产生的，这个过程简化了一个复杂社会现象的原始数据。这种经过简化和处理的数据可以用来同步地或随时间推移地比较分析特定的单位（如国家、制度或公司），并通过一些指标评估这些单位的表现。这个定义包括复合或混搭指标，这些指标本身是通过聚合和加权其他指标来编译的。有些指标是数字的，有些指标是质性的（产生的信息可能用数字表示，也可能不用数字表示），有些指标是量化和质性的混合。"（Davis et al., 2015:4）

"变量"在本书中的意思为"概念"。统计分析中的标准用法是使用"变量的指标"这样的表达。由于经验分析、模型、理论和假设中的变量通常位于基本层，这意味着在本书中变量＝概念。①

术语通常被规范使用。将一个行动称为"恐怖主义的"是一个规范性的评价。恐怖主义是一个有问题的概念，部分原因在于它是被规范性地赋予含义的。由于恐怖主义是一个有问题的概念，因此它会使得数据集以及接下来的因果分析都出现问题。

人们常常会区分"客观"和"主观"指标。例如，这意味着对贫困的客观衡量优于对幸福的主观衡量。当拉瓦雷（Ravallion，2016）用术语"混搭"来形容人们如何进行概念测量时，这显然带有一种否定的意蕴。

通常，术语的不确定性反映了概念上的问题。我在"民主－专制"的概念中使用了"专制"（autocracy）这个词。当然，这里的"专制"有其他的可能性，例如"集权主义"（totalitarian）、"威权主义"（authoritarianism）、"独裁"（dictatorship）；而在 19 世纪，民主的反义则是"君主制"（monarchy）。这些词都有不同的含义和定义。相反，在"民主"这个词上却有广泛的共识。这表明学者们对民主的概念比专制的概念要清楚得多（第 5 章提供了一些统计分析来支持这一观点）。

另一组问题与我所说的"连字符概念"有关。这实际上包括有连字符的术语（例如竞争性威权），也包含了有多个部分的概念（例如两个或

---

① "将概念与变量等同起来也是美国社会学首次探索理论化过程的尝试，这就是出现于 20 世纪六七十年代的所谓'理论建构运动'。在亚瑟·斯汀康比（Arthur Stinchcombe）的《构建社会理论》（*Constructing Social Theory*）中，概念毫无疑问地等同于变量：'科学中的"变量"是一个概念，它可以有不同的值，它的定义是这样的：人们可以通过观察来判断它在某一特定事件中的值。'（Stinchcombe，1968：28—29，38）这种定义变量的趋势也可以在休伯特·布莱洛克的《理论社会学：从语言到数学公式》（*Theoretical Sociology：From Verbal to Mathematical Formulations*）中找到。这与他在 1978 年美国社会学协会的主席演讲中阐述的是一致的。布莱洛克致力于研究'测量与概念化问题'，并在他的书中提到了'理论变量'一词（Blalock，1979：881）。对指标的讨论是拉扎斯菲尔德概念研究方法的核心。无论如何定位指标或者如何处理它们，拉扎斯菲尔德的方法时至今日仍然是有效的。例如，对学习如何构建指标感兴趣的学生可以很容易地找到相关指南。还有很多研究探讨各种类型的有效性。对有效性的探讨是确保所选择指标能够抓取它们想要抓取的。从概念到变量到指标（1—2—3）的讨论通常被简化为从变量到指标（1—2）的讨论。但这一讨论在以往的文献中却鲜有出现。"（Swedberg，2015：12）

多个名词或形容词组成的概念）。例如，"转型正义"涉及"正义"这个大概念并加上"转型"一词。有时，形容词修饰词根概念。例如，下一章将讨论"非常贫穷"国家的概念。那么"非常"是如何修饰"贫穷"的呢？用"极端贫困"或"赤贫"而不是"非常贫穷"会更好吗？这些问题会在第 4 章和第 7 章关于混合使用多个单词的部分进行探讨。在使用包含多个单词的概念时需要格外谨慎。

因此，有一些与术语相关的准则：

内涵准则：如果术语包含非常消极或积极的内涵，那么需要探索这些内涵如何影响概念及其使用的所有方面（如范围、编码）。这通常与概念化的规范性问题密切相关。

多词准则：这个概念使用多词了吗？如果是，两个或多个概念如何交互？

多术语选项准则：对于一个概念，是否有各种可选的术语选项？选择其中一个而不是其他的意味着什么？

3.3　范围准则

范围准则要求确定概念的适用范围。

范围准则：给出概念可以被应用（以及最终不能被应用）的范围。

从实用角度来说，这意味着确定概念数据集中观察的总体。通常，民主概念的适用范围是国家。贫困概念的适用范围是个人，但有时也包括家庭。可以看到，范围本身很容易涉及十分棘手的概念，如"国家"和"家庭"。

虽然这条准则可能看起来很明显，但第 8 章讨论了针对某些事物类型学的常见方法论,其中的核心例子是专制政权的类型学。通常,这些类型学的范围是专制制度(一种二分法程序),而不是所有国家。所以并不是所有的国家都以本国君主制的程度来编码,只有专制国家依照此种方式编码。然而,在类型学中,不同制度类型都以国家为范围,因为国家是基本的分析单位。如果人们想要一个关于"君主制"的数据集,那么范围则是所有国家。因此,可以在"所有国家"和"所有专制国家"之间进行选择。第8章认为,正确的范围选择是所有国家,而不是所有专制国家。

这与概念所包含的积极案例的数量有所不同。例如,有多少国家在君主制概念上的得分高于0;很明显,很多国家不隶属于君主制。然而,零或非零案例的数量是一个独立的经验和因果问题(见第9章)。

在有关民主的文献中,有一场关于如何编码或不编码情况的辩论。例如,如果中央政府已经完全崩溃(即无政府状态),那么,我们能为制度类型编码吗?如果国家在外国统治下,该如何为制度类型编码?在转型时期又当如何呢?随着时间的推移,针对这些有问题的情况,与政体数据库中的民主数据相关的实践也会不断发生变化。至于如何解释则不是非常明确。例如,一个被外国占领的国家有一个政府,它不是民主的。政体数据库将这些案例编码为"缺失",而许多处于灰色区域的案例将其编码为竞争性威权政体(即在−10—10之间的政体数据库民主范围中,该种类型政权记作0)。

范围准则要求人们能够在范围内对所有的观察进行编码。理想情况下的数据收集都遵循范围准则。正如民主所表明的那样,可能有各种各样的边缘性情况,这些情况可能属于也可能不属于这个范围;这些需要明确的讨论和论证。

3.4　概念的基本连续统

最重要的准则之一是把概念看作基本连续的,是连续性的变量。

正极点构成了连续统的一个极端。这条准则的一个推论是，人们不应该用二分法来进行概念化（见下文）：

> 连续统准则：概念应该始终被认为是一个连续统，一端是正极。

概念对是十分常见的。根据定义，概念对之间存在某种相关的连续统一体。一些标准的概念对的例子，如和平-战争、民主-专制、贫困-富裕，都假设了某种连续统的存在。

用连续统思考概念的核心原因之一是，它允许灰色区域的存在。这是一个非常重要的问题，第 7 章专门讨论了这个问题。

用连续统思考概念的第二个原因是，它允许语义上相邻的概念相互重叠。以民主为正极，竞争性威权的概念与民主重叠。这个中心思想将在下一章讨论。

连续统准则有一个潜在且富有争议的推论。人们经常听到这样的表述："这是种类差异，而非程度差异"，或者"这是质的不同"。伴随连续统的概念，在连续统一体上没有质的不同，只有程度的差别。我们看看下一章的概念图，它们都说明了程度上的不同（二分法除外）。概念化应该允许从不是概念所及到部分概念所及再到完全概念所及的平稳过渡（这并不意味着一定是缓慢过渡；其斜率/导数可能相当大）。要使用民主概念，就需要一个从非民主到民主的平稳的概念转变。

表述"种类差异，而非程度差异"的方法是问"与概念 Z 相对的客体 A 与客体 B 的差异在哪里？"，其中，A 和 B 都是概念应用范围的成员。[1]A 在此概念中的得分是 1.0（最大值），而 B 在此概念中的得分是 0.0（最小值）：它们互不相同。另一客体 C 接近于 A（它的值为 0.9），客体 D 接近于 B（它的值为 0.1）。在这种情况下，"质的不同"实质上意味着"非常不同"。例如，穷人与富人并没有质的不同，专制政权与民主政权也没有质的不同：他们"非常不同"。

---

① 这个问题便是，"苹果"和"橘子"是否落入概念范畴；如果概念是"食物的热量值"，那么它们将落入此概念范畴。

范围准则定义了现象的范围。在范围中,客体的范围是从 0 到 1
(根据本书所采用的传统)。这两个概念在性质上是否不同是一个单独
的问题,它取决于两个概念的定义和本体。《精神障碍诊断与统计手
册》在很大程度上说明了这一点(《精神障碍诊断与统计手册》是定义精
神障碍的圣经,目前的版本是《精神疾病诊断与统计手册》2013 年第五
版)。许多症状出现在不同的精神障碍中。因此,这些障碍是重叠的,
而不是"质的不同"。[①]

概念的核心是描述。几乎所有的社会、政治和经济现象都存在灰
色区域和变化。因此,连续统准则鼓励对社会现象进行更准确的描述
(例如,描述性推理)。

连续统准则也反映了广义的语义用法。我们很自然地会说,一些事
物是多、是少或者是某个客体 C。还有其他各种各样的表达来表示程度。
在描述这个世界时,灰色、白色和黑色的浓淡深浅几乎是不可避免的。

3.5 二分法是有问题的

改写连续统准则的一个方式是通过二分法准则:

二分法准则:不要在二分法中进行概念化。

贫困的指标和测量标准说明了二分法准则是多么根深蒂固。在评
估一个国家的贫困状况时,标准的做法是要确定一条贫困线。这条贫
困线通常是通过二分法过程实现的(并且通常与下一章详细讨论的阈
值密切相关)。[②]世界银行关于贫困测量的教科书非常明确地指出:"衡
量贫困需要采取三个步骤:(1)定义福利指标;(2)建立该指标能够被接

---

① 一个有趣的实践是看是否有些错乱并不与其他错乱相重叠。
② "外部观察者完全有理由判断,在一个特定的社会,在一个或多个临界水平(贫困
线)上,福利存在质的差异。"(Ravallion, 2016:191—192)

受的最低限度，并区别贫困与非贫困（贫困线）；(3)生成一个汇总总计数据，将福利指标相对于贫困线分布情况汇总起来（Haughton and Khandker，2009：9；也请参见 Ravallion，2016；Alkire et al.，2015）。一旦确定贫困线，人们就会评估贫困线以下的人的贫困程度。"

理想的程序是有一个适用于该国所有个人的贫穷（或福利）的概念和测量标准。一个国家的总贫困是个人贫困的聚合（如总和）。这种理性程序完全跳出了世界银行程序的第二个步骤。

似乎很多人强烈认为二分法是一个很好的方法。民主-专制组（Cheibub et al.，2010）为他们的民主概念的二分法辩护。我不清楚这些想法从何而来。从统计学的角度来看，二分法是一种信息的损失，比连续数据、比率数据或区间数据更不可取。绝大多数的统计文献都不提倡二分法。所以这种对二分法的偏好不是来自统计学或微积分。

我怀疑这种对二分法的偏好是所谓的"亚里士多德的延续"。亚里士多德认为，逻辑是一分为二的，即某事物非对即错。说某件事"部分正确"是有问题的。我怀疑这一传统继续影响着关于概念的许多思考。例如，在他颇具影响力的职业生涯中，萨托利一直反对"程度主义"。他的方法论大部分借鉴自 20 世纪 30 年代最有影响力的哲学逻辑教科书。这种哲学传统也许可以解释政治哲学和道德哲学对二分法以及更普遍的质性方法的偏爱。

务实地讲，数据通常只以二分法的形式出现。人们可能还需要做出其他实际的妥协。但我们不应该把二分法当作首选方法。

二分法在案例选择中几乎不可避免。一个案例要"部分地"在数据集中是非常困难的：它是在数据集的里面还是外面？问题是，灰色区域总是存在的。这便需要划定一个标准来进行案例的选择。例如，人们可能希望为一些概念编码（例如民主）以使其适用于所有涉及此情况的国家。这个时候便需要一个国家列表。"战争关联项目"（The Correlates of War Project）在早期一个具有影响力的方面便是列出了一份国家清单（例如 Gleditsch and Ward，1999）。从历史来看，我们并不清楚哪些非西方政治单位可作为国家，例如德川时期日本或传统的非洲国家。有时候，项目会用最低人口标准来包含一个国家：是否应该考虑安道尔、列支敦士登、摩纳哥或梵蒂冈作为国家？也有一些例如事实上的国家的灰色区域。关于是否将这些政治实体囊括在国家中会有许多关键的二分法选择。

简而言之，案例选择涉及是否包含处于灰色区域案例的诸多艰难抉择。在这里，二分法似乎不可避免。否则，应尽可能避免使用二分法。

第8章在类型学的背景下回归关于二分法的讨论，讨论内容包括二分法作为标准实践和建议的一部分。

3.6 理想类型准则

正极和连续统数据本身就暗示着连续统存在极端的末端。这就产生了一个准则，即人们应该明确地在连续统末端使概念得到概念化。

> 理想类型准则：我们应该就理想类型来概念化，例如，作为基本连续统极端的正极。

在构思本书第一版时，我对韦伯（Weber）理想类型方法的讨论进行了深入研究。我的研究涉及与韦伯问题相关专家的磋商，但几乎没有关于建构理想类型概念的方法［斯威德伯格（Swedberg，2017）确认了这一点］。最明显的一点是，对于理想类型，几乎没有任何经验可参照。这关乎人们在现实生活中多久能寻找到案例，这明显取决于概念和客观世界本身。该话题将在第9章"强化-扩展"概念下详细讨论，本节关注概念化的方面。①

要了解案例分布是否遵循理想类型准则，可参见图3.1，尤其是民主的正极。当政体指数等于10时，政体数据库中的民主测量在概念上便很快停止了。

----

① "第二种观点……提出，概念是类的完美实例的理想表示。这一观点是巴萨卢（Barsalou）在20世纪80年代提出的。尽管有一些有趣的应用，但此观点没有成为概念心理学的主要方法。"（Machery，2009：108）

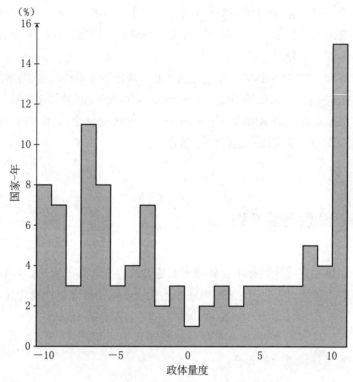

图 3.1　概念与理想类型：政体民主测量

　　为深入理解这个图，我们可以想象，刻度值从 10 变成 15。许多政体量度＝10 的案例将落在这一较高质量民主区域。在政体量度＝15 的点上，我们可能得到很少理想型的民主，也可能得不到理想型的民主。

　　我将此种情况称为"乌比冈湖效应"或"哈佛分数体系问题"。在乌比冈湖效应中，人们都高估自己的实际水平；在哈佛大学，每个人都得分数 A。[1]问题是，这个概念并没有捕捉到所有有趣的变化。因此，当此概念被应用时，需要获得极点处有峰值的分布。

---

　　① 　乌比冈湖是加里森·凯勒（Garrison Keillor）在他的广播节目中创造的著名小镇；每个节目的独白结尾通常是："嗯，这是来自乌比冈湖的新闻，那里所有的女人都很强壮，所有的男人都很帅，所有孩子的表现都在平均水平以上。"

政体在民主概念化过程中止步很快。例如,1900 年的美国——当时非洲裔美国人在该国大部分地区都没有投票权——便是一个政体量度＝10 的例子。要在投票方面得到 10 分,只需要成年白人男性就可以了。美国南部的一大片地区根本就不是非常民主,但美国在政体民主方面的得分却最高。

理想类型准则有一些重要的推论。首先,二分法是一个坏主意,因为几乎肯定不会有一个理想的概念化类型。

第二个可能富有争议的推论是,情境化不是一个好主意。我说的情境化是指相对于特定历史时期的民主概念化。诚然,美国在 18 世纪是一个非常好的民主国家,但在 21 世纪不是一个非常好的民主国家。

一个绝对的或理想类型的概念化将揭示关于历史相对性的论断,因为在 18 世纪的众多国家中,美国得分最高。同时还会出现的情况是,没有哪个国家在 18 世纪或 19 世纪民主得分达到最高值。

另一个重要的推论与最小概念化有关。在有关民主的文献中,一个传统便是谈论最小概念化的民主。这通常要追溯到 1950 年熊彼特的分析,即反映了民主-专制组对民主的看法(例如,Przeworski et al.,2000；Cheibub et al.,2010)。根据定义,最小概念化实际上并不是理想类型,也不是一个好主意。

当人们对一个概念存在争议时,它们通常会求助最小定义。学者们几乎总是使用穆勒的一致性方法来确定大多数人同意的那些维度:

> 定义福利国家有许多困难。第一且可能是最显著的困难是福利国家在经验上的巨大差异,这使得要找出福利国家的共同特征极为困难。(Kuhlmann,2018:1)
>
> 处理"民粹主义"这种富有争议性术语的最好方式就是最小定义。这种定义的一大好处在于,它迫使我们找出所考虑现象的主要特征——或者使用更复杂的术语——及其必要条件和充分标准。(Kaltwasser,2019:64)

这是一个很好的开始,但不是一个好的终结。使用穆勒的一致性方法，它可以给出必要条件维度的列表，但只能给出有问题的充分条件。从本质上讲，这些最小定义是下面要讨论的"惯常嫌疑犯准则"的应用。

达斯古普塔（Dasgupta，2001:54）说明了最小概念化、必要条件和缺乏充分性之间的联系："一套涵盖穷国当前福祉概念的最低指标包括人均私人消费、出生时的预期寿命、识字率、公民和政治自由。私人消费包括食物、住房、衣服和基本的法律援助。出生时的预期寿命是健康的最佳指标，就像识字率是基础教育的最佳指标。公民权和政治权利使人民能够独立于国家和社区发挥作用。这些都是必要的，因为它们可能被市场低估，所以它们不能被某一种物品或被货币价值所取代。"以上的最低必要条件是十分典型的，但是人们很少去思考充分性问题，而这在真正地为福祉编码、为其分类并加以测量时十分必要。

人们谈论典型或代表性案例，这通常是案例的经验分布。在实践中，典型或代表性往往是平均值或中位数（例如，Gerring，2017）。从语义上讲，灰色区域很少是典型性或具有代表性的。遵循理想类型准则，很少有统计上能够代表概念的好案例。第9章探讨了概念和案例经验分布之间的紧张关系。

从图3.1可以看出，理想类型意味着正极上很少的案例。下一章我们将集中讨论贫困的概念，可能有相当多理想类型的贫困案例。一般来说，如果数据的经验分布是高度倾斜的，那么很有可能在正极有很多案例。第7章分析了理想类型、混合和灰色区域概念，这些概念有许多实际案例。因此，尽管图3.1中的问题可能十分常见，但它们肯定不是普遍存在的。

3.7 灰色区域

灰色区域十分重要并值得在第7章进行扩展讨论。这里的总体方针是明确思考灰色区域。一般而言，灰色区域本身就是一种有趣而独特的现象。它通常涉及独特的术语，尤其是涉及用连字符连接的名称，例如竞争性威权主义（competitive-authoritarian）的民主。

灰色区域准则：具体地使灰色区域概念化。

灰色区域通常作为连续统的中间部分而没有被概念化。它是以一种相当随意的方式被选择的，而且通常在中间是对称的。

理想类型准则也适用于灰色区域概念。灰色的比喻是介于完全白色和完全黑色之间的点。这里的案例是多是少，往往构成了一个核心的理论和因果之谜。

它通常是一个连续统中间的插值。我们在下一章可以看到，线性插值可能是有问题的。

3.8　概念对、否定和对立

概念通常成对出现，其中一个可以被认为是正极，另一个则是负极。对一些研究人员来说，正极是概念对中的一个，而对其他人来说，它可能是负极。对专制政权的研究将专制作为正极，而对民主的研究则将民主作为正极。

这一部分的重点是明确关注负极：

负极准则：明确地使负极概念化。

一个常见的事实是，负极（1）没有一个明确的、一致的术语；（2）常常使用不同的词语表述。这两者都暗示了需要注意的概念问题。

下一章将讨论一个概念的否定与它的对立面之间的区别。对于所有正极，负极总是可以被定义为"非正极"。对于概念对来说，"对立面"是指概念对中的另一个概念。在概念对中可以用确切的术语来表示对立面。

当然，人们对消极方面的关注不会和对积极方面的关注一样多。准则的重点是不要完全忽略它。接下来的几节讨论关于负极的问题。

3.9　否定的异质性

正极是非常集中的概念，这导致了负极是相当甚至是极端异质的。最直接的原因是统计、实证和因果分析依赖于对照、反事实或非对照组类的比较。考虑负极异质性的一个原因是它回答了一个问题："与什么相比？"

> 否定的异质性准则：在使因果推理出现问题的方式上，负极是异质性吗？

我最喜欢的例子是涉及 100 多个国家的大数据统计分析。在这里，比例代表制是一个自变量。否定的异质性准则建议查看"非比例代表制"所涵盖的内容。这种比较组通常包括朝鲜和美国这样的国家。在如此多样化的国家群体中，人们根本不清楚应该如何在统计分析中解释比例代表变量的系数。

这一问题伴随着混合或灰色区域概念其他力量的出现。正如将在第 7 章中详细讨论的那样，非灰色比较范畴指向两个相反的方向：朝向正极和朝向负极。一般有三种选择：(1)选择正极作为比较组；(2)选择负极作为比较组；或(3)同时选择正极和负极。

这个异质性的问题没有简单的答案。这在很大程度上取决于学者的因果推理目标以及负面案例的异质性的种类。其风险也是很高的：通过选择一个对照组与另一个对照组做对比，统计结果可能会翻转正负符号或改变显著性水平。值得强调的是，它保持了完全相同的正极情况。

3.10　概念不对称准则

> 战争的对立面不是和平,而是创造……如果你在创造,你就不是在毁灭。
>
> ——乔伊斯·迪多纳托(Joyce Didonato)①

负极性准则提出了一个关于在概念对中正极和它们的对立面之间在多大程度上对称的问题。概念对称意味着对立面是严格的镜像或正极的逆像。例如,专制被完全定义为"非民主"。概念不对称准则表明,一般来说,概念对的对立面并不是字面上和严格意义上对正极的否定。

下一章讨论并说明了"对立面"是一个不同于"正极"的严格否定的概念。当然,我最喜欢的例子是,和平并不意味着没有战争。

这引出了下面的准则:

> 概念不对称准则:概念不对称应该是概念对的默认假设。人们必须证明这一对是镜像、反转,或完全否定对方。

我们可以从几个方面看到概念上的不对称。第一,对立面的定义性特征包含了在正极点中不存在的属性。按照下面的清单定义维度准则(正极和负极),有助于明确是否存在不对称。

概念上的不对称自然导致因果关系不对称。如果负极并不与正极的镜像一致,那么它可能存在不同的原因和影响。相反,如果正极的原因不同于它的反面,这很强烈地意味着概念的不对称。

一个对博士生和其他研究者有用的建议是,对正极的原因做一个文献综述,并将其与论述概念对中负极的原因的文献综述进行对比。

---

① 在乔伊斯·迪多纳托"战争与和平"音乐会上对她的采访所得。

在我的经验中，这些文献综述很少是对称的：关于负极的一般理论和假设包含了正极理论中通常不存在的变量。学者们含蓄地声称，这两种理论是不对称的，因为它们对每一种理论的解释都不同。

例如，对民主的解释经常使用不同于对专制政权解释的理论框架。和平理论与战争理论是不对称的。解释财富或高水平的经济发展并不一定与解释贫穷是对称的。

因此，这里便存在着一组矛盾——正极和负极之间存在基本连续统：负极概念并不是正极概念的相反或正极概念的镜像。这在本质上并无问题，但却提出了关于概念建构的核心问题。下一章将提供思考这一问题的框架以及关于概念对不对称的具体例子。

在许多方面，概念不对称准则是最重要的准则之一。它提出了基本的概念性、因果性和理论性问题，当存在概念对时，这些问题必须明确地加以解决。下一章介绍了一种对对称和不对称概念进行建模和可视化的方法。它使缺省的对称假设更清晰，并提供了非对称的替代方案。虽然概念对称在大多数统计分析中是可能的和隐含的，但在术语、语义和理论中有大量的内容表明，事实上概念对中的正极和它的对立面是不对称的。

3.11　通过否定准则来定义

> 神圣罗马帝国并不神圣，也不罗马，也不是帝国。
>
> ——伏尔泰（Voltaire）

许多概念的特征是，在使正极概念化过程中使用否定。民主-专制组将专制主义定义为缺乏民主。许多研究贫困问题的文献认为，贫困是基本能力的缺乏或低水平。贫穷是指缺乏基本能力和自由，例如缺乏健康、教育和可供选择的机会。"公民社会"概念通常在很大程度上被定义为"非政府"且"非营利性"（例如，不是企业）。

如果人们认为连续统通常包含正极、灰色区域和负极，那么他们通常不知道如何处理灰色区域。我们将在第 7 章看到，灰色区域在概念化中默认使用否定。处于灰色区域意味着非正极且非负极。

有时人们可以在正概念化和负概念化之间选择。我最喜欢的一个例子是，"质性方法"最好被定义为非统计学，这正是因为要给出一个质性方法的正向的列表是困难的，因为在这一类别下有各种各样的方法。

概念的多样性使其很难被概括。一般来说，人们更喜欢正概念化，而非负概念化。

> 通过否定准则来定义：在通过否定准则进行完全概念化的过程中，人们必须仔细考虑。一般而言，人们更倾向于正属性而非负属性。

3.12 概念重叠准则

从语义上讲，概念之间可能"相近"。通常，将基本连续统相对明确地划分为片段是非常常见的。例如，世界银行将国家定义为低收入、中低收入、中高收入和高收入国家。这可能发生的另一种方式是两个概念共享一些定义性特征。因此，一个给定的物体或观察结果可以同时归入多个概念是很常见的。这是两个或多个概念中的部分所属关系。

> 概念重叠准则：允许观察值在语义接近的概念中有所重叠。

概念重叠准则认为，二分法不应该被强制使用于那些从属于邻近概念的观察值上。例如，一个国家既可以是贫困国家的一部分，也可以是中低收入国家的一部分。

这与类型学的问题密切相关。创建类型学的标准规则之一是类别应该是互斥的。互斥本质上是一种二分法规则。概念重叠准则拒绝了这一点,并允许成员,至少是部分成员在一个大类型的多个小类中。例如,许多人是不同种族或宗教团体的部分成员,因为他们的父母来自不同的背景。

下一章将以可视化和图形化的方式来考虑概念上的重叠。

3.13　定义性属性准则

上述准则处理的是基本层概念。事实上,许多重要的概念是多维度、多层次的。下一组准则处理概念的多维度。

处理多维度概念的第一个准则是:

定义性属性准则:给出一个完整的定义性属性清单。

这些定义性特性,或者使用我的术语"第二层维度",指出了概念的关键属性。例如,特里·卡尔给出了民主的列表:

民主是一个涉及诸多维度的政治概念:(1)政策竞争和政治竞争;(2)公民通过党派、社团和其他形式的集体行动的参与;(3)通过代表机制和法治机制实现统治者对被统治者的问责;(4)文官对军队的控制。(Karl,1990:2)

这四个特点构成了她的民主概念。

在人的能力方法中,努斯鲍姆给出了构成人类福祉的十种能力(在前一章中讨论过)。她(如 Nussbaum,2011)批评森谈论了一些能力(例如教育),但却不愿意给出一个完整的清单。然而,要做实际的经验描述(例如测量)或因果推理,需要一个完整的列表(见下文)。在前一章中,我们还看到完整性是一个核心准则。因此,定义性属性准则自然与第2章提到的完整性准则相适应。

　　如果概念有一个数据集，那么人们通常可以通过编码规则来确定定义的维度。然而，对数据的讨论往往更多是关于指标，而不是概念，这一事实使情况更加复杂。编码规则要尊重完整性准则，因此至少隐含地给出了定义性特征的完整列表。

3.14　惯常嫌疑犯准则

　　一旦人们有了定义性属性的列表，那么就可能分析和讨论定义的组成特征。通常情况下，一些属性是没有争议的，而另一些属性是有争议的。这就引出了"惯常嫌疑犯准则"：

　　　　惯常嫌疑犯准则：在有关概念的文献中，哪些构成属性是常见的、没有争议的"惯常嫌疑人"？哪些是"不寻常的嫌疑人"？[1]

　　在卡尔列表中我们可以询问，是否有一些我们在民主的概念化过程中没有发现的定义性特征。在她的案例中，"不寻常的嫌疑人"是"文官对军队的控制"，这很少被明确地表现为民主的定义性特征。只要知道她是一位拉丁美洲主义者，就可以理解她为什么要把这一特征包括进来。她想到的是像智利这样正在向民主过渡的国家，当时皮诺切特和他的军队仍然拥有很大的权力。她提出的明确包含这些特征的动议并没有太大异议，这是因为大多数民主理论家会要求民主选举的领导人控制军队。

　　在许多情况下，"不寻常的嫌疑人"可能是有争议的，因为许多人的概念化过程并没有包含它们。应该在列表中添加一些新的特征，这可能是讨论的主要内容。这便是森在使人类福祉概念化过程中论证收入

---

　　[1]　"惯常嫌疑犯"来自电影《卡萨布兰卡》的结尾。在电影中，警察队长要求他的手下将嫌疑犯围捕起来。

不足时所做的。他需要增加其他方面和维度的论述，例如政治自由、健康和教育。

类似地，人们可能会对努斯鲍姆的能力清单提出质疑。清单中缺失什么吗？是否存在不重要却被放入清单的能力？我们可以看看其他的列表，例如斯蒂格利茨等人的研究（Stiglitz et al.，2009）。我们也可以看看其他的列表，例如罗尔斯关于"基本物品"的清单（Rawls，1971，1982）或者福田-帕尔等人的经济与社会权利清单（Fukuda-Parr et al.，2015）。

如果一个概念仅仅包含惯常的、无争议的要素，那么人们通常会读到"最小概念化"。科利尔在他的各种著作中经常谈到民主的最小概念化。最小概念化或多或少只包括"惯常嫌疑犯"，即我们都同意的东西。然而，最小概念化几乎总是不完整的，它们通常违反理想类型准则。

"惯常嫌疑犯准则"挑战了"某些概念在本质上存在争议"这一说法。那些构成"惯常嫌疑犯"的部分本身不存在争议。因此，尽管人们不太可能就一个定义达成完全一致，但在关键部分基本是无争议的。

3.15　复杂概念准则

当概念分析是规范的、哲学的或质性的时候，概念化很容易变得相当冗长和复杂。

从社会科学的角度来看——通常也从哲学和非抽象的角度来看——复杂概念准则认为过于复杂的概念是有问题的：

> 复杂概念准则：在建构具有许多构成特征的复杂概念时，要仔细考虑。

请注意，这条准则是关于第二层维度的，不适用于数据-指标维度。

这在一定程度上取决于个人偏好,但我发现拥有大量定义性属性(这里的"大量"通常指代 5—7 个属性)的概念过于复杂,难以处理。同时处理 7 个以上属性的概念十分棘手。

一个很好的例子是施米特对"社团主义"的著名定义(该定义在比较政治学领域产生了大量的文献):

> 社团主义可以被定义为一种利益代表系统,在这种系统中,组成单位被组织成数量有限的单数形式的、强制性的、非竞争性的、等级有序和功能上不同的类别,由国家承认或许可(如果不是创造的话),并在它们各自的类别内故意授予具有代表性的垄断,以换取对它们的领导人的选择、要求和支持的表达能够遵循某些控制。(Schmitter,1974:13)

如果遵循定义性属性准则,不同的人可能会得到不同的列表。例如,这个列表可能包括:(1)单数;(2)强制性;(3)非竞争性;(4)等级排序;(5)功能区分。这只是一个完整列表的开始。

正如下面所讨论的,一旦这些复杂的概念被放入因果机制、理论和假设中,概念同义反复的风险就会显著增加。

"太复杂"概念的问题最常出现在纯粹概念性的文章中。如果没有数据收集的约束,没有因果分析的约束,并且唯一的约束是词的数量,那么,增加定义维度就会变得容易。

3.16 因果力量准则

南希·卡特赖特的"因果力量和能力"理论(Cartwright,1989)颇具影响力。在建构和评估概念时,重要的是要记住它们在理论、假设和机制中是如何使用的,或者简而言之,在各种因果关系中是如何使用的。

一种方法是通过疾病-症状隐喻来思考。本体论的关注重点是疾病，次要关注是其症状。这种疾病概念化的核心是它对健康产生负面影响的因果力量。

譬如，我们可以问"铜"是什么。铜的属性之一就是它的微红色。然而，我们认为根据铜的颜色来定义铜在大多数情况下是不够的，更好的定义应该是一种基于铜原子结构的概念化。铜的原子结构是思考铜的更好和更有用的基础，因为它的原子结构解释了它的因果力量和性质，例如，导电的能力。但如果你对铜作为一种膳食矿物质在健康中的作用感兴趣，那么你可能会关注铜的不同特征。①

概念的理论本体论很重要，因为我们把因果力量归于概念构成的第二层维度。哈勒和马登将因果力量定义为"在适当的条件下，基于其内在本质，'X 拥有 A 的力量'意味着'X 将要或能够做 A'"（Harré and Madden，1975：86）。因果力量是本体论范畴的，因为它们涉及 X 的"内在本质"。就像洛克和其他哲学家（如穆勒）一样，标准的类比是化学元素。总之，第二层维度在因果机制中发挥着关键作用。在关于铜的大多数因果解释中，红色并不起作用；相反，铜的原子结构被用于许多关于铜的假设和理论。

正如卡特赖特所说，"事物的特性承载着它的能力，从一种情况到另一种情况"（Cartwright，1989：146）。她坚持认为，是关于能力的知识使人们能够由一个环境推断另一个环境的状况（Cartwright，1989：157—158，163）。以民主为例，由于其本体论的特点，民主在不同的环境中以相似的方式运行。

因此，当人们被要求证明第二层维度的合理性，特别是自变量的合理性时，一个重要的标准是选择那些具有重要因果力量和能力的维度。

　　因果力量准则：选择第二层维度的核心理由（特别是自变量）是这些维度的因果力量和能力。

----

① 对一种现象的重要特征的选择取决于理论语境和目的。有时该理论侧重于物体的瞬态特性，如速度。有时候，表面特征很重要，例如，铜的红色对设计师来说很重要。

因果力量准则自然会导致所谓的"因果测量误差"。在概念中包含一个可能不相关的维度（因为它没有因果影响）意味着该维度上的值将影响最终数值，因为必须以某种方式聚合多个维度才能获得最终值。因此，每一个维度都对最终的值有贡献，尽管可能不是对每一个观察值都有贡献。如果维度在因果关系上不相关，这意味着最终的值将因为这些不相关的信息而在因果关系上不相关。因此，虽然在通常的描述意义上可能没有任何测量错误，但在因果意义上却存在。

因果力量准则意味着应该将因果力量和因果机制连接起来：

> 对卡特赖特来说，机制中实体的能力是实体的属性，它不依赖于这个世界上任何其他地方的任何东西。这很适合科学实践，因为许多领域的科学家花了很多时间来研究他们感兴趣的现象背后的机制中实体的能力。当科学家指出一种机制并认定它是造成某些现象的机制时，从这个观点来看，他们指的是真实存在的东西。(Ilari and Williamson，2011：886—887)

简而言之，因果力量准则可以被称为因果力量与机制准则。这种力量是在因果机制中被发现和解释的。

我们可以看到现象的因果分析是如何反馈到概念和本体论中的。例如，在个体案例的多方法和因果机制分析中，人们可能会发现原来假设的本体论中没有的特征，或者发现所提出的维度并不具有理论所暗示的那种影响。因果力量准则十分重要，因为它将概念插入因果机制中。

3.17 因变量准则

因果力量准则特别关注作为自变量的概念：影响事物的因果力量。我们需要思考复杂的概念是如何进入因变量的。正如本书中所讨论的，聚合问题非常关键：根据概念的结构，某些维度可能比其他维度具有更大的权重。当这些概念和变量位于方程的因变量一侧时，这就变得非常重要了。

我们以人类发展指数（HDI）、性别发展指数（GDI）、全球创新指数（GII）以及其他就概念结构而言有充分必要条件的概念为例。对于这些类型的结构，一个维度上得分低意味着在整体概念上得分低，因为使用了最弱的连接聚合规则。

这对因变量具有重要意义。因果机制和假设必须聚焦于解释为什么一个国家在某一特定维度上得分较低。例如，印度通常得分很低。在2016年的性别不平等指数（Gender Inequality Index）中，印度在188个国家中排名第133位。在三个维度中，印度有两个得分相当不错（青少年出生率和议会席位份额），但在第三个维度（孕产妇死亡率）上表现十分糟糕。因此，要解释为什么印度在性别不平等指数上得分较低，归根结底就是要解释为什么它在孕产妇死亡率这一维度上表现糟糕。聚合和概念结构分析（见第6章）至关重要，因为不同的概念结构可能导致不同的解释策略。

在另一种方式中，第二层维度的内容可能非常重要。如果在民主概念中包括女性投票权（它通常不被包含在第二次世界大战前的民主测量中，如政体数据库或者民主的"最小"概念），民主变量的价值可能会发生重大变化（如20世纪70年代瑞士才赋予女性选举权；参见Paxton，2000）。因此，在解释一个国家的民主程度时，我们可能需要考虑影响赋予女性选举权的因素。

因变量准则强调，需要探讨因变量的内容和结构如何影响因果解释策略：

> 因变量准则：探讨因变量的内容和结构如何影响解释策略。

3.18　因果机制重叠准则

世界万物的一个特点是任何物体或现象都具有多重特征。正如个体具有多重特征,例如性别、身高、体重、教育程度、国籍和族群,一个概念适用的任何单位也都可能属于其他概念的范围。

一个实际的例子是一些事件可以被认为是"内战",也可以被认为是"军事政变"(Powell and Thyne,2011)。这便是一种"语义重叠"。它在下文中会被更准确地定义,但这意味着不同的概念在经验参照方面的重叠,人们应该考虑概念重叠的区域。

关于内战和军事政变的理论看起来完全不同。如果一个人的内战理论是关于一个偏远地区的经典反叛组织,那么囊括军事政变可能是有问题的。

这引起了当不同的因果机制适用于同一事件或观察时的一些基本建议。

因果机制重叠准则:不同的概念是否适用于同一对象? 如果适用于同一对象,对因果机制假说而言是否重要?

在许多情况下,多重机制并不能够成为问题,因为对于一个特定的现象或观察存在多种相互竞争的机制或因果解释。所以如果有人问,军事政变机制或内战机制是否能更好地解释一个特定的案例,那是十分正常的。

如果目标是测试内战的因果机制,包括边远地区的叛乱组织(例如内战研究中著名的山区地形变量),那么准则就会发挥作用。军事政变-内战也许不能算作对内战理论的伪造,因为这个理论并不适用于它们。事实上,它们并没有伪造案例。

3.19 概念的同义反复

概念是在相对的因果空隙中发展出来的。关于贫困指标和测量的文献往往侧重于贫困的概念和衡量,而没有真正考虑贫困作为自变量或因变量是如何进入因果机制的。

随着概念的维度和广度的增加，概念同义反复的风险也会增加。当自变量的第二层维度与因变量的第二层维度相同时，就会出现概念的同义反复。例如，因变量有四个维度，自变量有三个维度，而它们又有两个共同的维度，那么它们存在显著的概念同义反复。统计分析可能会发现显著关联的存在；然而，这种关联不是因果关系，而是概念性和定义性的关系。

我用人权和民主举例。人权是一个因变量，而民主是一个自变量。根据定义，一个国家不可能既是一个高质量的民主国家又广泛侵犯人权：尊重人权是民主概念的一部分（特别是遵循理想型准则）。另一个例子是关于作为民主化原因的有缺陷的选举（例如 Morgenbesser and Pepinsky，2019），其中明确承认了同义反复的问题。

因为概念重复通常是片面的，所以这意味着人权和民主之间的整体关联水平可能不高。这在很大程度上取决于对民主的测量以及较低水平的人权在民主最终得分中起多大的作用。我们通过这个也可以看出概念结构对概念同义反复程度的影响。如果较低水平人权的得分真的拉低了民主的得分，那么同义反复的问题就会增加（可能相关性更高）；如果使用最佳聚集，则概念同义反复问题就不那么明显了。

概念同义反复准则强调以下内容：

> 概念同义反复准则：检验在多大程度上自变量和因变量有同样的定义性属性。

这不是数据中的经验关联，而是概念、定义和本体论关系。[①]

---

① 请注意，MIMIC方法几乎总会引发同义反复的问题，因为有些自变量很容易位于因变量一侧。例如，克里希纳库马尔（Krishnakumar，2007）在有许多自变量出现在测量生活质量的情况下，使用了 MIMIC方法。

3.20 结论

本章提供了一套建构和评估概念的准则。在过去的十多年里，我已经开发了 200 多个练习（可根据要求提供）来思考概念和测量。这里所涉及的准则提炼了一些我在研究环境中反复看到的概念和量化措施是如何被创建和使用的。

为了提供一个广泛的概述，我有意地避免了数学和技术细节。本章各小节通常很短：这在很大程度上是因为它们实际上是对后面章节中更长的、更详细的数学化处理的介绍。

值得强调的是，这一讨论很少涉及经验问题。概念如何与案例的编码和分布相关联将是后面章节的一个关键主题。我研究概念的方法是自上而下的：它是由语义、规范问题、因果机制和理论驱动的。

下一章我们将讨论概念语义和数据指标如何连接以及描述和分析这种连接的方法论。它并不是精确的测量，而是关于人们如何思考将数据指标与贫困、富裕等概念相连接。聚合和概念结构的问题将在后面的章节中详述。

语义的映射：将概念与数据-指标连接

二元逻辑不是作为人文科学基础的正确逻辑,为此我们需要模糊逻辑。从本质上说,模糊逻辑是类(概念)的逻辑,其边界并不清晰。

——卢特菲·扎德(Lotfi A. Zadeh)

4.1 导论

本书基本方法的核心是将语义学与数字联系起来。关于这些数字的术语,研究者们并没有达成共识,因为它们被称为数据、测量、指标、变量等。重要的不是测量,而是概念的语义和它们如何用数字表示之间的联系。在大多数情况下,这可以被认为是一种测量的形式,但我更愿意将其理解为将意义映射到数字上。

正如在导论中所讨论的,基本框架在性质上是分形的。无论我们是在数据-指标层放大细节,还是关注基本层,大部分相同的问题都会出现。因此,就本章而言,我们所研究的基本框架的层次并不重要,因为语义映射到数字过程中会出现同样的议题。在下一章中,我们将看到同样的分形问题适用于所有层面的量度以及聚合。

为了便于理解,我将聚焦于基本层上有数据支持的概念(例如民主、财富或贫困等)。其关键问题在于如何将这些概念与指标和数据相连接。聚焦基本层的探讨更有趣和实用,同样的问题也适用于其他层面的探讨。

本章所讨论的内容十分重要，因为它使得量度和聚合的数学和技术问题与概念的语义和内容相连接。

模糊逻辑为思考数据指标与意义之间的联系提供了一个框架。模糊逻辑的起源是语义的数学理论（相关介绍，参见 Kosko，1993；McNeill and Freiberger，1994）。它旨在解决与自然语言相关的数学模型问题。

运用模糊逻辑，本书探讨了"语义转换"的方法论。另一个合适的术语是语义映射，因此本章的标题为"语义的映射"。它将我们所说的概念与一些潜在的指标或数据联系起来。

在其他方法论书籍中，语义映射被认为是一个测量模型，但它实际上是一个将概念和数字相连接的语义模型。当研究者通过指标转化而抓住一个概念的核心时，语义转化便发生了。空乘人员就是一个很好的例子。人们经常听说飞机是"满的"。因此，概念的核心是"满的"。这与一个指标有关，在这里指的是座位数。语义转换是将占用的座位数映射到整个概念的函数，它是一个在[0，1]之间的真实数字。在[0，1]之间的数字表示 X 轴上的值在多大程度上能够与所述概念相贴合，即当 $Y=1$，X 轴上的数值并不能够与所述概念贴合；当 $Y=0$，X 轴上的数值和概念完全贴合。[1]

当乘务员说飞机满了，这通常并不意味着所有的座位都坐满了。如果有 90％—95％的座位被占满，这也算满座。事实上，假设所有的座位都坐满了，那么服务员就会用其他表达，比如"没有空座位"来表示"座无虚席"。像"非常满"这样的表达对于一个字面主义者来说毫无意义，但几乎每个人都能理解它的意思。在某些时候，当飞机上 80％—90％座位都坐满时，空乘人员不会使用"满"这个词，而是会说飞机"相当满"。语义转换是意义和数据指标之间的映射。通常，如果一架飞机的上座率达到 90％—100％，那么我们用 1.0 表示高上座率飞机的集

---

① 在定性比较分析中，语义转换也被称作定标准。基于这一章的目的，这些被看作同义词转换。我倾向于使用"语义转换"这一概念，因为它强调，概念的语义内容驱动了相应的数学转换。

合；如果是 0.0，则表示飞机有 80％或者更低的上座率。在数轴上，90％以上的上座率相当于 $Y=1$。在本章和接下来的章节中，我们能看到许多表格，这些表格在 X 轴上有数据指标，在 Y 轴上有关于模糊逻辑 $[0, 1]$ 的转换。[①]

语义转换在数学上是变量或指标转换。因此，它们与标准化和求对数等转换方式没有什么不同。这就引出了本章最重要的一点：

> 所有指标和变量转换均是语义转换。

不存在所谓中性转换。当我们得到各种映射的规范含义时，不存在中性转换这一点表现得最为明显。贫困没有"中性"的概念，只有或多或少流行的转换方式和默认转换。这就引出了核心语义推论：

> 所有的变量转换都会改变基本概念的含义。

效度较强的转换使意义更接近于研究者或研究团体的意义；效度一般的转换增加了与概念的实质内容之间的距离。

我们可以找到许多语义转换的例子。我们继续以空乘人员为例，一些语义转换可能接近标准用法，而另一些则不是意义的明确表述。作为一个社会科学的例子，我将探讨经济发展、人均国内生产总值与世界银行出版物中作为语义上转换的穷国-富国概念之间的联系。我们可以看到，世界银行经济学家如何在文本和表格中将低收入、中低收入、中高收入和高收入等术语与国家和人均国内生产总值联系起来。

我还探索了形容词的方法论问题以及它们如何被用作修改概念的定义。人们可能想知道世界上"非常贫困"国家的发展进步情况。这和"贫困"这个基本概念有什么关系？换句话说，如何从语义上把"贫困"转换成"非常贫困"？

---

① 模糊逻辑已经在计算机、数学和专家系统中广泛应用。例如，当飞机被认为是满员时，"如果飞机满了，那么按照标准程序 P 来运作"可以被看作触发了某一行为的生产准则；例如，有人开始免费托运行李。

正如前面几章所强调的，概念通常是成对出现的。我按照惯例在这些常见的组合之间加上连字符，比如贫困-富裕，民主-专制。从语义上讲，它们不是彼此的逆像或镜像：它们显示出不同的语义转换功能。我们可以在飞机的例子中看到这一点：一架"空"的飞机在语义上不是一架"满"的飞机的镜像。然而，在统计实践中，这些总被视为语义对称。例如，如果因果假设包含了使用人均国内生产总值来量度穷国，那么人均国内生产总值也就可以用来观察富国。

当我们得到这些概念对的数据时，通常会发现这些数据从概念对的一边移动到另一边。本章从这一基本实践开始，以财富和民主以及两者对应的对立面为例。这里的关键是将概念对分开。这些概念在实际上是不对称的：一个不是另一个的对立面或否定。语义的映射是概念对的一方或另一方。当映射发生时，概念对中的概念实际上并不对称，贫困并不是富裕的缺失或否定。

从语义上获得这些转换的一种方法是使用伴随着概念对的分类模式。这种分类模式是所有类型全局指标中非常传统和常见的一部分。这些类别通常有贫困、中等收入、富裕等名称，并给出了分类背后的语义，然后映射到实际的数字上。

本章将讨论这些分类方案。这包含将数字指标的连续统分解（例如贫困对富裕）成三至五个按照数字连续顺序排列的类别。由于政策和其他原因，把一个连续统分解成三至五类是很常见的。这些分类方案提供了具体的证据，说明连续统的语义不是线性的。把一个连续统分成三类的方法是把它分成相同类别，这似乎不太常见。通常，分类意味着非线性语义转换（例如，参见下面关于美国军方如何对待其测试分数的讨论）。凯利和西蒙斯（Kelley and Simmons，2019）报告称，全球指标中约 1/3 存在分类方案。[①]

据我了解，学术界没有关于如何将连续统分成不同类别的方法论探讨，也没有关于多少类别可被使用的探讨（参见第 5 章）。我的大体

---

① 系统地研究一组全球性指标［如布鲁姆等人（Broome et al.，2018）的数据库与凯莉和西蒙斯（Kelly and Simmons，2019）的数据库］将是一个有趣而有用的练习。根据一些潜在的指标，人们可以系统地了解类别的平均等分是多么常见或不常见。

印象是，人们会将连续统分成三至五类，最多不超过七类。

我们将在下一章回到分类方案这一问题，这是因为它与顺序的量度密切相关。分类可以映射到某种类型的数据。下一章我们将集中探讨没有数据或指标便可以使用的定序编码方案。

正如本书所强调的，概念是描述性的、规范性的（和因果性的，但这不是本章的主题）。国家的贫困-富裕概念是本章集中探讨的核心。贫困是一个很好的例子，因为它是国内外政府和社会关注的核心问题之一。贫困的概念具有很强的规范性，因此在讨论贫困的意义时必须包含政治哲学和道德哲学。例如，约翰·罗尔斯关于对穷人的偏好的观点(Rawls, 1982)暗示了某种语义转换。国际社会经常以描述性问题的形式发问：在全球范围内或在个别国家内贫困是在加剧还是在减轻？

另一个主要的例子是关于民主的概念化和数据。在分类方面，这是一个很好的例子，因为我们可以很容易地找到一些数字连续统被分为两三个类别的实践。这将允许我们讨论在相邻类别和这些类别所附属的概念（例如专制政体、竞争性威权和民主）之间重叠的重要性。

4.2 语义转换：受教育年限和"受过教育"

本章介绍了将数字映射到概念的基本方法。关键方法是将 X 轴上的数字或指标（例如，民主的政体指标）映射到 Y 轴上民主的含义。这些映射便是语义转换。在模糊逻辑里，人们谈论的是集合中的成员，而集合则是概念的成员。Y 轴是集合中的成员概念，X 轴是数据-指标的原始量度。

Y 轴有一个标准化单位区间$[0, 1]$，X 轴保留数据-指标的原始单位。最终结果是在一个$[0, 1]$区间内的语义映射。从数学角度来看，区间$[0, 1]$的限制是任意的，因为从负无穷到正无穷范围内的任意值都可以缩放到$[0, 1]$区间内。这在本书后面关于量度和聚合的章节中

都是至关重要的。在基本框架和任何多维度概念中的聚合都需要共同
的量度。

拉金和菲斯（Ragin and Fiss，2017）提供了关于如何在原始数据与概
念的指标和语义之间转换的精彩而有趣的例证。他们的作品是关于"钟
形曲线"的再探究（Herrnstein and Murray，1994）。它描述了常见的社会
经济变量之间的语义转换（例如教育、父母收入、贫困和考试分数等）。

我们可以把"满载飞机"和"空飞机"的例子应用在解释不同的变量
上。图 4.1 显示了他们如何利用受教育年限①的基本数据，并将其与
"受过教育"概念联系起来。

人们会反对说这种转换是"任意的"。大错特错！转换受到约束并
遵循被学者和大部分人使用的术语的语义。如果有人说一个只受过初
等教育的人受过教育，人们会说这是对"受过教育"一词的滥用。大多
数人都认为拥有大学学位的人是受过教育的。在美国，拥有高中学历
或几年大学或社区大学学历的人被认为是受过了部分教育。因此，语
义转换的大致轮廓受到人们所说的"受过教育"的含义的限制。

如果分析的目的是理解教育在肯尼亚招聘实践中的作用，那么可
以进行不同的语义映射。满载飞机的概念可能因实际情况而各不相
同，例如飞机的大小或紧急情况的类型。语义映射需要反映理论和经
验的语境和目的。

在传统的统计分析中，人们将教育年限作为自变量。正如拉金和
菲斯所强调的那样，真正核心的概念是"受过教育"。语义转换将受教
育年限与这些核心因果概念联系起来。

这个例子说明了默认的 S 曲线转换，它似乎很好地反映了社会科
学中使用的许多概念的语义（下面将详细讨论）。这个介绍性示例的关
键点是说明语义转换的本质，以及将原始指标或数据（如受教育年限）
与理论重要性概念（即"受过教育"）联系起来。请注意，理论和假设使
用的是"受过教育"的概念，而不是"受教育年限"的指标。语义转换是

---

①　"受教育年限"（years of schooling）是更为准确的说法，但是我遵循拉金和菲斯的
"教育"（education）这一术语。

将理论、假设和因果机制中使用的概念与原始数据或指标联系起来的方法，这些原始数据和指标本身并不出现在理论工具中。

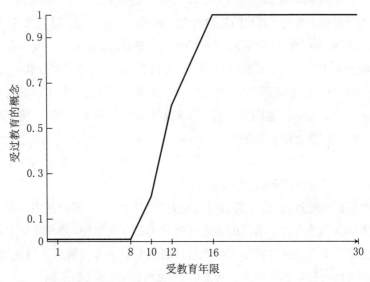

资料来源：基于 Ragin and Fiss，2017。

图 4.1　语义转换：将"受教育年限"转换为"受过教育"

4.3　语义转换：线性与二分默认

当原始数据或指标被用于代替[0，1]值域时，语义转换方法论使人们考虑默认的语义转换。我们可以用政体数据库中的民主数据来说明这一点。图 4.2 描述了两种默认转换：线性转换（虚线）和二分转换（实线）。

将政体数据库中的数据量度映射到[0，1]区间是一个简单的线性平移。当我们需要将数据转变为普遍的量度（例如 1—100）时，以上操作便是极为普遍的操作。图 4.2 的语义转换使通常隐性的线性假设变得更清楚。

语义的二分法转换也极为常见。按照惯例,我们在政体数据库中的数据量度的第七层使用二分法。[①]通常情况下,与连续性转换相比,二分法转换被认为是信息缺失的。语义转换对此看法颇有不同。语义转换认为,二分法转换与线性转换是不同的。

将连续数据转换为[0,1]量度的方法是减去数据集中的最小值,然后将数据除以数据集的范围(关于这一点,请参阅第5章)。这使得数据集中的最大值为1,最小值为0。从统计学上讲,这是一个线性转换,通常不会对统计结果产生影响,但在某些情况下则会产生影响。

图4.2清晰地为其他类型的数据转换提供了可能性。例如,我们下面将探讨常见的对数转换。飞机上的座位占用和"满"的概念之间的映射是另一种转换。

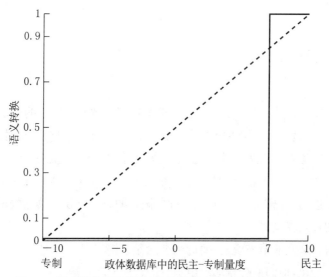

图4.2 标准默认语义转换:政体数据库中的民主概念与测量

模糊逻辑的一个理论和方法论特征是它被迫将数据转换到[0,1]量度之内。从方法论角度来说,这是一个非常好的实践。同时,它对概念化和测量也具有重要的意义。

---

① 我并没有找到选择第六层或第七层作为中断指标的理论依据。

所有多维概念都有构建相同量度的问题。将数据转换到[0，1]区间的需求为所有维度构建了一个共同的量度。共同量度问题是第 5 章要讨论的重要问题。

语义转换的关键是证明：

> 我们必须证明该种转换是线性的、二分的，或者其他任何可能的选项。

在模糊逻辑框架内，对线性或二分法的选择充满争议。线性映射是一种语义映射，它可能对描述、因果推理和规范考虑产生巨大的潜在影响。

4.4　概念的否定

我在"否定"和"相反"之间做了明显区分。数学逻辑中的否定可用"非……"来表示，或用否定符号 ¬ 来表示。"相反"出现在概念对中，其中一个概念被视为另一个概念的对立面，但它与否定是完全不同的。图 4.3 说明了对民主概念的否定。在图 4.3 中，我对政体数据库中的民主数据进行了语义转换。我以一种更微妙的方式修改了政体数据库中原有的二元变量。

对拉金和菲斯来说，主要的因变量是"非贫困"。一旦他们将贫困问题概念化，他们便会自动产生"非贫困"这个因变量。

简言之，"非"在字面上意味着对概念成员价值的否定。在很多情况下，使用字面上的"不"比两者的反义词要好。我最喜欢的例子是"民主和平"，它应该被称为"民主非战争"，因为和平从字面上被定义为"不是战争"。在模糊逻辑框架内，"非"是明确的；在一般的语言和写作中，它往往是不清楚的。

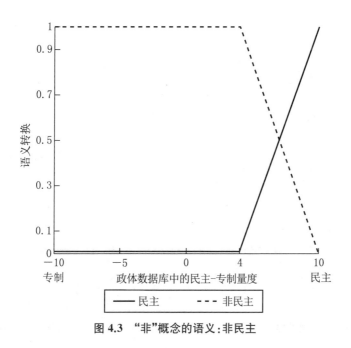

图 **4.3** "非"概念的语义：非民主

4.5 概念对：概念不对称和对立

图 4.4 说明了当我们拆分概念对并单独思考它们时会发生什么。世界银行正在将这一连续统划分为具有概念名称的部分，如贫困（即低收入）、中等收入和富裕（即高收入）。这方面的标准数据包括人均国内生产总值，或者更确切地说，人均基尼系数（我使用人均国内生产总值指代所有类似或相关的国民收入或生产的衡量标准）。我将世界银行国家分类（2018 年）中的国家分为低、中下、中上、高收入来进行语义转换。低收入门槛为 1 005 美元及以下，中低收入门槛为 1 006—3 955 美元，中高收入门槛为 3 956—12 235 美元，高收入门槛为 12 236 美元及以上[①]。

---

① 参见 World Bank，https://datahelpdesk.worldbank.org/knowledgebase/articles/378833。

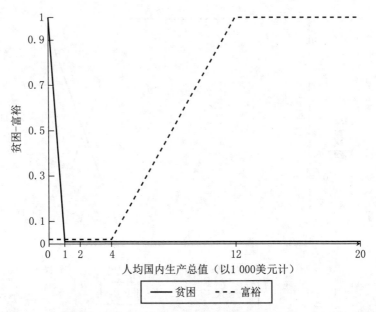

图 4.4　使用世界银行分类和人均国内生产总值对贫困与富裕进行语义转换

　　这里的术语值得注意。在这里，每个人都将"低收入"转化为"贫困"，把"高收入"转化为"富裕"。所以，我遵循了语义转换实践，认为这个概念是富裕国家。另一种情况下，它可能是人类福祉的高水平，或经济上的高度发达。按照世界银行标准，我将那些超过 12 236 美元的国家纳入"富国俱乐部"，记作 1.0。那些中低阶层的成员在俱乐部的成员数是 0.0。那些中上阶层的人是俱乐部的部分会员。图 4.4 中最上面的部分是所有人认为富裕的国家，如斯堪的纳维亚国家、瑞士、美国、加拿大等。

　　在确定关于"贫困"的语义转换时，我遵循了按照贫困线来思考问题的传统，这是完全标准的实践。所以我再次按世界银行标准，在第一个类别的末尾画出了贫困线（1 005 美元及以下）。按照典型的做法，我认为任何高于这一水平的国家不属于"穷国"范畴；这便是"不穷"。

　　我还使用了一个隐含概念，即当人均国内生产总值增加至贫困线时，贫困便逐渐改善。我们将在本章后改变这一点，但这确实是实践中最常见的——通常是隐含的——考虑贫困程度的方式。

你可以看到这两个概念上的映射是不对称的：一个不是另一个的镜像。与潜在的人均国内生产总值数据相比，它们也肯定是不对称的。为了便于说明，图 4.5 给出了我们通常应用的标准值。人们可以在数据中画一条直线，这暗示了在许多统计分析中贫困-富裕是如何被考虑的。人均国内生产总值范围的中间点并不是世界银行分类的中间点。线性分类方案将使四个类别大小相同，并将财富范围划分为四个相等的部分，如虚线所示。这不是世界银行做事的方式。

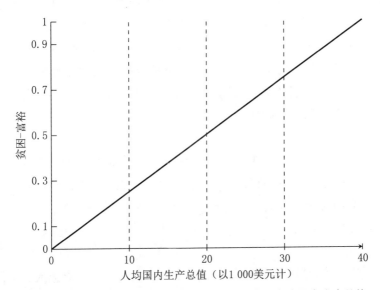

图 4.5　贫困与富裕语义转换：使用世界银行分类和人均国内生产总值对贫困与富裕进行默认分类和线性转换

4.6　双极-不完全性准则与拉金形容词准则

许多世界银行的消费调查在很大程度上是为了分析贫困问题。人们可能对消费感兴趣，这是就人们把钱花费在了什么地方而言的。如果上述观点成立，那么这个概念就是消费。然而，一旦人们对贫困或富裕之类的概念感兴趣，或者人们开始在因果假设中使用这些概念，那么消费从根本上来说就是一个不完整的概念。因此，在这个例子中，两极化意味着消费从几乎没有到数量巨大不等。它是不完整的衡量贫困的标准，而贫困只是消费连续统的一个端点。

由于像消费、教育、人均国内生产总值这样的概念并没有在"极"之间进行区分，我称它们为两极概念或指标。使它不完整的是，它们没有使一极或另一极概念化。要使消费与贫困概念相结合，就需要包含其他标准。在关于贫困的文献中，这便是贫困线的概念。贫困线的概念通过特别关注低水平的消费来确定消费的情况。

典型的概念不对称是世界卫生组织对健康与疾病的定义："健康不仅为疾病或羸弱之消除，而系体格、精神与社会之完全健康状态。"（1946年世界卫生会议通过的《世界卫生组织组织法》序言）这种说法几乎总是出现在概念对中：

> 双极-不完全性准则：概念聚焦于一极，数据、指标和指数是从一极运行到另一极吗？如果是这样，在不完整的概念-指标（如消费）上进行什么样的概念和数学运算才能帮助得出概念（如贫困）的核心呢？

这意味着当一个人接受不完整的概念时，为一个极点完成它所涉及的操作与为另一个极点完成它所涉及的操作是不同的。对于相同的消费数据，你构建富裕线的方式与构建贫困线的方式是不同的。

双极-不完全性准则关注两极，但通常是不完整的概念。这里通常有两种操作：一种涉及两极之间的基本连续统，另一种是通过各种方式对其进行修改，以获得最终概念。

这一准则十分重要，因为大多数双极概念具有非对称性。本书始终认为，这些传统的对立面（如战争-和平）涉及概念上的不对称：一个不是另一个的镜像或逆像。我们对战争的概念化和衡量（即高度军事化和敌对关系）涉及与国家间和平概念不同的定义性特征（Goertz et al.，2016）。

拉金和菲斯(Ragin and Fiss，2017)提供了一系列观点来说明这一点。他们使用各种不同的不完全变量来建构具有理论和经验意义的概念。以下是一些能够遵循具有理论和经验意义的概念的不完全变量(原始数据指标：具有理论意义的概念)：

- 武装部队资格考试(AfQT)：低,高
- 教育年限：受过教育的,受教育程度较高的
- 收入：贫困,富裕

例如,他们认为,"父母收入低的受访者并不是父母收入高的受访者完全的对立面；武装部队资格考试分数低的受访者也不是分数高的受访者的对立面"(Ragin and Fiss，2017：64)。当他们说的不是确切的否定时,他们的意思是高和低是不对称的。

因果关系在这里至关重要,因为我们需要一种适合因果假设的概念方法论。关于贫困的原因和影响有许多假设。这一概念和衡量方法必须反映因果关系的实质：这就是为什么如果概念是贫困,那么消费从根本上说是不完整的。对于拉金和菲斯来说,非贫困和富裕是不同的。

这些关切引出了拉金形容词准则：

> 拉金形容词准则：一般来说,作为概念化和测量的一部分,名词通常要被转换成形容词。例如,"受教育年限"一般被转化成"受过教育的人"或者"透明度"(例如,透明国际全球指数)被转化成"透明政府"。

如果名词或概念并不适合转化成形容词,有时候在转化过程中会出现问题。本书提供的一个很好的例子便是作为贫困概念一部分的消费概念。消费本身不适合用作形容词；人们被迫修改它,要求贫困成为低消费水平。第二种情况是不完整的概念不表明连续统和光谱的哪一端是研究和因果关系的重点。在这里,"受教育年限"并没有告诉我们是否受过教育可以成为关键的因果变量。因此,我们需要将教育年限

转换为"受过教育的"（如图 4.1 所示）。

形容词的作用是它们需要经验性的支撑以及大量知识的输入。相比之下，传统的变量（抽象名词）则完全不受约束。重要的是，它提供了一种变化。

4.7 默认模糊逻辑的语义转换

从图 4.2 和图 4.5 可以看出，语义转换的两个默认视角是线性转换和二分转换。从模糊逻辑和语义角度来看，这两种默认视角会经常出现问题。本节回顾了有关映射语义的问题，以及在转换上采用模糊逻辑视图时的标准默认值。与所有默认值一样，这些默认值需要被质疑和评估，但是默认值确实提供了一个很好的起点。

图 4.4 中关于富裕国家概念的映射以及图 4.1 中关于受过教育的映射展示了使用模糊逻辑框架的默认语义转换。S 曲线是模糊逻辑软件在默认情况下生成的[参考拉金（Ragin，2008）的扩展讨论以及杜莎（Dusa，2018）在 R 语言上的应用]。

一般来说，最关键的是要确定在哪里设置 0.50。0.50 可以被看作一个交叉点：在这里，案例可以从概念的内涵移动到外延。它是半空半满的点。在这一领域，数据中的微小变化也可能意味着巨大的概念差异（详见下文）。在图 4.4 中，我使用的是中上收入群体的中间值，即 8 096 美元。当生成平滑的 S 曲线时，0.50 点非常重要，因为它是一个关键的拐点。

一旦人们开始从模糊逻辑的角度思考问题，那么将中上收入群体的中间层作为 0.50 过渡点就显得没有意义了。从图中可以看出，中间往往不是语义的中间点。考虑到偏斜的人均国内生产总值数据的本质，将 0.50 的转换点向上移动，接近富裕国家的 1.0 点，可能更有意义。

0.50 位置不应该由数据的分布自动决定。一般来说，在模糊逻辑分析中，几乎不会使用数据的平均值作为 0.50 水平。例如，人们不会使用"占了一半的座位"作为"飞机满载"概念的 0.50 语义值。有许多设置 0.50 的方法,其中一些将在下一章详细讨论。同样,盲目地选择数据规模的中间或者实际值的统计平均值或中间值并不一定是一个好主意。这些方法是一种选择,但并不应该完全自动地抉择。

针对"受过教育的"这个概念来说,完成高中教育是一个 0.50 的过渡点。我们可以在图 4.1 中清楚地看到这一点,Y 轴值 0.40 和 0.60 正好在中学毕业时。[①]

另外两个关键的选择是 S 曲线顶端和底端的拐点。在这些关键点上,X 向 0.0 或 1.0 方向的变化几乎没有语义上的含义。与对数概念类似,这些点可以被称为"相对平坦的语义返回点"。相反,在中间区域,X 上的微小变化确有重大的语义变化。这使得 0.50 的选择非常重要,因为它在一定程度上决定了这个区域的"陡峭的语义返回点"。

将图 4.4 放在图 4.2 的背景下,可以看到线性语义转换是指两个扁平的末端收缩为 0 的情况;中间倾斜的部分是整个转换过程。二分转换是另一个极端,它的斜率爆炸式增长到无穷大,并且在 X 轴上占有一个点:现在,顶端和底端的平面部分几乎占据了整个频谱。

所有关于模糊逻辑的教科书都讨论许多常见的变换,我们也将会在本章和后面的章节中看到更多。下面的部分将讨论常见语义转换函数的核心特征。

4.8　不重要变化准则

如图 4.4 所示,除了默认的线性转换还有其他选择。几乎所有非线性转换(包括二分法转换)都含有 X 变化没有导致 Y 变化的区域。作为一个几乎无法避免的后果,一些 X 区域微小的变化会对 Y 区域产生很大影响。本节和下一节将探讨关于非线性语义转换的两个核心概念。

---

① 由于定性比较分析目前存在技术原因,我们试图避免在 0.50 处对案例进行编码。

现在我们来阐述关于语义转换的基本准则：

> 不重要变化准则：数据-指标中存在具有相同或几乎相同的语义区域。

例如，当飞机的上座率从 95％增加到 100％时，这根本不会改变飞机的满载特征：它仍然是 1.0 满员。数据-指标二分版本阐明了这种极端情况。在图 4.2 中，从－10 到 6 的所有国家都是 0.0 民主国家，而从 7 到 10 的国家是 1.0 民主国家。

估算社会贫困的一种常见方法包括确定：(1)贫困线，以及(2)贫困线以下人群的贫困程度［参见拉瓦雷 2016 年的调查（Ravallion，2016）］。以家庭消费总额为基本数据-指标，则贫困家庭为低于该标准的家庭。贫困人口的贫困程度是指个人收入与贫困线之比。

正如使用贫困线所表明的那样，许多概念、指标和全球指数包含一些阈值。如果这些指标超过阈值，增加的量对最后的评价影响很小或没有影响。从图 4.4 可以看出，一旦超过贫困线，国家或个人的贫困概念值为 0.0。

一般来说，特别是在全球指数行业，阈值的使用几乎意味着不重要变化准则正在被应用。

4.9 大变化域

默认的模糊逻辑转换有一个中间区域——通常是灰色区域，在这个灰色区域中，X 的微小变化会导致语义上的巨大变化。一个关键的设计决策是这个区域的斜坡应该是多平或多陡。从一个陡峭的斜坡开始，当它逐渐变得平缓时便更接近于线性变化。另一个极端是二分法，在二分法中，语义在某一点上可能有巨大的变化。

我们使用图 4.4 中的富裕-人均国内生产总值作为例子便会很直

观地感受到：在顶端，4 000—5 000 美元的差异根本不重要，但中间部分同样的差异就会显得十分重要。正如在某些范围内，人均国内生产总值的差异对富裕国家的成员身份无关紧要一样，在其他范围内，这些差异就会被放大。当成员值小于 1.0 和大于 0.0 时，会出现放大的差异。在这里，人均国内生产总值中的微小差异便会转化为富裕国家成员身份的巨大差异。

在图 4.4 中，贫困线的确切位置并不重要，这取决于在绘制贫困线的区域有多少观察资料。所有实际估计贫困线的学者（例如 Alkire et al.，2015）都检验了他们估计的贫困线的稳健性。理想情况下，移动已被选择的点不会对人口数量或估计的贫困总数产生太大影响。

这种对贫困线稳健性的偏爱意味着人们更倾向于在贫困线较为平坦的区域进行转变。在图 4.4 中，围绕贫困线周围的转变线较为平坦，因此也相当稳健。人们可以通过将贫困线上移而使其变得更为平坦，即将贫困线沿 X 轴向右移动，从而使贫困线以下的线段斜率减小。在语义转换方面，"稳健性"意味着偏好贫困线附近的平滑曲线。

这些差异取决于两个基本要素。第一个是贫困线的斜率，第二个是经验层面的该地区人口数量。根据严重偏斜的数据——这是大部分贫困和人均国内生产总值数据显示的，随着贫困线走低，贫困线对稳健性的影响就越大。

4.10 规范化议题

全球指数行业充满了相当明确的规范性评价。"黑名单"的建立便是在明确提出规范化的要求。这些报告充斥着关于"罪犯"之类的语言。这些指数的核心用途便是改变政策及羞辱政府[参阅凯利和西蒙斯编辑的《国际组织》（*International Organization*）2019 年特刊；Kelly，2017；Kelly and Simmons，2019）。因此，阈值的选择十分重要。

　　在第 6 章广泛讨论聚合和加权时我们发现，语义转换通常可以根据概念中的成员身份来表达一种权重。例如，有人会"偏爱穷人"。罗尔斯的哲学清楚地表达了优先考虑社会中最贫困的人。

　　优先考虑穷人和不富裕阶层是通过赋予这些人重要性的语义转换实现的。或许隐藏其中的是这些规范立场与功利主义哲学中的公平对待之间的对比。线性语义转换经常表达该立场。

　　从规范角度而言，贫困线的问题在于，它将刚超越贫困线的人与富裕的人等同对待。这同样是需要辩护的规范性立场。不重要变化准则通常有一个规范性主张，即该区域内的事物不应得到不同待遇。例如，所有在 1.0 区域内的贫困人群应该得到相同待遇。这也意味着，刚超过贫困线的人可以得到和超级富豪一样的待遇。

　　大多数关于贫困的研究（例如，世界银行）实际上是关于贫穷国家或人民的贫困程度，贫困线定义了贫穷的国家或人民。图 4.6 说明了思考这个问题的主要方法。第一步是画一条贫困线。贫困的"人头计算"方法是二分法的：一个人要么是贫困的，要么是不贫困的，因此比贫困线高的人群记作 0.0，比贫困线低的人记作 1.0。总贫困指数是所有人口贫困指数之和。

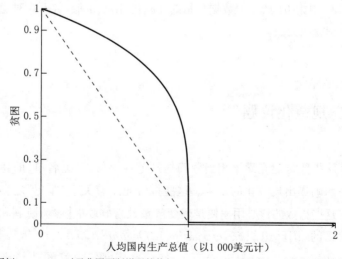

图例：　──── 对于贫困不断增强的偏好　　- - - - - 默认值，对于贫困的线性偏好

图 4.6　规范性议题：给予非常贫困的人以特权

图中的实线将贫困定义为个人与贫困线之比：这是一种线性转换。线性是一种标准默认值，贫困只是这种标准默认值的另一种表达。

语义转换的优点之一是，它可以对传统的思想流派进行比较。线性转换（图 4.6 中的虚线）在有关贫困的文献中十分常见。我们可以针对民主做同样的转换：在政体数据库的民主数据中，线性转化到政体数据库中的级别 7，继而在 10 上变得平坦。人们可以利用潜变量实现同样的诉求（例如，民主的 V-Dem 测量，https://www.v-dem.net/en/about）。然而，在民主传统中，没有人这样做，如果他们这样做，将会有很多抱怨。相反，在贫困的文献中，线性转换到阈值是目前最为常见的做法（见第 6 章关于阈值函数的讨论）。

不存在一种固有的、唯一正确的线性转换。然而，在不同的传统和文化中，有些默认设置是固定的。语义转换方法的重点是使这些默认值可见（因此需要讨论）。

通过贫困线方法，人们可以使用不同的语义转换来将比率（消费/贫困线）进行转换，从而使得穷人的赋值得以迅速提高。最常见的一种方法便是将一个指数 α 加入该比率中的每一个个体身上，即（1−消费/贫困线）$^\alpha$ 而不是贫困线本身。图 4.6 给出了一个案例。其中，直线代表对穷人的"强"偏好（$\alpha = 0.25$）。对穷人的偏好可以通过这一事实得以观察，即曲线位于默认虚线之上。使用这条曲线意味着总贫困将大于线性值计算出的贫困；当非常贫困的人口越多，总贫困也越大。

如果人们对一个国家的贫困总数感兴趣，那么对非常贫困的人口的相对偏爱会从根本上改变一个国家内的贫困总数和各国在贫困问题上的相对排名。人们不仅必须对如何给予穷人优先权做出规范的选择，而且这还将反映在对特定国家、地区或世界的贫困数量的描述中。

在贫困区域存在的不同的语义转换反映了关于贫困的不同的规范、哲学和道德观念。功利主义自然与线性转换联系在一起，罗尔斯和其他道德论述也给予贫困以格外关注。

事实上，不存在"不规范的、客观的或中立的"观点。人们通常选择一种转换方式并捍卫它。

4.11 语义转换与强度修饰性形容词

正如多词准则所强调的，概念通常涉及使用修饰性质的形容词，如"极其""非常"或"有点"。例如，我们有一个基本概念，比如富裕，用一个形容词修饰，创造了概念"非常富裕"。模糊逻辑提供了一种帮助处理连续概念的语义方法。

创建一个"非常贫困"国家类别的标准方法是将范围设置在一个特定水平之下（例如，人均国内生产总值 500 美元）来定义非常贫困国家的集合，或者就个人而言，"赤贫"也算是一个特定标准。所以，除了以上讨论的四类之外，我们又增加了第五类。

这一章讨论的不是创建一个新的类别——这几乎是默认的过程——而是应该考虑对基本的、根本的概念进行修改。这就是当一个人使用"非常""有点"或"极其"等形容词时，语义发生的转变。

一个被忽视的关键特征是，非常富裕的国家只是富裕国家集合的一个子集。因此，与修饰性形容词相关的语义实践如下：

> 强化或缓和形容词分别调用次子集和超子集运算。

强化性形容词（如"非常""极其"及"例外"）的基本规则是隶属部分的得分应该小于根概念得分。例如，"受过非常好的教育"应该是"受过教育"概念的子集。对于缓和性形容词，这一点却恰好相反：隶属部分的得分大于根概念的得分。

有了这个基本的语义实践，就有了处理连续的成员函数的原则。以非常富裕的国家为例，对其成员身份的赋值必须等于或小于对富裕国家的赋值。图 4.7 中的虚线展示了非常富裕国家的语义转换过程。为方便解释，中上层和下层定义值为 0。按照世界银行关于富裕的标准（即高收入），人均国内生产总值达到 2 万美元才能拥有完全成员身份。从图形上来看，"非常"意味着表示非常富裕的曲线应该落在表示富裕的曲线的下方或者曲线上。

简言之，对"非常"等形容词模糊逻辑的语义处理方法就是对主要概念进行语义转换（例如富裕），并使它带有"非常"的含义。爱尔兰可能是富裕国家 1.0 成员，但在非常富裕国家集合中只能是 0.75 成员。在数学意义上，这意味着一个给定国家的得分（如爱尔兰）应该小于（或等于）"富裕"概念的赋值，如 $0.75 < 1.0$。因此，在图 4.7 中，语义转换将"非常富裕"的曲线置于"富裕"的曲线之下。

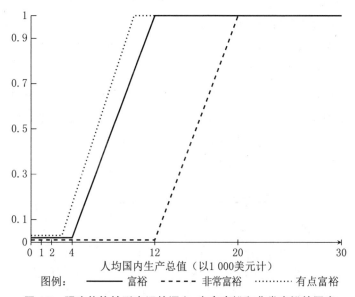

图例：　———— 富裕　- - - - - 非常富裕　·········· 有点富裕

图 4.7　强度修饰性形容词的语义：有点富裕和非常富裕的国家

当"有点"这样的形容词弱化了根概念的强度时，一系列与根概念相关的连续概念便生成了。这意味着它们的成员分数总是大于或等于根概念赋值。在图 4.7 中，这是一条虚线，它位于富裕线的上面或在富裕线上。

当用于根概念时，模糊逻辑为处理一系列形容词提供了方法。例如"非常""极其"和"有点"这样的形容词暗示了一种通常高于或低于根概念的转换。其方法论的关键在于，强度修饰性形容词引起了超越子集或次子集的运算。

4.12 将连续统分类，作为重叠概念的语义邻域

除概念的反义，人们经常可以看到基本连续统被分为三个或更多的部分。那些发明了许多全球性指数的专家发现，从区间/比率类别转化为有序类别十分有用（关于这方面的信息，请参见第5章）。与二分法不同（如图4.2），图4.5创建了三个或更多相邻的类别。

模糊逻辑的理念是相邻的语义范畴或概念之间不应该有明显的边界。要看清这一点，从概念不对称及量度分类的受众程度来说，一种方法便是回到民主。正如第7章所详尽讨论的那样，许多学者逐渐对专制和民主之间的中间区域感兴趣。在过去50多年里，世界从数量较少的民主国家发展到数量较多的民主国家（至少在一定程度上是民主的）。另外，由于极右势力的崛起，许多民主国家已经表现得不那么民主。这使得民主和专制之间的中间区域十分重要。

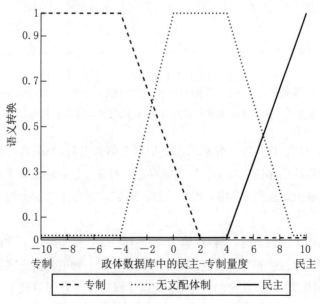

图4.8　重叠类别和语义邻域：专制政治、无支配体制和民主

图 4.8 说明了连续统中语义邻域的概念之间通常存在重叠边界。当人们把概念的连续统划分为邻近的类别时，在这些类别之间便会有概念上的重叠。正如第 8 章将讨论的类型学一样，不同类型成员之间存在概念重叠（例如专制政权）。由于这些成员属于邻近的成员，它们之间并没有清晰的界限。任何将它们划清界限的尝试在概念上和经验上都是有问题的。重叠成员相关函数描述了重叠边界的经验性现实。

这种情况的核心准则是拒绝就边缘性案例做出非此即彼的决定，允许它们在相邻类别中具有部分的成员资格：

> 语义邻域的概念应该有一些重叠的成员资格函数。

例如，根据定义性属性准则，语义上相邻的概念很可能有一些共同的定义性属性，因此它们在本体上是重叠的。例如，竞争性威权体制具有一些民主特征，因此它们应该在一定程度上与民主国家重叠。

因为这些类别在语义上是相邻的概念，它们之间有一个灰色区域。这意味着每个语义转换都是重叠的，因为它们之间没有整齐的分界线，正如模糊逻辑的发明者卢特菲·扎德在本章的题词中所说明的那样。

4.13　非线性语义转换的分类

概念和测量的量化方法论经常被认为是线性的，而语义实践经常是非线性的。这里的讨论是第 5 章量度问题讨论的延续。

如果分类遵循默认的线性方法，那么将指标分成三到五个均匀间隔的类别就十分常见。如果世界银行遵循线性规则，它便会将人均国民总收入（GNI）分成四个相等的类别。如果它这样做，那么语义转换便是线性的。当学者、国家、政府间组织、非政府组织创建两种或两种以上的类别时，他们通常是以非线性的方式进行。图 4.5 通过用虚线来说明这一点，虚线将人均国内生产总值等距隔开，并将贫困-富裕默认分类变成四类。

在政体数据库的指标中，学者们倾向于他们划分的－10 到－5、－5 到 5、5 到 10 三种类型指标。据我所知，这种划分的合理性并未被证明。它仅仅是未经过任何实质性的或语义性的考虑。

将政体民主测量分为三个对称部分并不是孤例。在第 1 章中，我使用经合组织的"生活质量"概念作为基本框架的案例。在进行描述分析时，他们根据经合组织人口数据的百分比，将连续统分为三个部分：

> 生活质量是通过横跨 8 个维度的 15 个指标来衡量的：工作与生活的平衡、健康状况、教育和技能、社会联系、公民参与和治理、环境质量、个人安全和主观幸福感。对于每个指标，国家根据其相对表现进行评分（0＝经合组织的倒数 1/3，5＝经合组织的中间 1/3，10＝经合组织的前 1/3）。（OECD，2017：23）

与政体所展示的基础规模的平均分配不同，这里是实际数据的百分位数的平均分布。

分类是官僚制的常见部分，对决策有重要影响。在有关钟形曲线的辩论中，人们使用美国武装部队资格考试分数作为衡量智力的标准。使用原始分数或百分位数是可能的，但实际上拉金和菲斯（Ragin and Fiss，2017）将美国军方武装部队资格考试用于智力或能力测试的衡量：

> 为构建基于武装部队资格考试的两套模糊逻辑，即得分高的应答者的隶属程度和得分低的应答者的隶属程度，我们根据美国国防部的分类来为士兵分类。基于百分比，军方将武装部队资格考试的分数分为五类。这五个分类十分重要，因为它们决定了士兵进入不同资格组的资格和分配。类别 I（第 93—99 百分位）和类别 II（第 65—92 百分位）的士兵被认为在可培训方面超出一般水平，类别 III（第 31—64 百分位）的士兵被认为高于平均水平，类别 IV（第 10—30 百分位）的士兵在可训练性上被认为低于一般。而

在类别 V(第 1—29 百分位)的士兵则被认为完全低于平均水平。在武装部队资格考试得分高的受访者中,正式成员(0.95)的门槛被放置在第 93 个百分位,这与军方指定的最高类别的下限一致;交叉点(0.5)被设置在第 80 个百分位;在得分高的受访者中,非会员(0.05)的门槛位于第 65 个百分位,这是类型 II 的最底端。(Ragin and Fiss,2017:73)

虽然我没有画出语义映射图,但从这个描述我们可以明确看出,"高分"语义转换与所暗含的百分比是非对称和非线性的。例如,0.0 成员身份是从第 60 个百分位开始的,1.0 成员身份则开始于第 93 个百分位,而居于"中间"的是第 80 个百分位。

一般来说,当连续统被等分时,线性语义转换是连续统的基础。对未来研究的一个假设是线性研究是如何变得广泛的。我的假设是,如果人们系统研究凯利-西蒙斯或布鲁姆等人的全球绩效指标,线性分类将会相对少见。

以世界银行的例子为基础,如果人们试图理解和探索这些分类方案,以分类方式观察 X 轴上的变量以及对应的 Y 轴上的变量是十分重要的。

标签的语义虽鲜有讨论,但它十分重要。它表明了一些潜在兴趣和关注。世界银行运用高、中高、中低和低来标明这四种类别。联合国的人类发展指数的度量是非常高、高、中和低(http://hdr.undp.org)。[①]值得注意的是,联合国分类中的较高的标准是"非常高"和"高",这与世界银行的语义分类是不同的。世界银行将这两个类别放在量表的中间。

语义是划分不同类别界限的标准。这决定了现实生活中的经验案例可以分为哪些类别。这些类别往往有自己的生命力,并为重大政策决策提供信息。世界银行的类别经常被用来决定哪些国家有资格获得发展援助。就国家政府和国际组织所做的决定来看,这些分类决定也

---

① 这四个类别是基于四分位数,因此一个线性转换是基于数据的经验性分布。概念化过程完全基于数据的分布来设定是本书不建议使用的。

充满着潜在的政策后果。

所有这些都强化了本章开头提到的关于飞机"满载"的观点。座位数和"满""空"等术语的使用之间存在非线性关系。如果从语义是非线性的这个假设开始，当分类方法趋于等同时，学者、非政府组织和政府间组织并没有真正考虑经验和语义的连续统一。平等类别反映出对概念化以及数据、类别和概念间的联系缺乏思考。

4.14　作为语义转换的"对数法"

> 幂（如对数法）变换可以使偏斜分布更加对称。我们为什么要这么做呢？
>
> （1）高度偏斜的分布很难检查，因为大多数观测仅限于数据范围的一小部分。
>
> （2）显然，偏斜方向上的离群值更倾向于分布更加对称的数据主体部分。
>
> （3）常用的统计方法使用平均值来总结分布。然而，偏斜分布的平均值并不能很好地概括其中心。
>
> ——约翰・福克斯（John Fox）

这一小节的题词来自一本非常有名的统计学教科书。它揭示了如何在标准的统计分析中处理"有问题的"经验数据。它说明了与增加指标、测量或数据的意义无关的基本原理。

对数法是统计研究中非常常见的方法。例如，对人均国内生产总值取对数很少受到质疑。事实上，对人均国内生产总值不取对数可能会招致更多反对。虽然不是所有学者都进行这种转换，但你也可以在他们所做的各种研究中以及跨国研究的很多变量中找到无数案例。在一项跨国研究中，研究者对 50% 的连续变量取了对数。对数法是提高还是减少了语义有效性呢？

取对数的基本逻辑与语义无关。如果有人问学者为何在统计分析中取对数，可以肯定的答案是，数据是偏斜的，如图4.9的上图所示。绝大部分案例都倾向于低端，且长尾是偏斜数据的典型标志。这种偏斜性数据在社会科学中十分常见。

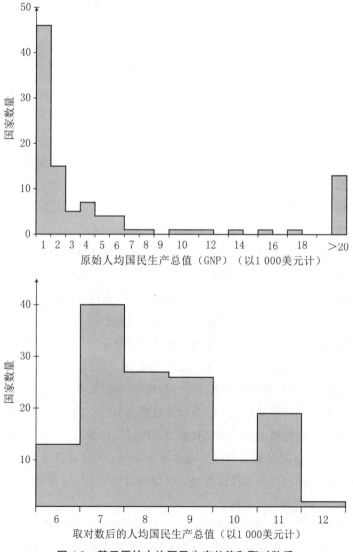

图4.9 基于原始人均国民生产总值和取对数后
人均国民生产总值的国家分布

求对数便可以使这些数据呈现正态钟形分布。正态钟形分布对未来统计分析极有助益。图4.9的下图明确显示了使用对数值后案例分布的根本变化。数据现在接近正态分布。这种分布是通过在许多人均国内生产总值较低的国家之间进行区分而得到的。因此，在图4.9的下图中，人均国内生产总值低于2 500美元的国家在直方图左侧变化中所占比重要大得多。

人们偶尔也会发现，学者们在讨论改进后的适配度是否可以证明某种特定类型的变量转换是正确的。例如，库尔茨和施兰克（Kurtz and Schrank，2007）认为，治理与经济增长无关。世界银行经济学家说："我们展示了同库尔茨和施兰克的讨论有两处微小偏差的影响。我们不输入不同层次人均国内生产总值，我们输入人均国内生产总值的对数。这是一种在跨国经验研究和统计上更为合适的标准做法。由于因变量和人均国内生产总值对数之间几乎呈线性关系，我们使用线性回归模型考察两者关系。"（Kaufman et al.，2007：59）。这意味着，除语言学意义之外，语义转换还有因果推断的含义。

一般而言，对偏斜数据取对数的动机是使它能够更加符合（线性）统计分析的要求。如今，曲线拟合在经济学上被普遍认为是不良的做法。如果我说我要做反正弦变化，因为能够得到更显著的结果，那么，人们将会抱怨。其中的原理属于规范搜寻范畴（例如，Leamer，1978）。规范搜寻问题已经在统计学界被广泛争论了数十年。人们可以尝试不同类型变量转换并选择显示最强结果的那种。但是，考虑到求对数的本质，曲线拟合的基本原理也是可以被接受的做法。

对数转换以及执行相关转换操作是有充分理由的。迄今为止最常见的说法是理论家主张递减型收益。这种说法认为，1 000美元的增长对于富人或富裕国家来说意义远远小于1 000美元对于穷人的意义。这使得人均国内生产总值较高地区的曲线趋于平缓。这是规范性问题经常发挥作用的另一个例子。

对数法是一种有效转换的方式。与所有变量转换方式一样，我们必须给出维护这种转换的原理。对数法通常在曲线拟合或偏斜数据等问题上被运用：这些都是对数法在统计学上的依据，而不是语义学上的。不过,基于统计原因求对数仍然有语义学上的影响:它改变了富裕、贫困等的含义。

4.15　结论

本章就变量转换是增加还是减少语义的有效性进行讨论。基于不同的视角,我们发现有不同的语义转换的方式,例如,线性转换或二分法转换。但是,这些根本不能被视作严格意义上的转换。

然而,有了模糊逻辑方法,人们可以探索不同的默认值和相关操作实践(例如,求对数)。将所有数据都纳入[0, 1]范围的好处是人们必须正视这个问题。标准线性转换当然是一种选择,但它经常与概念的语义冲突。通用量度(通常被视为微不足道的技术问题)变成了一个重要的理论性、描述性、规范性以及因果性问题。

人们不能只谈论语义转换、测量和概念而不思考它们的因果使用。像求对数一样的语义转换会对统计分析产生影响。事实上,这是基本原理。校准和语义转换的基本目的是产生与因果假设和模型中嵌入的概念相匹配的变量。转变需要忠实于它们在其中发挥作用的因果环境。

拉金与卢卡斯和绍特罗斯基(Lucas and Szatrowski,2014)之间的辩论展示了问题的症结。一个经验性案例是"挑战者号"航天飞机的爆炸。这个案例可行是因为人们对于航天飞机爆炸的原因存在共识。我们可以用"真实值"与数据分析的统计或集合理论的方法进行对比。其主要问题是,在爆炸原因的 O 形环背景下,"温度"与"低温"的区别。

标准的、统计的和线性的默认值将包含简单的温度概念;用模糊逻辑校准,它是关于 O 形环背景下的"低温"。拉金的核心论点是,我们需要从语义上把温度转换成对航天飞机而言构成低温的相关背景。我鼓励读者去阅读整个辩论,但是我的核心目的如下:

集合与集合标号总在某些方式上包含形容词。例如，可以通过重要程度来测量成员身份的程度，而不能用重量测量成员身份的程度。集合的这个方面是集合论的基础。卢卡斯和绍特罗斯基通过使用基于范围的机械校准违反了这一原则。这个议题对于温度的校准尤其重要，因为首要的考虑是温度很低，这是一个单极概念。因此，卢卡斯和绍特罗斯基应该基于案例知识校准低温下的成员身份。但是相反，它们校准的只是温度的成员身份。（Ragin，2014：90—91）

拉金在他的分析中发现，适当转换过的"低温"产生了正确的结果，而一般的线性"温度"则不能起作用。这在很多方面总结了本章的一个核心主题：人们需要将语义转换与所考察的理论或假设的实质性内容相匹配。

基本层的概念和指标通常被分成多个类别。通常情况下，二分法拆分会变成一个概念对，如贫困-富裕。它可以很容易地扩展为民主所示的三大类，或世界银行所示的四大类。不管有多少类别，基本原则都是一样的。

本章讨论了基本的连续性量度、数据和指标的分类。这些根据定义的分类创造了定序变量。这么做的优势在于，我们可以将这些定序类别与基本的连续性指标相连接。下一章我们将讨论有定序指标却没有基本连续性数据的情况。涉及方法论、概念和校准的问题是：如何通过语义映射将这些变量转化到[0，1]的量度中。

语义转换不能被用在统计分析中并没有内在的原因。在统计学框架中，它们只是0至1之间的变量。这些转变在多大程度上以及如何影响因果关系有待进一步调查。

重要的是应该意识到术语的重要性。关于"非常"，通常人们会直接表述，有时则会间接暗示。当一个人读到"积极的和平"和"消极的和平"时，这可以被翻译成"积极的和平"是"非常和平"。同样，"……的质量"一词的使用意味着根概念的强化；"高质量民主"意味着"非常民主"。这种带有根概念的形容词的使用已经根植于我们的语言中。

　　基本框架的分型特征意味着语义问题是普遍的。我们可以把已有数据作为基本层概念并运用本章所述进行转化。当我们深入到数据-指标层底端时，对于任何一个第二层维度的指标，同样的问题也会出现。因此，语义映射是连接数字指标和"从数据到概念"的一个普遍问题。

　　正如下一章所讨论的，语义映射和转换都需要一个共同的尺度来聚合不同维度。当一个人就变量测量而言自下而上研究时，他必须对从底端的原始数据-指标到顶端的概念做出各种语义映射和转换决策。

　　不做决定以及使用线性映射本身便是一种决定。二分法也是做一种语义转换。本章概述和讨论的议题不能被忽略。本章的一个主要目标是对这些决策进行讨论，并提供一种比较和对比备选决策的方法。

　　本章的中心问题是如何将语义与数值和量化测量联系起来。模糊逻辑语义转换为从数据-指标中获得数值测量提供了一个框架，该框架可用于描述性分析或因果分析。通过总结，本章的核心准则是明确的：

　　　　语义映射准则：构建 X 轴数据-指标量表与 Y 轴语义内容之间的语义映射。

5 量 度

对变量不感兴趣以至于忽略了它们的单位,这很难令人满意。
——J.W.图基(J.W.Tukey)

5.1　导论

　　考虑到基本框架的分形特征,关于量度的决定不可避免。这与前一章所讨论的语义转换和映射有关。同时,这也与下一章要分析的关于聚合的决策有关。从哲学角度来讲,人们谈论不同的因素是不能够被比较的。但是在实践中,人们必须使这些因素能够进行比较,否则,研究便无法进行。因此,问题不在于是否应该这样做,而在于怎样做才是最好的。

　　语义转换与本章讨论的量度类型相关。需要共同的量度以允许不同数学计算在数据聚合过程中进行,这是本章的写作动机。量度和标准化问题在以往教学中要么没有被教授,要么以传统方式教授。在我多年的量化研究阅读中,本章提出的问题虽然在某种意义上很简单,但在实践中往往被忽视。至少在政治科学中,这些议题几乎不被教授,当然也不被视为应用研究中必须注意的东西。

　　简言之,量度是多维和多层次概念的核心。如果想要任何类型的数值测量或指标,就必须直接解决量度所带来的挑战。

　　由于大多数研究设计教科书和几乎所有的统计工作都集中在测量

上,因此本章将本书的方法与这些传统的关注联系起来。最好的方法是开始讨论"量度类型"的标准分类。传统上,学术界将量度分为四种类型:名义上的、定序的、区间的以及比率的。一般而言,当量度上升时,该类型的信息会更加丰富、有价值。

与此相关的是关于数值测量的不同转换。第4章介绍了语义转换的概念:任何基本指标的数学转换都包含了含义转换。量度类型的传统议题提出了原始量度能够接受的转换方式,例如,对数法、求和运算,乘法运算。

为分析量度和标准化问题,本章用概念框架和模糊逻辑方法来讨论测量、量度以及语义转换。

5.2 量度的多样性

5.2.1 名义"量度"

术语十分重要。经典的讨论将使用到史蒂芬斯论文中"量度类型"的语言(Stevens,1946,1968)。一个关键问题是,名义指标在多大程度上构成量度。"0"和"1"的典型代码(例如,缺席-出席)表明,在0和1之间存在一个基本的连续统。在编码中容易引起误解的是"1"的基本概念连续统更高。在这里需要明确的第一个准则是:

> 名义量度准则:验证0和1事实上并不是定序的,在它们之间,也不存在基本的连续统。

最根本的要点是,"一个"名义变量实际上是两个(或更多)概念。如果没有基本的连续统,那么,0和1是两个不同的概念:它们之间不存在量度。人们可能并不赞同以下论点:一些人把0当作"质性的不同",而另一些人则暗示存在一个基本的连续统。

多维贫困指数说明了名义量度如何在多维度、多层次的环境中工作。此概念的底层是关于健康、教育和生活水平各方面的数据。这些基本数据是二分法数据，并对被赋予 0 和 1 的十个核心指标通过最大值进行聚合。这些二分法指标是名义的、定序的还是区间的呢？基本层的数值——贫困测量——是对这十个指标的加权总和。因此，每个指标的 0 和 1 是一个区间层面的因素，之后会被加权以得到最终总和。当对个人或者家庭贫困水平区间值进行加权时，一个名义变量看起来可能会像[0，1]之间的定序变量。

名义变量和定序变量之间的区别在类型学方法论中至关重要（参照第 8 章）。类型学是否包含定序分类是不明确的。类型学被默认为包含名义类型。关于类型学的讨论是这里基本讨论的延伸。

这使得名义上的"量度"从根本上不同于其他类型的量度。其根本的问题是，是否存在基本的连续统；对于其他类型的量度，这里存在基本概念上的连续统。对于名义变量而言，这里隐含着两个基本的连续统，每个概念一个。将"名义量度"称为"量度"是有误导性的，因此这一小节的标题加上了引号。

5.2.2 定序量度

定序量度是最难处理的量度。我们可以看到，二分法值实际上经常是定序的。量度通常包含三至七个定序层。而包含十个及以上的定序层是不常见的。一种趋势是，包含七层及以上的定序量度会被作为区间值来对待。

对于复杂概念，我们必须有一个通用的量度。所以，我们需要一种方式来从定序层级上建立区间值或比率量度。上一章关于语义转换和映射的讨论为这一问题提供了思考方法。在 Y 轴上，我们有[0，1]的量度。这是对所有基本框架要素的共同量度。在 X 轴上，我将定序层量度等比分配，这意味着一种区间值的解释。

如果做线性语义转换，那么定序变量实际上被视为等间距区间值。正如我们在前一章所看到的，这样一种情况在语义上并非完全说得通。

人们可以把前几章处理区间值变量或者比率变量的逻辑应用在处理定序变量上。我们需要考察定序变量的不同层次如何与 Y 轴上的点相映射。这也给了我们进行语义转换的机会以及用于其他研究目的的比率层面的变量。

我将使用政治恐怖量表（Political Terror Scale，PTS）作为具体案例来解释上述论断。政治恐怖量表包含涉及侵犯人权的五个层级的量度，即从基本的无侵害到广泛屠杀、酷刑逼供以及大批量人口监禁。这里有一个关于量度层级的论述：

> 第一级：在法治国家中，人们不会因他们的观点而被监禁……刑讯逼供更是极少数情况……政治屠杀更是极为罕见……

> 第二级：因非暴力政治活动而被监禁的案例是有限的。但是，一些人是牵涉其中的；刑讯逼供和殴打也是罕见的……政治屠杀也是稀少的……

> 第三级：有许多政治监禁……死刑或其他政治谋杀也十分常见。因政治观点而带来的无限期拘留（无论是已审判的还是未审判的）是被接受的。

> 第四级：第三级的实践被放大到更多人身上。谋杀、被宣告失踪以及刑讯逼供是其中的部分……尽管政治恐怖具有普遍性，但在这一层上，政治恐怖主要影响了那些对政治和思想感兴趣的人。

> 第五级：第四级的恐怖被延伸到了所有人。这些领导人在追求个人或者意识形态目标时，对他们的手段没有任何限制。
> （Wood and Gibney，2020：373）

在这些转换中人们可以做的事情便是查看这些案例的实际分布（参见图 5.1）。事实上，关于贫困的模糊逻辑文献中（例如，Cerioli and Zani，1990；批判性的概述，参见 Alkire et al.，2015），一种主要的方式是使用累积分布函数来校准和将底端数据转化为区间[0，1]的数据。虽然不是每次都如此操作，但它确实提供了一种思考的方式。当我们看到政治恐怖量表数据直方图时，它像很多社会科学数据一样是偏斜的：最高层级的侵犯人权的案例较少，少于得分最高的案例的一半。人们可以看到这个是因为只有 25% 的案例在前三个级别。整个数据的走向偏斜向较少的侵犯人权的那边。

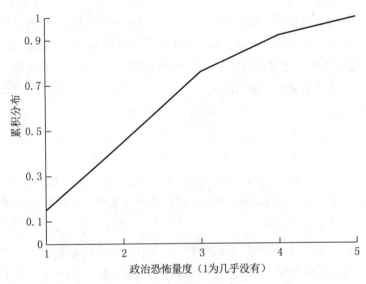

图 5.1　政治恐怖量表：经验累积分布(1976—2017 年)

图 5.2 说明了政治恐怖量表转化到[0，1]标准量度的问题。就像"受过教育"和"教育"一样，这里重要的概念是"压制型政府"，而不是压制。可以看到，在最高点第四级和第五级有 0.8 和 1.0 的编码。在第一级和第二级中，压制型政府被标记为 0.0。这条曲线大致呈现 S 形偏斜。我们对压制型政府的概念也很有兴趣。这意味着，在此概念中，第一级和第二级在"压制型政府"概念中处于最低级别。这与上一章谈论对比"贫困"和"富裕"概念是一样的。

在这里，通常的做法是使用第三级作为 0.5 的交叉点，这是因为它在 1 和 5 之间。在编码规则中查看不同层级的意义以及特定案例的编码规则也十分重要。在此案例中，0.5 对于"压制型政府"概念而言比较低。第三级被定义为"广泛的政治监禁"和"死刑以及其他政治谋杀是普遍的"。因此，我将第三级定义为 0.65。

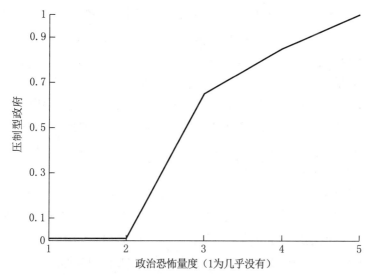

图 5.2　政治恐怖量度,"压制型政府":定序量度的语义转换

为了重复概念不对称的点,如果我有兴趣解释为什么一些政府尊重人权,我将画一张不同于图 5.2 的语义图。

因此,语义转换的方法论被用于将定序概念转化为比率概念。其中的主要特征便是探讨不同层级的意义。

将图 5.2 与前几章谈论的世界银行贫困-富裕定序组进行对比非常有意义。核心区别是,世界银行的定序分类是人均国内生产总值的比率变量。基于我们对数据的观察可知,人均国内生产总值不同组之间的距离并不相同。对于政治恐怖量表,我们并没有基础的比率数据。因此,我们不得不通过其他方法来绘制映射图。但是,最基本的语义、逻辑和方法论区别并不是很大。

上述案例导致了许多基本的思考:

　　准则:详尽确定定序变量的哪一级是概念的中间点。

这也产生了一些关于定序指标中层级的数量的启示。概念发展的关键是 0.5 这个点,这是一个半空或半饱和点。如果层级数是奇数,那么，便会有一个明确的交叉点，例如，在 1 至 5 层级中的 3。[1]例如，援助透明指数(Aid Transparency Index)有五类：(1)非常贫困；(2)贫困；(3)一般；(4)良好；(5)非常良好。[2]

如果一个指标包含中间点，那么它涉及 3、5、7 点的定序量度。从模糊逻辑和实践角度来看，我们有充分理由坚持将 5 作为层级的默认数。回顾第 4 章，默认的模糊逻辑语义转换是一条 S 曲线。在三个层级的情况下，我们可以画一条曲线。但是要绘制 S 曲线，我们需要在中间任何一边的拐点绘制曲线。

虽然很难一概而论，但当研究者使用 5 或者更高的层级，我们发现，4 至 5 之间(或者 1 至 2 之间)的距离在语义上小于 3 至 4 之间或 2 至 3 之间的距离。在政治恐怖量表中，这一点就被展示了出来。在政治恐怖量表中，底端两层被认为并非压制型的，而顶端两层又非常接近。在现实中很常见的是：这些层级在实际上并不等同；尤其在极端情况下，层级之间的间隔出现过于密集的情况。当然，概念之间的情况也有所不同，但是仍然值得深思。

在讨论过程中，我们已经发现：

定序变量准则：考虑把定序变量转化为模糊逻辑。

除此之外，从统计和数学方面讲是否有一个比率变量和相应的统计选项的数量明显上升(例如，探索函数形式)。

如果要使用或创建定序量度，以下事情值得考虑：(1)层级的数量；(2)概念中的 0.5 层级是什么；(3)一些层级的分配在语义上是否比其他层级更加接近。

基础框架或任何复杂概念都需要一个共有的量度。这似乎是不可避免的。所以，严格而缜密是最好的处理方式。基本的语义转换的方法论以缜密、连续和开放的方式为此提供了方法论。

---

[1] 在标准定性比较分析中，被编码为 0.5 的案例被排除在分析当中。因此，有一个偶数数量的层级是好的，例如，在 1 至 6 的层级中，3.5 正好在 3 和 4 中间。

[2] 详细参见 https://www.publishwhatyoufund.org。

5.2.3 区间值量度

根据概念,区间值量度意味着不同层级之间是等距离的。量度本身可以移动(例如,服从于线性转换),也可以是任意的,只要层级之间的间距是相等的。例如,量度本身可以在层级 1 和层级 2 之间增加它的距离。

在实践中,最常见的量度是区间值量度。在前面我们已经提到,当量度有七个或者更多定序层时,统计分析将会变得相当麻烦。因此,隐含的做法是,考虑一个有十个层级区间值的定序量度。当然,这种设计是否正当取决于概念本身。

潜变量统计测量会产生概念的区间测量。未被测量的变量通常是通过调整标准差(标准差为 1)和平均值(平均数为 0)来标准化。

就概念的语义来说,区间值量度和概念之间存在一个隐含的线性关系。模糊逻辑方法认为,该种线性关系可能被挑战,在基础数据和指标上进行语义的转换是可能的。第 4 章的一个标准案例是改进政体数据库中的民主指数以使其更好地符合民主概念。这对于任何区间值/比率指标和数据都是可能的。并没有什么理由可以解释为什么这不能应用于民主的 V-Dem 测量或任何其他区间值层面的指数。

区间值指标和数据的主要问题是区间和比率的混淆。

5.2.4 比率量度

比率量度最广泛的定义是它拥有真实值 0。这意味着,比率量度并不像区间值量度一样可以移动:0 是概念的一个核心特征且有真实含义。拿我们的银行账户举例,我们都知道,正的银行账户与负的银行账户不同,0 意味着没有钱。在早期有名的教科书中,布埃诺·德·梅斯基塔(Bueno de Mesquita, 1981)假设,正的期望效用是发动战争的必要条件。这意味着,0 并不是随意的点。

第二种不太流行的定义侧重于名称本身,即比率。有了比率指标,我们可以说，一个观察值是另一个的"2倍大"。区间值量度却不能够使我们得出此种结论。例如，在政体数据库的民主指标中，我们不可以说，一个指标为10的国家的民主程度是指标为2的国家的民主程度的5倍。但是，一个人的财富是另一个人的2倍是可行的。

这里存在的问题是，我们不清楚0是不是真实的0。像布埃诺·德·梅斯基塔的发动战争假设一样，理论和假设可能需要一个0。导致区间值量度和比率量度混淆的因素是，统计往往只需要区间值量度变量。由于它通常与统计方法无关，因此它并不是一个真正值得关注的事情。

模糊逻辑概念是比率概念，因为0是真正的0，是在概念中处于0.0位置的隶属。0意味着性质完全不存在。

语义转换是将定序或者区间值指标转换成比率指标的一种方式。这是否有意义，取决于概念的语义本身。在前一章，我们可以看到，有基础量度的变量的二分法仅仅是一种语义转换操作。

5.2.5　模糊逻辑量度

量度类型如何与模糊逻辑分析中的隶属函数相匹配或者不相匹配呢？解释这个问题的起点便是0。区间值量度不同于比率量度，因为后者有真实值0，而前者没有。

模糊逻辑分析中的隶属值0.0的作用各不相同。在模糊逻辑分析中，0.0意味着在此集合中隶属关系的完全缺失。例如，一个人均国内生产总值500美元的国家在"富裕国家"这个概念中的隶属值肯定为0.0。从这个意义上说，模糊逻辑分析中的0.0更接近于连续变量中最低点的含义。

在模糊逻辑量度中也有隶属值1.0这种点。1.0的隶属值意味着在集合中的完全隶属关系。它的作用有点类似于连续量度上最大值的点。在经典的量度方案中，不存在真正的最大值或最小值概念。例如，我们说一个人拥有最大限度的财富意味着什么呢？一个人的财富总有可能多于1美元。

在经典测量理论中,二分法变量被视作占据整个量度最底端的变量。如果存在连续变量,二分法总被认为是一种糟糕的操作,这是因为它在很大程度上会丢失很多信息。模糊集分析提供了关于二分法的不同视角。

第4章图4.2介绍了学者在政体数据库中进行二分法的基本议程。其中,7是民主量度－10到10之间的分界点。从统计学意义上来讲,通过对政体数据库进行二分法转换,变量便失去了大量信息(从21点量度到2点量度)。相反,从模糊逻辑观点来看,二分法是另外一种语义转换函数。模糊逻辑对这种二分法的反对不是信息的缺失。相反,反对的意见是曲线的斜率(也就是在7这个地方的垂线)太陡峭了(导数无穷大)。在下述情况下分界点概念十分重要:对于一些观察案例来说,数据的微小改变能够导致语义的完全转变。正如第4章开头扎德在题词中强调的:当语义沿着 X 轴变化时,我们需要的是一种渐进的而非突然的变化。

总之,一个关键问题是,一个概念在无论使用何种测量量度的情况下都是连续的。模糊逻辑语义转换提供了一个统一的视角。无论它在 X 轴上是2层的(二分法)、5层的(定序的)、20层的(被当作区间值),还是无限层的(区间值或比率),概念和语义问题便是这些层次与 Y 轴上基本概念之间的关系。

5.3　区间值量度和比率量度的隐含转换

前一节主要介绍了基本的量度类型和思考它们的核心方式。这一节将简要介绍如何将指标和维度相结合。介绍聚合问题的第6章假设,当通过多样的简单数学运算时,第二层维度或指标的特征是有问题的。

最常使用的指数、概念和量度构建过程包含概念的二维指标以及把它们相加得到概念 X 的整体水平。通常,在它们相加之前,这些二维指标被编码为 0 和 1（例如，多维贫困指数）。因此，以下这点较为关键：

> 将二分法指标（如 0 和 1）相加可以使它们转化成区间值指标。

加和不仅使得 0—1 指标变成定序指标，同时也使得它们变成区间值指标。这种情况产生的原因是，加和并不是一种在名义变量或定序变量上允许的数学操作。

20 世纪 60 年代，心理学的传统测量方法（例如 Suppes and Zinnes，1963）详尽讨论了根据量度类型进行数学运算的问题。但是，(1)这些讨论并没有延伸到例如政治科学或经济学等学科，(2)几十年来在心理学方法课上并没有遇到这些问题。

这种自动转换较为平常，以至于从来没有被注意到。例如，在潜变量模型中为了得到对观察值的估计，人们通常使用指标加权和中的因子得分。无论那些指标中的原始量度类型是什么，它们都可以通过加权和转化为区间值层面指标而被改变。

当进行比率计算时，同样的情况也会出现。例如，研究国际冲突的学者通常期待知晓不同国家相对的军事能力或权力。他们计算军事能力相关比率［例如广泛使用的战争相关项目中的国家能力综合指数(CINC)］。当计算比率时，权力变量会被自动转换成比率量度。0.0 在权力变量中可能是真实的 0。

区间值变量中的加或减或者比率变量中的乘或除是否有效，取决于基本概念及其与指标和量度的关系。模糊逻辑方法是，任何事都可以被转化成真实数字。因此，数学运算是否被允许的问题是不存在的。

有些人可能会反对从定序变量到比率变量的模糊逻辑转换，并认为这种操作甚是"随意"。同时，我认为，将一系列定序的哑变量通过加和转换为区间指数是更加随意和有问题的。

基本准则是去思考将不同指标结合在一起的时候意味着什么：

量度结合准则:任何时候,指标、测量和指数都是通过数学运算结合在一起的(例如,加法或者乘法),并以此来决定量度的转换是否可行。

5.4　认识"0"

从名义量度到比率量度的所有量度都包含 0:该量度可以是[0，1]，[0，5]，[−10，10]。这可能会导致一些问题。一个基本的准则是:

零点准则:除非是比率量度,否则尽量不要使用 0。

最大的问题是区分区间和比率。对这两种不同量度的使用是随着解释而发生变化的。例如,政体数据库中的民主概念有一个真实意义的 0 点,从−10 到 0 是专制政治,从 0 到 10 是民主。上述情况会随着二分法规则而变化。在变化过程中,民主是大于或者等于 6 的。

布埃诺·德·梅斯基塔关于正期望效用的假设需要一个偏好比率量度(称作 tau-beta),它的变化范围是从−1 到 1,以 0 为中间点。[1]S 量度(Signorino and Ritter，1999)是一种区间值测量。它是一个被重新调整为[−1，1]的比率。

一旦你选择使用交互项,这意味着你将两个变量相乘。使用比率变量便不会有这种问题。但是,因为区间值变量可以移动,它们可以是正的,也可以是负的,或者一半为正,一半为负。这本身没有什么区别,但是一旦相乘,便有了区别。

当我们将 0 放入交互项中,这便值得详细讨论。如果变量包含 0,那么在交互项中便会有要乘以 0 的情况。这似乎是一种很不妙的情

---

① 关于 0 点的精确计算方法存在争议。这里我将 0 作为一个比率变量,并接受布埃诺·德·梅斯基塔关于我对 0 的选择的批评。

况。但是，实践中人们很少关注它。

布劳默勒（Braumoeller，2004）和布兰博尔等人（Brambor et al.，2006）提出，在使用交互项过程中有许多容易踩踏的陷阱。0 点存在或缺失的重要含义在于比率变量在交互项中的作用。

交互项分析中的一个重要问题是对交互项单项的解释（例如，$\beta_1 X_1$ 和 $\beta_2 X_2$）。对交互项单项的解释是，当 $X_2 = 0$ 时，β_1 是 X_1 的影响。这便意味着，当 $X_2 = 0$ 时，确实有一定含义。如果 X_2 是一个区间值变量，那么 $X_2 = 0$ 就是完全任意的（参见 Friedrich, 1982；Allison, 1977）。

与 0 相关的另外一个问题是，有时候 0 意味着"在中间"，而有时候则意味着"完全缺失"。在模糊逻辑中，0.0 意味着与概念无隶属关系，0.50 则意味着在概念的中间。在一些量度处于[−1，1]之间的案例中，0 意味着在中间，−1 则意味着完全缺失。

潜变量并没有作为区间值变量的量度，所以它们可以包含或不包含 0。因为它们是区间性质的，因此可以自由移动。标准处理方式是将 0 作为中间（即平均值）点。

同样，有平均值 0 的变量的标准化是非常常见的。例如，贝克等人（Beck et al.，2000）在神经网络分析上对所有变量进行了这样的处理。这些标准化变量在大量交互项中被使用。

总之，我们需要询问 0 点是否存在。理论需要它们吗？在交互项中使用变量是否意味着一个真正的 0 点？

本小节避免以"0 的准则"开始，除非它是真的 0。这个简短的讨论说明了在非比率指标中使用 0 的缺陷。我的概念运用中包含了相当多因 0 的存在而出现问题的例子。这些例子启发了下文的写作。

5.5　标准化

标准化是在复杂概念和测量过程中的关键操作。任何层次多维度下的聚合都需要共同的量度。本节讨论与概念化和测量有关的常用或不常用的基本方式。在进行聚合操作之前,所有的指标必须转化为通用量度。例如,使用不同的全球性质的指标需要将它们转化为同一量度。

所有标准化技术背后的基本思想都包含了对给定指标或维度的高低有某些觉察。下面谈及的所有方法以不同的方式实践了这点,共同量度在维度 1 和维度 2 上都放上了"高"使它们变成了同样的量度,典型的如[0, 1]和[1, 100]。这些维度的内容可以不断地变化,但是标准化所需要的是从低到高的标准的连续统。只要清楚地认识到在连续统当中 0 代表"无"或"低",1 代表"高",那么这便会像定序 0—1 量度一样简单。

这里需要注意的是,标准化假定维度是可以同单位测量的。虽然人们可以通过哲学角度讨论不同维度的可通约性(例如 Chang,1998),但在本书中,可通约性被认为是标准化过程的一部分。

经济学家通常将所有事物转换为恒定的(穿越时间、空间的)货币来达到标准化目的。这是一项复杂而棘手的操作,需要计算不同国家的购买力当量。如果数据涵盖较长的时间段,那么该问题将变得更加复杂。

"不同"商品被转化成美元价值,这便给出了一个比率量度。所有种类的数学操作都在标准化的美元指标上进行(如聚合)。

正如我们所看到的,当对美元金额赋予具体维度变得困难时,便会有新问题产生。例如,自由和无压制以美元计算,价值多少?

生产和效用函数将不同维度聚合起来(例如,生产函数中的劳动力和资本)。有时候,"效用"便是效用函数中的普遍量度。生产效用函数在聚合中发挥重要作用。这是下一章我们要讨论的。

5.5.1 统计学标准化

将变量标准化是一种普遍转换。标准化变量的公式为$(x_i - \bar{x})/s$,在此公式中,$\bar{x}$ 是平均数,s 是标准差。例如,政体数据库中民主量度的原始数据从－10 到 10 对数据进行编码（Jaggers and Gurr，1995）。标准化将这些数字转化成与平均值之间的标准差。统计学中的标准化最常见的基本原理是在分析中对所有变量取相同的量度。

在心理学和社会学中，标准化过程十分常见，在政治科学和经济学中则较少。在心理学中，虽然标准化十分常见，但对于一些统计方法来说（例如聚类分析）是存在争议的（Milligan and Cooper，1988）。例如，在一部经常被引用的作品中，金和费里（Kim and Ferree，1981：197）讨论了"社会科学中长期争论的在回归中使用标准化系数的诉求"。统计的标准化原理是对所有的自变量有相同的量度，从而允许不同 X 变量相对影响的比较。

标准化的结果取决于基本数据，而不取决于任何衡量概念的定义。一个核心的规则是要警惕根据案例的经验分布做出概念化的决策（参见第 9 章）。同样，标准化也适用于语义转换。这并不意味着概念化决定完全不受经验分布的影响。但是，任何很大程度上或者单纯地依赖于数据分布的转换都是有问题的。统计学的标准化依赖于数据的分布和一个特别的数据集。

统计的平均值和标准差通常随着基础数据的改变而改变。事实上，通过标准化，如果其他观察值的得分被改变时，任意案例的得分也能轻易改变。一个案例可能没有经历任何真实世界的变化，但是由于其他案例的值在变化，对于该案例的编码规则也在发生变化。从语义学和描述学的角度来看，这看起来有些奇怪。为什么对于一个案例的分数应该取决于对其他案例是如何编码的或者是在它们数值上的改变呢？如果概念从一开始就是相对的或者有联系的（例如不平等或地位性商品），那么其他案例如何编码就变得十分重要。

为更具体说明这一点，我们从民主层次角度来理解政体数据库的数据。质性研究者认为，"全民主"概念描述那些超越一定界限的案例（例如那些被赋值 7—10 的案例）。在这一规则下，任何比例的案例都可以是全民主，这取决于它们是否达到了一定标准。如果数据是以标准化值来显示，那么必须使用不同的测量规则，例如，全民主描述了那些高于平均值两个标准差的案例。这一规则保证了只有一小部分案例可以被编码为全民主。

一个给定的案例可以在取决于其他案例如何被编码的全民主分类中移动。但从语义学角度来讲，这是有问题的。一个案例是否完全民主取决于概念的定义及案例的特征，而不是取决于民主在整个人口中的分布。

使用标准化值也会为研究带来其他影响。例如，有人建议，为了基于"极"值来选择案例，人们应该使变量标准化（Seawright and Gerring，2008）。人们有充分的理由考察极端值情况。基于此，标准化值是一个显而易见的选择，因为我们知道就标准差而言极值意味着什么：至少偏离平均值 2—3 个标准差称作极值。

从语义学角度来看，这种方法是存在问题的。标准化方法根据极值与样本平均值的关系定义极值。这个过程被视为"中间点"。从语义学角度出发，样本平均值可能代表或不代表一个概念的中间点。例如，在政体数据库的量度中（从−10 到 10），概念的中间点可能为 0。[1]政体数据库的样本平均值约为+3。

在政体数据库中，标准化的结果是最极端案例总是专制政权。因为样本平均值为+3，被赋予−10 的专制案例比赋予+10 的民主案例有更大的绝对标准化值。但是，从语义学角度来看，标准化是适得其反且存在问题的：极值是"明显地"被赋予−10 和+10 的案例。

语义转换通常对因果和统计分析有影响。例如，在钟形曲线争论中，标准化改变了统计和实质的分析（参见 Fischer et al.，1996）。当使用非标准化变量时，书中的重要内容是标准化变化显著。

总之，统计标准化的动机通常是获得一个共同的尺度，而不是提高结果变量的语义有效性。此外，它在很大程度上依赖于数据的经验分布。这两个特征都导致如下建议，即人们不应该对变量进行统计标准化。

---

[1] 政权类型的衡量标准是(民主-专制)(民主和专制的取值都是从 0 到 10)。在政体数据库中有许多东西暗示 0 便是概念上的中间点。

5.5.2　通过最小值和最大值进行标准化

另一种在全球指数文献中非常流行的方法是通过使用某些版本的数据最小值来确定"低"和使用数据最大值来确定"高"。最小值和最大值用于重新量度所有内容，通常为[0，1]。最小值或最大值的使用或相应的变体在全球指数文献中是默认的。

与统计标准化一样，这显然取决于数据。因此，它包含数据驱动的标准化程序的所有问题。

此方法的核心问题是可能存在"异常值"。"异常值"的出现可能会在相同或相反的方向扩展量度。"异常值"上面的引号暗示了一个问题：一个研究的"异常值"可能是另一个研究的"好案例"或"理想类型"。

萨克斯等人(Sachs et a.，2019)阐述了对"异常值"问题的可能的、简单的回应。基本上，人们会从经验数据中删除异常值。异常值应该是分布在97—100之间的百分位数据以及分布在0—3之间的百分位数据：

> 为了确定每个指标的最差值，我们删除了最差的2.5%的观察值，以确保我们的评分不会受到异常值的过分影响。然后我们确定每一个指标的下一个最差值，并将这个值运用到最底端的2.5个百分位数的分布……这里我们使用该指标国家样本最高的五个值的平均值。所有超过最佳值平均值的国家被作为最佳值。(Sachs et al.，2019：13—14)

经合组织(OECD，2008)同样建议去除极值的影响，这一过程会扭曲复杂指数结果。它建议通过从分布中删除顶端和底端2.5个百分位数来截断数据。

联合国开发计划署认识到基于随时间推移的经验数据来设定绝对最小值和最大值存在的问题：

　　每年更换目标的主要问题是排除了有意义的时间比较：一个国家的人类发展指数可能因为与其绩效相关的无关紧要的原因而发生变化。所以，今年我们修正了预期寿命、成年人识字率和平均上学年限和收入年限等"规范"值。这些最小值和最大值在表现最好或最差的国家中并没有被观察到，而被观察到的或被期望的是很长时期内的极值（例如 60 年）。最小值是被观察到的大约 30 年前的值。最大值便是可以预见的未来 30 年的极限值。人口学和医学表明，在可预见的未来，最长平均预期寿命为85 岁。同样，最近的经济增长率表明，最富裕国家到 2020 年可能实现的最高收入为 4 万美元（以 1990 年美元购买力平价为基准）。（UNDP，1994：92）

　　有趣的是，异常值修正产生了模糊逻辑中 S 曲线的默认值。异常值修正的最小-最大标准（即砍掉数据头部和尾部 2—5 个百分位数据）产生了 S 曲线模糊逻辑的默认转换。但是，其转换的路径十分不同。这不是语义问题，而是数据异常值问题。

　　应用最大值还有更为复杂、花哨的方法。生产边界是经济学中的核心概念。本质上，生产边界是一个人在特定的技术环境、公司组织等条件下所能生产的最大量。有统计技术可以估算这些边界，或者在其他情况下，能够用于标准化信息的数据包封（关于思考这些边界的其他统计方法，参见 Dul，2016 或 Goertz et al.，2013）：

　　基于经济学中长期使用的"生产可能性边界"，我们通过给定社会经济指标与所有国家可用资源对比来绘图并确定图的外部边界的方式来构建"成就可能性边界"。就像生产可能性边界表示对于给定资源后一种商品的最大产量一样，成就可能性边界揭示了一个国家在既定资源禀赋条件下就社会和经济权利的提供方面是如何表现的。（Fukuda-Parr et al.，2015：42；参见图 3.1"成就可能性边界原型"）

正如这个简要调查所示，有多种方法来通过数据分布达到标准化和语义转换。这里的关键原则不仅是检查数据如何被使用，也需要明确在多大程度上一些不依赖于数据经验分布的外部方法被使用。在全球性指标中，我们可以发现许多通过数据的经验分布来决定语义转换的外来的、规范的方法的集合。数据的经验分布可以帮助提供信息，但是，正是语义学和规范问题决定了语义的转换。

5.5.3 混合与"自然"标准

使用经验的最小值和最大值是很常见的，为了标准化，可能在端点上进行一些切割。全球业绩指数领域通常会有"自然零"和某个最大值的阈值组合。这些都很常见，也很值得被提及。

图 5.3 说明了联合国开发计划署将教育年限转化为标准[0，1]量度的语义转换。对于教育年限，这里有一个真实的自然零，因为有的人并没有接受过教育。另外，关于受教育年限也没有最大值。就呈现偏斜分布状态的社会科学数据来说，它们的尾部可能会很长，这是因为许

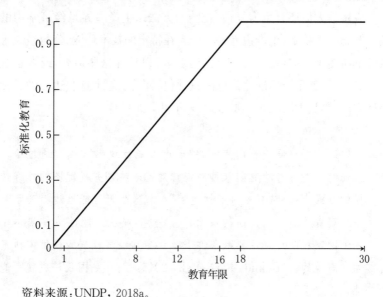

资料来源：UNDP，2018a。

图 5.3 标准化教育（基于联合国开发计划署）

多人的教育年限很长。遵循社会惯例,联合国开发计划署将教育年限最高值调整到硕士学位。这也产生了一个从 0 到 18 岁的线性标准化。我们已经看到了与贫困测量相同的程序,其中自然零不容易确定,例如"生存-生命最小值"。

如果标准化量度的一端是固定的、清晰的,那么这一端通常是零端。正如可持续发展目标一样,有时候最大值是通过政策目标来修正的。正如图 5.3 中的教育案例一样,该案例是通过政策而非社会规范进行修正的。由于偏斜的数据和长尾现象,最大值在这里并不清晰。需要一些策略来修复阈值,因而也产生了线性阈值标准化的语义转换。

5.5.4 百分位、分类与标准化

我们已经看到,全球绩效指标领域中的分类方案在基本的指标和分类之间暗含着一种非线性关系。人类发展指数将国家分为四种定序类:(1)非常高;(2)高;(3)中等;(4)低。考察定序范畴如何被标记以及形容词是否被使用十分有趣。例如,对于人类发展指数而言,我们拥有"非常高"这个选项,却没有"非常低"这个选项。为什么我们不使用"高"和"非常低"来代替前者呢? 我们可以将这个与世界银行的分类(高、中高、中低和低)相对比。

有人可能会问,联合国开发计划署是如何得出这些明确的分界点的。联合国开发计划署在其分类方案中使用了百分比(具体细节不容易获得):"人类发展指数分类是基于人类发展指数固定的分割点进行的。这些分割点来源于构成指标分布的四分位数。这些分割点是 0.550(低人类发展水平)、0.550—0.699(中等人类发展水平)、0.700—0.799(较高的人类发展水平)以及 0.800 及以上(非常高的人类发展水平)。"(UNDP,2018a)

这里有一个我称为"二阶线性思维"的例子。如果我们需要五种类别,我们便可以将原始数据依据五种分类分成相当的百分比。这本质上与使用累积分布函数来进行校准和标准化是一致的。

一个简单而明显的标准化体系是使用数据的标准化分布并将百分

比作为语义转换的工具。这是一种很常见且经常被推荐的方式：

> 最简单的标准化方法是对各个国家的指标进行排名。这种方法的主要优势在于简洁性以及异常值的独立性，缺点则是丢失绝对水平的信息，也不可能就性能的差异得出任何结论。该方法被用来建立一个关于各国信息和通信技术发展和应用的统合，同时，该方法也被用于美国各州医疗保健绩效的保险研究。（Eurostat，2005：46）

非线性语义转换也可以使用百分位。例如，下面这个是欧洲统计局案例（Eurostat，2005：49）：

- 顶尖 5% 获得 100 分；
- 85%—95% 获得 80 分；
- 65%—85% 获得 60 分；
- 35%—65% 获得 50 分；
- 15%—35% 获得 40 分；
- 5%—15% 获得 20 分；
- 0—5% 获得 0 分。

这个是非线性的，但在第 50 个百分位是对称的。不过，为什么第 50 个百分位是概念中的 0.50 的点并没有得到很好的解释。如果遵循拉金形容词规则，这种对称的分类原则是不可能实现的。

因为联合国开发计划署的原始数据是高度偏斜的，百分位方法产生了不平衡的分类。基于百分位方法，即使是正态分布的数据也会产生不相等的分割点。这便是为什么使用百分位数的二阶线性思维会产生一阶的、不平均的分类。

百分位的变化是使用定序排名。排名是基于数据的简单统一化技术。此方法不会被离群值影响，同时允许依据相应排名来追踪国家的表现。一些使用排名方法的例子包括信息与通信技术指数

(Fagerberg，2001)和全美医保绩效研究(Jencks et al.，2003；OECD，2008:27)。

线性标准化有一种内在的冲突,该冲突是基于数据的经验化范围〔例如,最小值-最大值以及与之相对的(就百分位和累积分布函数而言的)基于二阶现象思考的非线性转换〕。据我所知,在全球指数行业里还没有人真正讨论过这两者之间的冲突。

从语义角度来看,这些转换都存在问题。因为它们都相对地、盲目地使用了数据的经验分布来形成分类或进行标准化实践。因此,这些分类是经验性数据描述,可能只与学者、社会、组织所表示的基础概念有微弱的关联。

5.5.5 规范性议题

标准化可以很容易有一个规范维度。这与贫困文献中的阈值概念有关。提高或者降低阈值与个人的评估以及他们是否需要一些公共支持有关。"低值"应该由政策和规范目标来决定,而不仅仅由数据分布来决定。这些目标具有明确的规范性基础和层次。这也是为什么使用数据分布进行标准化是一种规范性选择。

在某些情况下,可以实质性地确定某些指标的高和低。萨克斯等人(Sachs et al.，2019)利用联合国发展目标来促使一些指标标准化:"我们创造了最好的评分体系。在大多数情况下,最好的评分系统是自然的'完美'和技术上可行目标的结合(例如,联合国千年发展目标)。这符合'不让任何一个人掉队'的原则(如无极度贫困、无营养不良以及100%学业完成率)。"奇怪的是,它们并没有讨论可能存在的自然最低限度。

哪些因素构成了良好的表现或较高的成就(例如,受过教育)的问题具有相对的社会共识。人们可以考虑在标准化进程中使用这些社会共识。使用社会标准进行标准化和分类意味着一个规范性的判断。

语义转换是使用大量内容与意义来影响标准化程序的一种方法。语义转换映射为展示映射是怎样提供了很好的可视化工具。

5.6 结论

前几章讨论的语义转换的关键点是如何将意义映射于数值之上。当我们将这些概念以[0，1]来衡量时，标准化便产生了。每个维度上的"高"会映射于其他维度上的"高"。但是，它不是以经验分布来评价"高"，而是以实质性的方式来评价。

通常情况下，研究人员会将名义或定序变量相加来形成概念的指数：这种方法不一定奏效。我们需要证明这些名义或者定序变量实际上是区间值变量。同样，学者们喜欢通过乘法或除法来形成新的概念指数：除非这些变量是比率变量，否则也并不一定有效。

名义变量的核心问题是：它们是名义的，而不是定序的。如果存在一个基本的概念的连续统，我们需要探索量度中的数值（定序的、区间的或者比率的）如何与概念的连续统相关。语义转换的模糊逻辑允许对问题进行框架化处理，从而更明确正在发生的事情。正如语义转换图所展示的那样，人们应该将量度映射到概念的连续统上。

上一章在讨论语义转换时，基本上假定区间值或比率变量。这里的核心要点是如何处理二分法数据和定序尺度。处理定序类量度是十分困难的：这在统计学和概念化过程中均如此。语义映射方法论提供了将定序量度转化为[0，1]量度的方式，这可以用于聚合和其他目的。

在多层次、多维度概念设置中，标准化是不可避免的。问题是，如何以一种尽可能忠实于类别的基本意涵及它们之间的隐含距离的方式做到这一点。

为达到聚合目的，我们需要将比率变量标准化。量度与标准化决策在概念的数值测量中十分重要。虽然这些通常被视为技术决策和操作，而且通常没有争议，但它们有语义上的后果。比较理想的情况是，本体论、语义、规范问题、描述准确性等都会激励和决定量度与标准化决策。

6 概念结构：聚合与可替代性

6.1 导论

图 6.1 所示基本框架提供了一种分析和创建多层次和多维概念及其与测量之间联系的方法论。它概述了在获得概念的最终数值测量时必须做出的核心结构决策。

文献中（例如，关于综合指标）的许多决策属于聚合范畴。本章处理了关于聚合的诸多传统问题。但是，术语永远是重要的。这些"聚合"决策事实上就是关于概念结构的决策。相比于"聚合"，我更加倾向于使用"概念结构"这一术语。不过，如果读者喜欢使用"聚合"，通常也是可以的。

实际上所有文献里面的"复合"指数都假设了一个多维结构。这个维度结构产生了前两章讨论的关于取得这些维度之共同量度的问题。基本框架的多层性质在关于复合指数的方法论文献中并不清晰。如果有人绘制全球指数，那么，这些指数至少会有三个层次。

基本框架具有分形特质。虽然在表格里面有许多问号，但基本的分形结构却只由一个问号构成。任何时候只要有两个或更多的分格向上归于一个分格，就存在结构决策。因此，最简单的方法是将两个指标或者维度联系起来。基本结构的决策和特征并不会发生从两个到更大数字的转变。因可替代性的本质，维度的数量在涉及最弱联系或聚合的最佳等级时变得至关重要。但概念结构的基本分形特征意味着基本问题只有在仅存两个维度或指标时适用。

概念结构通常意味着适用相同的功能，例如在第二层的所有维度或第二层维度的所有指标上使用"加"或逻辑意义上的"和"。但是，这并不能避免在有些情况下第二层上的"?"会是"和"或"＋"或"＊"（如图 6.1）。我们将在下一章探究"混合"概念结构。我们将会看到混合概念结构在灰色区域概念中尤其适用。基于本章目的，我根据聚合文献，假设在给定层次上聚合运算在所有被聚合的要素上都是一致的。

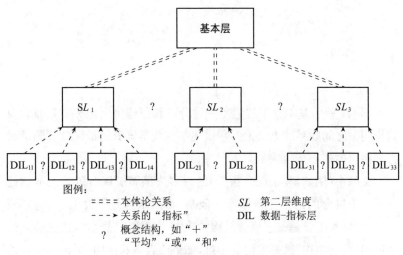

图 6.1 基本三层框架：概念结构和聚合

基本框架使得第二层是本体的、定义性的和构成性的。基于这个原因，第一层和第二层之间永远使用虚线等号来表述它们的本体论关系。正如在第 1 章中所讨论的，这里的关键是完成度和冗余性准则。本章假设概念一般都是完整的。

冗余性是本章的核心，因为冗余性是关于可替代性的一切。连续统准则建议始终思考概念的基本连续统。概念结构核心的基本连续统是可替代性。这里的关键问题是，一个维度的高值在多大程度上能够替代另一个维度的低值。可替代性连续统有三个核心区域。底端是"最弱联系"结构，默认为最小值，但最弱联系允许比最小值还要小的可替代性。在光谱另一端是最优值结构，默认为最大值，并允许很高程度的可替代性。中间部分是中等聚合等级，允许在两个维度之间的可替代性。当然，在这个区域平均值默认为中等聚合程度。本章将系统介绍概念结构的这三个层次。

这个框架的核心是多层次。这些层级能在概念化和测量里面扮演不同的角色。这可能是我的方法不同于大多复合指数方法的一个主要原因。在本书中，本体性的第二层和数据-指标层没有区别。在任何一本世界银行、欧洲统计局或经合组织关于复合指数或多维指数方法的出版物里都有专门的一节讲聚合，但几乎没有任何关于不同层次、不同聚合策略的信息。

图6.1中连接数据-指标层和第二层的是关系的"指标"。总的来说，完整性和冗余性准则在此并不适用。事实上，它们通常是相反的：指标在理想情况下是冗余的，即对同一事物的衡量。人们并不想要一套完整的指标，而是想要合理数量的好的指标（如高度相关的指标）。

数学运算必须与概念的结构相一致，以及与不同层级如何整合不同聚合层级相一致。这就是为什么我们强调基本框架得是多层且多维的。

本章介绍聚合的核心问题以及一些有关聚合的方法，并不需要很多数学背景，目标是提供聚合决策背后的直觉与逻辑，这些决策看起来相当技术化。和所有概念一样，这些技术性质的决策具有语义、描述、因果和规范的维度。

第9章讨论结构决策对描述的影响，即有多少个案例被编码为概念中的非零成员。就包括概念案例而言，结构在本质上决定了概念的强弱。贫困的"限定性"定义囊括较少的贫困案例，而限定性没有那么强的定义则允许较多的案例。从哲学和政治科学史来看，这成了概念的内涵和外延：一个概念的结构如何与其经验覆盖的范围相关联？

本章假设，人们已经解决了前几章所讨论的通常的量度问题，并且所有数据都集中在[0，1]区间内。因此，我们有比率、实数，并且不用担心维度或指标上允许的操作。

简单地说，本章介绍了概念结构的问题，并试图为学者和研究者评估他们自己的结构决策和那些位于复杂概念和测量的核心的问题提供一系列工具。目标在于鼓励研究者首先确定概念的核心结构、实质性内容以及结构内部关系的实质。然后，我们就可以探究那些符合概念结构与内容的结构和数学选项。

6.2　最弱联系概念结构

概念化的哲学方法源于亚里士多德并延续到今天的数学逻辑教材中。其基本意涵为，一个好的定义或概念给予了必要条件，即第二层的维度，这是概念中必要且充分的部分。

概念结构里的"最弱联系"使用最弱联系隐喻作为测量链条强弱的尺度。这和布尔代数里的交叉点有关［例如，阿尔基尔等人（Alkire et al.，2015)称其为交叉点聚合函数]。最小值很好地适配最弱联系隐喻：链条的强度是所有联系中强度的最小值。除了在公共物品生产的文献中使用该比喻，它还被广泛使用在自由和平论的文献中［狄克逊（Dixon，1994)首次将这个理念引入学术辩论，而后此概念完全成为标准实践]。在模糊逻辑中，最弱联系构成了一类以最小值为最大值的聚合过程。下文将会更详细地讨论这一点。

在一些实质性领域中，最弱联系是默认的概念结构。因此，当结构没有被特殊指定时，我们可以认为它就是最弱结构。从哲学的角度来看，这在概念性的讨论中无疑是正确的。在政治科学中，它出现在由萨托利经典文献而来的许多质性方法教学大纲中。基于一些对我来说不算清楚的原因，最弱联系结构在构建数据集中似乎也十分普遍。通常，一个潜在的观察对象必须满足所有编程规则（充分条件），并且如果一条编码规则失败了，它将被排除在总体之外（即必要性）。案例请参见桑巴尼斯关于内战概念和数据集的调研（Sambanis，2004)。

民主是本书讨论的核心案例。忽视民主经验实践的概念性文献通常使用最弱联系结构来思考民主问题。对民主-专制组（Cheibub et al.，2010)、政体数据库测量的概念背景以及达尔关于民主颇具影响力的讨论(例如,Dahl,1956,1998)来说,最弱联系结构均被使用。大部分讨论民主的政治哲学作品也隐约使用最弱联系结构。最弱联系概念结构因此在概念、本体论以及定义上的分析十分普遍。

本书第一版使用了民主的例子,并通过一整章来处理这一特殊问题。出于篇幅原因,以上所述章节在这一版中被删除。除少数例外,民主是通过隐含最弱联系聚集程序的哲学方法来完成概念化的。在实践中,总数和平均值频繁地在民主测量中被使用。本章采用了必要条件和充分条件中被概念化的政体数据库的民主测量,并重新构建了测量模型,使其与概念的结构相一致。本章的重要部分是探究和比较与概念一致的测量模式和非延续性的政体数据库的测量方式之间的系统性差异。这表明它们高度相关但又在重要的方面有着体系性的差异。

伍特克和他的同事(Wuttke et al.,2020)提供了一个关于此种分析的案例。他们讨论了当前非常重要的民粹主义态度话题和更广义上的民粹主义概念。和民主概念相同,学者们意识到民粹主义通常被概念化为一个使用必要和充分条件的多维度概念:"大多数的学者现在赞同,民粹主义者的态度意指一个多维结构,该结构由两个或更多的概念成分组成"(p.1),并且"民粹主义学者认为,民粹主义在大众层面的区别性概念特征是其作为一种态度综合征的概念地位,这就需要在充分必要条件的意义上来定义,更确切地说是由概念组成部分的同时存在来定义"。但是,就经验操作化而言,"学者们通过计算概念维度的加权或未加权平均值来获得个体民粹主义分数。更具体而言,学者通过计算平均值或使用数据驱动的方法(如因子分析)手动聚合概念属性"(p.2)。然后,他们探讨了构建一个忠实于概念语义结构的民粹主义量度的重要的经验和统计结果。

鉴于本书所捍卫的自上而下的概念化和测量的语义观点,其核心准则是显而易见的:

结构一致性准则:如果概念是被充分和必要条件逻辑定义和建构起来的,那么它将在聚合中被应用。

人们可以选择使用平均聚合，而后更改概念化和本体论。概念化应该驱动聚合与测量，而非相反。

在纯粹的最弱联系模式里并没有可替代性。一般来说，当学者使用"必要条件"这个概念的时候，他们明确或隐秘地使用二分概念进行思考。但是，有了模糊逻辑和公共物品生产函数，就有了连续变量。有了连续变量，我们便可以处理概念结构中的两个核心问题：(1)维度的相对权重；(2)维度间的可替代性。

模糊逻辑或公共物品生产函数的优势在于，人们往往很难理解某些必要条件比其他条件更重要。毕竟，它们都是必要的条件。所以，尽管加权平均值是容易且明显的，但加权必要条件绝对不是。

思考最弱联系聚合最容易的方式就像乘法——假设所有的维度和指标都在$[0，1]$的区间内。V-Dem 项目阐释了必要条件逻辑和乘法之间的关系。他们用以下逻辑测量民主：

> 我们所称的乘数多头政体指数（Multiplicative Polyarchy Index，MPI）是遵循这个必要条件逻辑的：MPI＝（当选官员）×（廉洁选举）×（结社自治×选举权）×（言论自由和信息的替代来源）（所有的因素都在$[0，1]$之间）。任何一个指数成分的低值都会压低总指数的值。（Toerell et al.，2019：81）

可以将最弱联系聚合定义为一个关于D_i的函数，当任意$D_i＝0$时，$f(D_i)＝0$。其最小值满足这一点，因为如果链条其中一个环节被损毁，整个链条便没有强度。

更广义地来说，我们可以把这个思想延伸到 0 和 1 为两端的连续变量。接着我们想要带有以下性质的聚合函数，假设连续非减量函数：

$$C＝f(D_1，D_2，\cdots)，D_i \in [0，1]，其中\ C＝\begin{cases}0，当任意\ D_i＝0 \\ 1，当任意\ D_i＝1\end{cases}$$

$$(6.1)$$

"理想值"指所有维度上得分最高的点。例如，给C赋最大值1.0。

贯穿本章，我用 D 指代第二层维度或指标，用 C 指代聚合层，即当 C 指代概念时，D 指维度-指标。这样做是为了避免使用 X 或 Y 标识系统的任何因果关系意涵。

该模型的一个明显的例子（但不是唯一选择）便是使用了"乘"的形式。这个模式满足了多元最弱联系效用函数的基本要求，一个维度的低分就会使得总分变低。因此，一个基本模型是：

$$C = D_1 \times D_2 \times D_3 \tag{6.2}$$

乘法经常成为最弱联系聚合函数的特征。如果我们把 D_i 作为二元变量，我们将会得到表 6.1。这是 V-Dem 的示例。[①]

表 6.1　一个简单的最弱联系函数

D_1	D_2	C
1	1	1
1	0	0
0	1	0
0	0	0

方程 6.2 对每个维度赋予相同的权重。这当然是其中一个选项，但并不意味着在语义上、经验上或因果关系上是精确的。就效用函数而言思考聚合，重新选举可能比政策目标更重要，在战争中获胜比战争的规则更重要，一些目标就是比另一些目标更为重要。但是，我们通过添加参数作为幂来赋予每个维度不同权重，

$$C = D_1^{\beta_1} \times D_2^{\beta_2} \times D_3^{\beta_3} \tag{6.3}$$

方程 6.3 通过不同的 β_i 表达这一点。因为所有的 D_i 都落在 $[0, 1]$ 的区间，如果 $\beta_i > 1$，那么这个目标更重要，因为它比 $\beta = 1$ 的维度更能减少整体估值：例如 $0.25 = (0.5)^2 < (0.5)^1$。如果 D_i 是不那么重要的因素，

---

① 基尼指数基本上可以被视为一个最弱联系概念：$\text{Gini} = 1 - (1/N^2\mu) \times \sum_{i=1}^{N} \sum_{j=1}^{N} \min(y_i, y_j)$，$\mu$ 是平均值。这个版本意味着不平等性是两者中最差的一个函数，这是最弱联系思想的体现。同样的逻辑也在民主和平论中用于比较两个国家。参见森（Sen, 1973）对制定基尼指数的各种方法的详细讨论。

那么 $\beta<1$：例如，$0.71=(0.5)^{0.5}>(0.5)^1$。在这个例子里，一个较低的 D_i 的影响被减缓了。它对整体的影响没有那么严重。如果所有的 $\beta_i=1$，那么我们对所有参数都有一样的权重，并且方程 6.3 可以简化为方程 6.2。

$\beta_i=0$ 的情况为一个给定维度提供了检验，因为 $\beta_i=0$ 意味着 $D_i^{\beta_i}=D_i^0=1$，$D_i\neq0$。这意味着 D_i 对整体评估没有影响：无论 D_i 的真实值是多少（除了 0，当它未定义时），它对总体估值的贡献总是最大值 1。

方程 6.3 的非互补模型不能分解为简单的二元效应，这点和加法效用函数一样。当 $D_i=0$ 时，明确的双元效应就会发生。

经济学家会自然而然地转向科布-道格拉斯生产函数。经济学家对方程 6.3 比较熟悉，这是典型的科布-道格拉斯生产函数（Cobb and Douglas，1928）。正如其名所示，它将（工业）产品的生产作为混合输入的模型，其中 D_i 表示资本和劳动：

$$C=\alpha D_1^{\beta}\times D_2^{1-\beta},\ \beta\geqslant0,\ \alpha>0 \tag{6.4}$$

很明显，这就是上面描述的模型。[1]

最弱联系模型具有两个核心特征。第一个核心特征是非线性。乘法形式和幂中的参数让模型呈现非线性特征。第二个核心特征是，模型本质上是互动的。一个变量的变化（比如从接近 1 到接近 0）能对整体产生巨大影响。

图 6.2 说明了最弱联系函数及相关论点。在模糊逻辑中（参见任何一本模糊逻辑数学教科书），最小值是最弱联系聚合函数中的最大值。这意味着在图 6.2 中，最弱联系聚合面全部在最小值之下。一个例子是，图中位于最小值之下的乘积曲面。

最弱联系函数理论（因果上和概念上）的关键在于，每个必要的维度都充当了整体聚合值的上限。关于"上限"的隐喻（例如，否决者）（Tsebelis，2002）意味着它在最弱联系函数的范畴之中。其关键点在于，一个维度的低值限制了整个函数。隐形天花板限制着一个女性在

---

[1] 在 $(\beta_1+\beta_2+\beta_3)=1$ 的特殊例子中，函数被称为线性均质的。这实际上是科布-道格拉斯生产函数在经济上的共同表述。在这种形式下，科布-道格拉斯统计模型被限制最小二乘法所检验（Greene，1993:211—216）。

某个专业领域能走多高。最弱联系聚合直接连接着限制理论，这些限制被称为"天花板效应"（Goertz et al.，2013）。①

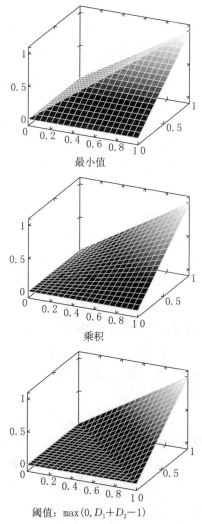

最小值

乘积

阈值：$\max(0, D_1+D_2-1)$

图6.2　最弱联系概念结构与聚合函数

---

① 对于有兴趣进行扩展讨论和对观察必要条件上限和限制性因素的方法感兴趣的人来说，我推荐简·杜尔（Jan Dul）开发的必要条件分析方法论（http：//www.erim.eur.nl/necessary-condition-analysis/）。该种方法描述了计算上限和限制性效应的不同方式，包含了被估计上限的概率测试。

当你将 D_1 或 D_2 固定在某个值的时候，天花板效应就会出现。如果 $D_1 = d_1$，那么天花板效应是当 $d_2 = 1$ 时，C 能获取的最大值。这也是对于固定值 d_1，我们能获取的最大效用。值得注意的是，当 D_1 较小时，非互补性效应是剧烈的；当 $D_1 = 0$，无论 D_2 如何取值，$C = 0$。相反，如果 D_1 很大（例如，接近 1），那么很大程度上取决于 D_2 的值。

这些例子说明，最弱联系和天花板效应的思想是有意义的。中心目标的低值是关键概念，因为它们对整体效用函数影响很大。这说明了这样一种观点，因为它们是关键目标，所以我们应该考虑是否允许产生巨大的补偿效应。如果可能的话，我们想要在所有方面得分相对较高的东西。这些最弱联系函数把一些根深蒂固的直觉转化为数学模式。

瑞士修建核庇难所的决策为非补偿性决策在实践中的作用提供了一个很好的例证（Schärlig, 1985）。[1]瑞士按照以下评分系统评估核庇难所的各个特征：非常好＝1，好＝2，能用＝5，差＝40。防务官员对庇难所的总体打分就是采取了系统编码的十个标准的总和。决策的规则是用十个标准的总和（越大意味着越糟）去适配定序分类条目，10—11为非常好，12—20 为好，21—50 为能用，>50 为差。正如你能看到的那样，任何一个维度上的不好的因素基本上都意味着该避难所几乎不可用。如果一个维度是不尽如人意的，例如 40，哪怕其他 9 个都是非常好，总分也会达到 49。所以如果一个维度是差的，则该避难所几乎不可用。

在有关决策的文献中，最弱联系聚合函数被称为非补偿决策模型（如 Mintz, 1993）。如果试图检验官僚和法律决策规则，那通常存在"要求""前提条件""必要条件""本质"或"否决"等条件需要被满足。这些全都指向最弱联系决策程序（或者在下章我们将会看到的混合结构）。最弱联系的另外一个层级存在诸多限制：一个强限制必须被满足；这是必要条件。

对于每一个最弱联系聚合函数，我们都要询问不同维度上可替代

---

[1] 我在瑞士断断续续住了许多年，所以我喜欢这个例子。

性的程度。在这些高度非线性函数里，可替代性不仅随着参数大小而不同，也会随着 D_i 值的改变而发生巨大变化。科布-道格拉斯说得很好：当所有因素都是 0 的时候就没有可替代性；可替代性的程度会随着 D_i 的提升而提升。对那些就这些细节感兴趣的人来说，任何一本经济或微积分的教材都可以提供数学分析。最弱联系在生产函数的讨论中产生，这在科布-道格拉斯的语境中可以显著看到[例如，钱伯斯（Chambers，1988）对于生产要素的本质的讨论]。

简言之，如表 6.2 所阐明的那样，最弱联系聚合函数可以在概念结构的使用中产生。在实践中，它们更多地表现在第二层而非数据-指标层。此种哲学方法强调，概念化需要是完整的。言下之意，每一个定义维度都非常重要，在实践中也十分必要，否则它就不存在了。该哲学方法也贯彻着非冗余性，这往往意味着不可替代性。这让最弱联系成为概念结构第二层的自然选择。

6.3 最优值概念结构

最优值聚合在很多时候都是对概念而言的最弱联系层结构的反面。最弱联系是以最小值、乘法和交集为特征的。而最优值则是以最大值、求和以及并集为特征的。"最优值"这个名词来自关于公共物品生产的经济学文献（如 Sandler，1992）。

举一个例子。对教师来说，最优值便是：如果一个学生在期末考试中拿了 A，那么他将在整门课中获得 A。就可替代性而言，最后的好成绩可以替代他在这个学期获得的所有差成绩。[①]特奥雷尔等人使用上述方法对民主进行测量："因为这些被认为是完美替代品（无论是一个直接选举的总统还是一个由直接选举的议会选出的总统都足够了），指

---

① 在我介绍国际关系的大班，我使用了最优值规则的变种，初次考试的差成绩可以被课程其余的高分完全替代。我告诉他们，如果他们喜欢的话，他们可以跳过初试并且因此得 0 分，但他们最后还是有机会得 A。

数值是通过取两者的最大值得出的。"（Teorell，2019：78）简言之，在可替代连续统里，最弱联系意味着没有可替代性，同时最优值代表完全的可替代性。

广义平均值自下而上靠近最大值，因此没有明确区分两者的标准。平均值和最优值之间是灰色区域，广义平均值和最弱联系之间也是。它的核心特征是，在极端情况下，某个维度的高值可以完全替代所有其他维度的低值。

根据概念、文献和传统，这看似是奇怪的，站不住脚的，或者相当普遍的。例如，在有关公共物品的文献里，"最优值"是一个被广泛讨论并使用的聚合函数。

在模糊逻辑里，最优值构成了自下而上以最大值为界的一系列聚合函数。图 6.3 展示了最优值聚合函数。它们反映了一系列最弱联系。因为最大值是最小的最优函数，这意味着所有最优值函数都在最大值之上。这有些类似于在最小值之下的最弱联系函数。在 $D_1=1$ 或 $D_2=1$ 时，所有数值都在顶端坐标轴上。相反，就最弱联系而言，它们都在底端坐标轴上。

和最弱联系相似，如果 $D_i=1$，那么无论其他 D_i 如何取值，$f(D_i)=1$。最大值（并集或者逻辑上的"或"）构成默认最优值结构。假设最优值聚合函数是一个非递减连续函数，它可以被定义为：

$$C=f(D_1, D_2, \cdots), D_i \in [0, 1], \text{当任意 } D_i=1 \text{ 时}, C=1 \quad (6.5)$$

国际冲突与和平的军事化是我的主要兴趣点。在这个领域中，最优值是普遍的聚合程序。例如，"军事化争端"（又称 MIDs）由多重军事冲突构成。因此，为了获得军事化争端严重性的评分，就需要对各军事冲突严重性进行聚合。在这里，没有争议的做法是将冲突严重性的最大值当作总体军事化争端严重性的值。另一个常见的变量是军事联盟：一个国家能和其他国家有多个军事联盟，而最强的军事联盟通常被纳入统计分析中。这种规则同样适用于衡量多个政府间组织的成员属性：通常只使用最强的那个政府间组织成员属性。冲突研究的这些惯例便应用了最优值原则。

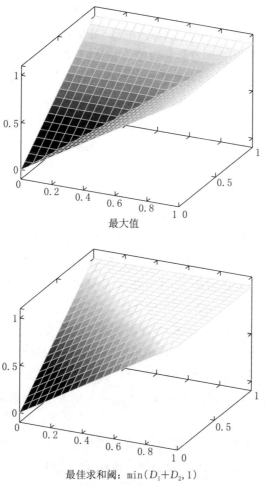

最大值

最佳求和阈：$\min(D_1+D_2, 1)$

图 6.3 最佳概念结构和聚合函数

需要注意的是，在所有这些约定俗成的决定里面，求和是最优值聚合的可行替代方案，但平均值不是。实质性的逻辑是这样的：多个联盟承诺比单一联盟承诺要强。如果采取平均值的话，可能会得出反直觉的结论，总体联盟承诺要低于最强的承诺。

任何一个对于求和都很有意义的概念都属于最优值聚合函数的范畴。我最喜欢的一个例子是福利国家。福利国家的概念意指国家为个人及家庭提供的一系列援助。这组成了福利国家概念的第二层维度。

遵循惯常嫌疑犯准则，这包括传统上的（也就是追溯到19世纪和20世纪初的）服务产品（例如失业保险、医保、妇女补偿金以及退休金）。就测量和数据而言，这些产品将以政府在这些领域的支出总和来计算。一个大的福利国家在这些服务方面花费巨大。同样，福利国家也在健康或退休上花费巨大。在极端情况下，它们可能在其中一项上花费巨资而在另一项上不花一文。典型的最优值聚合是，一个维度能够完全替代另外一个维度。

6.3.1 阈值

最优值结构与阈值密切相关。一个简单的方法是通过家族相似性和"n 中选 m"聚合规则。"n 中选 m"聚合规则说的是，如果某个事物满足 n 种条件里面的 m 种可能特征，那么它是概念 c 中的成员。这就是家族相似性方法，因为没有什么维度是必要的：任何一种特征的消失都能通过其他特征的存在而补偿。第9章将会在更细致的层面上讨论家族相似性，尤其是在哲学中，它被视为挑战概念的必要充分条件，即数学逻辑方法。就可替代性而言，"n 中选 m"聚合规则的范围从高度可替代性，即"n 中选 1"，到当规则是"n 中选 n"的不可替代性。

例如，欧盟利用"n 中选 m"聚合规则评估一个人在物质上是否贫困。这是更大概念"贫困与社会排斥风险"的一部分。

> 欧盟：物质匮乏率
> 生活在缺乏以下9种物品中至少3种物品的家庭人口比例：这个家庭不能负担：(1)面对意料之外的支出；(2)离家一周的年假；(3)支付拖欠的贷款或租金、物业账单、租购分期付款；(4)每两天才有一顿含肉、鸡或鱼；(5)保持家里足够暖和；(6)一台洗衣机；(7)一台彩电；(8)一部电话；(9)一辆私家车。（European Commission，2009:19）

一种匮乏的形式可以被另一种匮乏的形式所补偿。

方程6.5意指一个"n中选1"的规则。这是一个最优值规则。人们可以看到总的可替代性是如何随m的下降而下降的。在欧盟和物质匮乏的例子里，随着匮乏项目的减少，越来越多的人被认为是缺乏物资的（这是第9章的核心内容，关于概念结构和经验覆盖之间的关系）。[①]

欧盟使用同样的"n中选m"策略将第二层维度聚合到"贫困和社会排斥风险"基本层次。如果一个人具有三个第二层维度中的一个，那么他将通过阈值并被认为处于风险之中。虽然我没有努力寻找，但我也没有看到之于物质匮乏的"9中选3"规则以及之于贫困与社会排斥风险的基础概念"3中选1"规则的任何正当性。

马克斯等人（Marks et al.，2017）用较高的阈值构建了许多"威权型政府间组织"。他们用7种特征定义了威权型政府间组织。一个政府间组织要满足7条里面的6条才能被收纳进去。因此在数百个候选的政府间国际组织里面最终只选出了70个。如果采取"n中选n"规则，那么就到了光谱的最弱联系原则那端：每个特征都是必要的，而且它们合起来对于最后被收纳是充分的。

连接"n中选m"聚合规则和最优值的方式是通过常见的模糊逻辑"或-并集规则"：

$$C = \min(1, \sum_{i=0}^{n} D_i), \ D_i \in [0, 1] \tag{6.6}$$

这说明了求和如何符合最优值逻辑。这个机制是这样的：一旦有"足够"条件，那么将会跨过阈值且$C=1$。

这与用消费来衡量贫困的方式相似：把所有消费维度加起来，例如D_i，当其达到贫困线后（即方程6.6中的1），即使所有值都在阈值之上，也是非贫困。

马奥尼和我用这个思想讨论了斯考切波的《国家与社会革命》的因

---

① 一个有趣的术语学例子，"严重"的物质匮乏需要满足9个里面的4个，而非3个（EU Social Protection Committee，2012）。

果逻辑(参见本书第一版第 10 章)。其因果逻辑是,需要足够"数据-指标"的因果影响才能够产生第二层变量——农民起义或国家崩溃。但是,针对不同案例,不同因果因素的组合对于产生高于第二层因果关系变量阈值的原因起了关键作用。

福利国家的概念说明了这个方法。要被认为是福利国家,没有任何一种服务是国家必须提供的,但是国家如果提供了"足够"多的服务,那么我们可以把它归于福利国家一类。从操作上来说,希克斯(Hicks, 1999)将一个 1930 年左右的福利国家定义为能提供以下四种服务中的至少三种的国家:(1)失业补助金,(2)养老保险,(3)健康保险,或(4)工人补偿金。

在决策的语境下,赫伯特·西蒙关于"满意度"的概念意指一个"充分"替代方案的阈值:

> 一个替代方案的"满意条件"……如果它满足所有维度的愿望。如果找不到替代方案,那就找新的替代方案。与此同时,沿着一个或多个维度的愿望逐渐下降,直到找到一个令人满意的新选择或一些现有的替代选择。(Simon,1996:30)

哲学方法中包含的阈值遵循充分条件逻辑。定性比较分析能被视为一种阈值方法论,这种方法论决定什么样条件的结合对结果的发生是充分的。

有一条经验法则似乎经常将定义特征的数量与可替代性连续统中家族相似性规则的选择联系起来。在实践中,当构成维度的数量比较少的时候,例如,2—5,那么将要用严格的最弱联系规则:必须要有全部的 n 个现有属性。但随着构成特征的数量上升,将允许一定程度的可替代性。人们可以看到这个逻辑。一个有着多维度并且使用最弱联系原则的规则最终可能把太多的例子排除在总体之外。人们可以通过允许较少的可替代性来放宽这个规则:马克斯等人(Marks et al.,2017)定义威权型政府间组织的"7 中选 6"规则说明了这点。

像图 6.2 和图 6.3 中阐明的那样，最优值和最弱联系都有阈值变量。这些阈值也能随着函数高于或低于阈值而变化。例如，人们可以看到高于或低于阈值的曲线函数变化（例如幂函数）。

阈值的高低取决于理论上的、实体上的、规范上的、因果关系上的以及经验上的考虑。阈值的选择通常将会影响因果推断和统计分析。我们可以认为增加的阈值是彼此的子集。具有高阈值的总体是低阈值总体的子集。

6.4 平均结构

聚合过程的中间层涉及平均值的变化。在许多领域（如全球指数），一些平均值便是常见的聚合过程。由于它们十分常见，我们将简要讨论。

和最弱联系、最优值一样，平均聚合是聚合过程中的一类情况。就广义平均而言，这是最好的想法。正实数 D_1，D_2，$\cdots$，D_n 的广义平均值被定义为：

$$C = \left(\frac{1}{N}\sum_{i=1}^{N}D_i^{\beta}\right)^{\frac{1}{\beta}}, \beta \in [-\infty, +\infty] \tag{6.7}$$

当 $\beta=1$ 时，这将变成简单平均值。当 $\beta=2$ 时，则将变成普通最小二乘法。

图 6.4 展示了两个最常见的平均聚合函数：简单平均和最小二乘法-欧几里得距离。

如方程 6.7 所示，$\beta=1$ 和 $\beta=2$ 在广义平均层的中间。就可替代性而言，它们既没有高也没有低的可替代性。极端的广义平均触及邻近的层级。当 $\beta=-\infty$ 时，得到最小最弱联系。当 $\beta=\infty$ 时，则得到最大最优值。因为二次平均（$\beta=2$）走向最优值方向，所以其在表 6.4 中的曲线高于平均的曲线（或者，当所有维度的值都一样时则相同）。

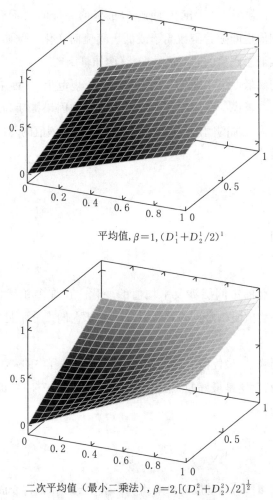

平均值，$\beta = 1, (D_1^1 + D_2^1 / 2)^1$

二次平均值（最小二乘法），$\beta = 2, [(D_1^2 + D_2^2)/2]^{\frac{1}{2}}$

图 6.4　平均概念结构与聚合函数

　　V-Dem 项目在对民主的测量中阐述了平均可替代性与温和可替代性的连接："假设行政长官和立法机关的选举在某种程度上是部分替代的，我们将两者取平均值。"(Teorell et al., 2019:79)

　　相反，很难在全球指数中找到学者倾向最优值方法的例子（例如使用 $\beta \geqslant 2$）。最明显的例子是 $\beta = 2$ 及它与最小二乘法的关联。事实上，当聚合被讨论的时候，通往 $+\infty$ 的选项作为多元选项在实践中根本不存在（与理论上可能的选项相反）。

对最小二乘法作为一项统计技术的担忧是"异常值"的影响。异常值在最后参数估计过程中有太多影响。这是因为，在向最优值移动的过程中，更大的值越来越多地替代更小的值并且对最后的值有越来越大的影响。虽然这在最小二乘法的语境下看似是负面的，但最优值逻辑认为这可能很有道理——这取决于概念的实质性内容。

毫无意外，不同的领域和传统对于聚合有不同的默认方式。当聚合被看作一种距离，那么欧几里得距离就变成了规范。这在政治科学关于理想点的评估中是真实的。欧几里得距离就是广义平均 $\beta=2$ 时的值，即 $C=(D_1^2+D_2^2)^{\frac{1}{2}}$。总体来说，这是个好例子，因为它把平均层和线性聚合联系起来。但这也强调了，欧几里得距离只是在最优值偏好评估文献中讨论的很多其他距离可能性中的一种。

讨论得比较少的是平均值背后的测量逻辑。当具有相同事物的指标时，平均值是有意义的。平均值基本上是单一维度的聚合操作，人们可以在潜变量方法中清楚地看到这一点。如果指标是不相互关联的，那么整个方法论就没有用。高度相互关联的指标被理解为一个概念的指标。[①]

一种理解平均值单维度逻辑的方法是通过测量的历史和历史中平均值的作用来理解。在经典的测量理论（例如在物理学）中，科学家尝试测量描述性特征的场景，例如星星的位置及亮度。问题是如何把这些测量聚合到对真实值的最佳估算当中。假设独立测量，统计学上的经典定理指出，独立测量的平均值是真实值的最佳估计值。

如果能测量天文学家的精确度，那么人们很自然地将会对更精确的观察给予更大的权重。在潜变量分析中，那些与未测量因素最相关的指标具有更大的权重。这是同样的逻辑。

一个重大的误解是，平均值执行"完美可替代性"。联合国开发计划署认为，"使用平均值可以在平均受教育年限和预期受教育年限之间实现完美可替代性"（UNDP，2018b：2）。"第二十份《人类发展报告》

---

① 有一类潜变量模型，指标被认为是原因，这种模型被称为"构成型"模型。在这里，高度关联将不再被需要。事实上，当指标间的关联度较低的时候，这些模型才被使用。参见第 2 章的附录。

介绍了人类发展指数的新版本。其主要改变是作者放宽了人类发展指数就其三个组成部分的完美可替代性假设。"（Ravallion，2016：85）在这些文献中完美可替代性究竟意味着什么是不明晰的。可替代性在连续统中是不同的：平均值在任何意义上都不是"完美的"，因为它处于可替代性连续统的中间。因已使用过"完美可替代性"这个术语，我使用"完全可替代性"这个术语。出于上面讨论过的理由，平均值事实上提供有限的可替代性。

在第二维度层次，人们通常渴望维度间的非冗余性。但是，对数据-指标层，我们想要的通常相反：我们想要多元、冗余的指标（冗余意味着高度相关）。在数据-指标层，我们通常是单一维度设定：我们想要单独的第二维度的指标。

当人们使用平均聚合，指标本身基本上是可替代的。当所有条件都一样时，指标越多越好，因为这会减少标准误。

这在潜变量测量方法中表现得最为明显。通常有许多潜在概念的指标，例如，关于政治家、选民或者法官意识形态的投票或调查问卷。这些指标没有一个是完全必要的，但是好的指标越多越好。其基本逻辑是，如果这些是同样事物的全部指标，那它们应该是高度关联的。

至于平均值在多大程度上对第二层指标的聚合是有意义的，这点仍然不清楚。定义的语义学核心是它们分别组成定义的维度。潜变量模型能被用于产生第二层维度，但是人们依然面临如何将不同的潜在第二层变量聚合进基本层分数里。

简要地说，平均值和线性（欧几里得）距离和线性语义转换都属于一切密切相关的技术，用于思考概念、聚合和测量。它们可以且通常被用于跨多个维度或指标的聚合。

6.5 结论

本章提供了用于构造概念的三个主要聚合类的概述。图 6.5 对三

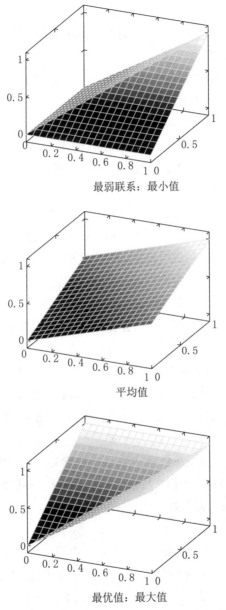

图 6.5　概念结构的三个层次：最弱联系、平均值、最优值

个概念结构层级进行了详尽比较。当所有观察值都相同时（即在对角线上），那么三者相交，最大值、最小值和平均值具有相同的值。该图表明，随着观察开始发生变化，这些聚合开始发生分化。虽然在图中没有那么明显，但平均值平面穿过最弱联系的顶端和最优值底端。它确实是在其他两类的中间。

最弱联系和最优值（图 6.2 和图 6.3）同样说明了它们可以有阈值版本。全球指标领域通常使用基于总和的最优值阈值函数，这产生了一个天花板。最弱联系函数并不常见，但说明了一个底端阈值。

不同的实体领域和学术科目——哲学、政治科学、社会学、心理学、经济学——对于就概念结构而言什么是有意义的，具有不同的规范。这很大程度上取决于相关概念的实质特征。我历经数年发展的实践探索了各种各样的问题，并且说明了方法的多元性。

在基本框架里，不同的层级使用不同的概念结构。例如，在数据-指标层的最优值、在第二层的最弱联系以及在这两层都出现的平均值。实践中，一些组合表现得特别受欢迎，且比其他组合更有意义。例如，第二层是最优值而数据-指标层是最弱联系的组合对概念来说是罕见的（第 10 章简要地讨论了这种在定性比较分析中是标准的结构的因果关系模型）。[1]

关于概念结构以及不同层次上的聚合，只有少数的总体趋势能够被描述。在第二层维度（语义、本体论层），两个最清晰的聚合技术和最合适的结构是最弱联系和最优值。这两者都应用冗余性准则和完整性准则。

相反，平均聚合层在数据-指标层更有意义。在数据-指标层，研究者很显然是在寻找一个第二层维度的多元指标。在数据-指标层，第二种十分普遍的方法是使用最优值-阈值聚合技术。相反，最弱联系在数据-指标层并没有多少意义。

基本框架中全部使用平均值也并不少见。从语义和本体视角来看，这明显反映出对概念的语义及其与聚合和概念结构的关联缺少严肃的反思。这个实践几乎总是说层次不是真的非常重要，因为平均值

---

[1] 伍特克等人（Wuttke et al.，2020）就民粹主义的概念问题提供了一个很好的分析，这通常使用必要充分条件来概念化并且使用不同的潜变量模式来测量。尽管他们分析的动机和我一样，但内容却差别较大，并且提供了一个好的补充。

自始至终被使用。

多维贫困指数（Alkire et al.，2015）说明了数据-指标层阈值-最优值的自然使用。十个核心指标里面的每一个都有着许多低级层次的指标，这些指标通过逻辑上的"或"、最大值、最优值聚合起来。十个核心指标本身合起来提供基本层指数。我们看到最优值的两个变量——最大值和总和——在一个概念和测量结构内使用。

应该强调的是，存在一些普遍趋势，也存在一些例外。最大的警告是，在实际上其他东西更有意义时，不要轻率地、默认地使用平均值。

本书第一版提供了聚合决定如何在因果分析和统计分析中扮演关键角色的几个例子。有一章是讲民主和平论的，通过平均值和几何平均值，从最弱联系到最优值考虑聚合选项。在这些文献里，大多数人被狄克逊（Dixon，1994）说服，当时他主张最弱联系聚合以建立两国间关系的民主价值。这里的聚合问题是把两个国家的民主分数结合进两国的关系变量里。狄克逊提出了一个应该使用最弱联系的有力的理论观点。第一版的相关章节探索了这些自变量的聚合决定如何能并且确实影响了经典自由和平分析的统计学结果。

第一版的另一章研究了聚合决定对国际争端严重性因变量的影响。通常，聚合决定产生子集关系。这里的经验案例探索了选择一个更具限制性的因变量概念化的程度，朝着最弱联系方向，改变了更向着最优值方向概念化的结果。这产生的效果与选择因变量相似。

随着从最弱联系到最优点的移动，统计结果能十分迅速地改变这两样的设定。因此，概念结构决定位于绝对中心并且将会对统计分析和其他经验分析（既对因变量，也对自变量）有重大影响。

下一章将致力于解释概念结构和聚合对所谓经验覆盖的影响。经验覆盖意味着概念中非零成员的案例数量。使用同样的数据，如果使用最弱联系结构，将会有更少的经验案例。因此，对世界的经验描述能在很大程度上取决于概念结构。

最后，概念结构的选择有很大的规范意涵。如果一个给定的维度具有规范的重要性，那么它在概念结构中几乎确定是必要条件。相反，如果某个给定维度有替代品，那么，它的重要性就会下降。和平均层相反，其他两个层次对个别维度和指标的权衡明显不均衡。这可能受到诸如贫困等规范性关切的驱动。相反，相同处理意味着其他层次的概念结构。简单来说，选择一个特定的结构是在做一个规范选择：没有"客观、中立"的概念结构。

如果认为人们可以提出涵盖概念的规范性、描述性和因果性用途的一般性建议，那将是愚蠢的。更重要的是，人们应该建构在特定的实质、因果、经验和规范背景下有意义的概念和聚合规则来使用。人们需要严格地检查默认值和标准操作过程，以了解它们是否符合概念化和测量的核心标准。

7 灰色区域与混合概念

7.1 导论

第 3 章强调,概念化应当包含灰色区域。虽然二分法可能出于实用性原因(如案例选择),但在默认情况下,概念中通常应该包含灰色区域。一旦灰色区域存在,它就会成为一个理论和经验分析的对象。本章探讨了灰色区域概念的本体、语义、结构和测量问题。[1]

混合概念通常与灰色区域概念密切相关。本章所讨论的"混合"有两种基本形式。第一种形式是语义的混合,这意味着两个或者多个语义域被用来构造定义属性的列表。作为文化理论与后殖民理论的融合(例如,Kraidy,2005)或批判和平研究中国际层面与国内层面的交互(例如,Mac Ginty,2010),混合性在人类学和文化研究中被广泛讨论。本章以同时具备专制政权特质和民主政权特质的混合政治体制(如竞争性威权体制)以及议会制-总统制混合的"半总统制"为例进行讨论。

---

[1] 学者思考灰色区域的一种方式是通过"减弱的亚型"来研究。对学术术语的重视有助于揭示问题。这些术语有三个主要问题:(1)减弱的;(2)从属的;(3)类型。正如第 8 章详尽探讨的那样,名义类型学的使用在许多层面上是存在问题的。如果遵循将重要定义概念化的准则,"灰色区域"并不是一个"子"类型,而是一个独立概念。同样的问题也出现在"减弱的"一词中。例如,"灰色区域"比专制更为民主,但是较完全民主要稍微差些。使用这个术语可能是"增强的专制",也可能是"削弱的民主"。简言之,"减弱的亚型"的方法论在许多层面上是有问题的。我没有在本书中继续讨论它。有关它的论述,可以参见本书第一版。

本章认为，灰色区域和混合概念之间有着紧密联系。然而，这并不是一种对称的关系。灰色区域概念通常是混合概念，混合概念在一个概念对的极点上是理想的类型。简言之，灰色区域通常意味着一种混合概念结构，但是其含义并不指向另一个方向。

当灰色区域处于概念对中间时，它的混合性尤为明显。本章的一个核心例子是"半总统制"。它是议会制与总统制的结合，并构成了一个概念对。半总统制具有概念对两端的特征。这便是为什么灰色区域通常是一个混合区域：它结合了概念对两端的一些特征（不过不是所有特征）：

> 如果我们将议会制和总统制政府看作韦伯式理想类型，我们必须认识到，有许多政权既包含一种政权的某些成分，也包含另一种政权的某些成分，因此是混合的。但是，并不是所有这些元素的组合都能使一个政权成为"半总统制"，除非这个术语仅是"混合"的同义词。（Shugart，2005:32）

灰色区域是理想类型中间区域：

> 我们将具有普选总统的国家划分为三种政体类型的一种。这三种政体类型体现了总统权威的根本差异：议会制（有较弱的总统制）、混合型（具有相对权力的总统制）和真正的总统制（有权力的总统制）。从议会制到混合型，再从混合型到真正的总统制，总统的权力是不断上升的。总统权力变化指数揭示了每一种不同制度中总统权力规模的变化（尤其是真正的总统制），这是在以前的三分法中被掩盖的。（Hicken and Stoll，2012:299—300）

因此，议会-总统制在总统权力上是不同的：从单纯议会制时总统权力为零，到总统制时总统有额外的权力。[1]

---

[1] 埃尔吉有同样的观点："有第二种概念上的争论。基于标准的后迪韦尔热定义，即使是最基本地浏览一下这些实施半总统制的国家的名单，也会发现有一些总统非常强势的国家（如俄罗斯），也有一些总统非常弱势的国家（如斯洛文尼亚），还有一些总统相对强大但权力有限的国家（如罗马尼亚）。"（Elgie，2016:52）

第二种类型的混合包含结构上的混合。先前章节集中谈论同质性聚合操作。本章将结构性混合定义为不同聚合技术的混合。这可以是在第二层或数据-指标层不同的聚合技术。它也可以意味着，一起使用"和"与"或"或者一起使用乘法和加法进行聚合。

就概念结构而言，《精神障碍诊断与统计手册》（以下简称《手册》）提供了许多混合概念。虽然我并没有基于此做一个系统的分析，但是在《手册》中，一种疾病有一定数量的必要症状，然后用一个"n 中选 m"规则确定精神障碍的阈值。

灰色区域概念和混合结构自然地结合在一起。《手册》中提供了一整套例子，其中正极——一种精神障碍，是以一种混合的方式被概念化的。这将是一个用来解释混合结构不一定暗示灰色区域概念的重要例证。

除讨论灰色区域，本章会继续先前一章关于概念结构和聚合的讨论。我们假设了前一章所讨论的不同概念结构和聚合技术的特点的基本设想。

关于灰色区域一个有趣的特征就是在定义性列表中关于否定的广泛且正常的使用。这一问题的出现主要是因为，从定义来看，灰色区域并不是一个正极或负极的"和"。灰色区域概念通常是混合结构，因为在两个"非"之间，我们可以使用家族相似性结构。

虽然人们通常用混合概念结构来思考灰色区域，但有时并不一定需要这么做。在每一个聚合类型中，人们可以为灰色区域设定标准。例如，使用充分必要条件，灰色区域会在一些必要条件不存在而一些必要条件存在时出现。又例如，如果一个"国家"有三个必要条件，那么当一个（但不是所有）必要条件缺失时，就会出现灰色区域国家。如果失去了领土控制的定义性特征，那么，国家便成了仅仅是法律意义上的国家。如果一个国家仅有领土上的控制但没有得到国际社会承认（通常指不被联合国承认），那么这样的国家便是事实上的国家。所有这些缺乏一个必要条件的案例最终落入灰色区域。

第 3 章最为重要的准则是，如果研究在假设中使用了概念，那么这个概念便是正极的。例如，有许多关于竞争性威权体制的假设。在竞争性威权体制下，很多人认为它比专制或民主体制要面临更大的内战风险。理想情况下，混合概念的概念化通常被作为正极来代替两极之间线性内插值。简而言之，第 3 章中的准则均可以被应用于灰色区域概念中。

虽然我将灰色区域与混合概念联系在一起，但这是两个独立的问题。我们需要在概念建构工具中添加混合结构。虽然到目前为止最常见的做法是对给定级别上所有属性使用相同的聚合规则，但应该始终注意混合结构的可能性。在各种情况下，混合结构在处理理想类型的概念化方面是很好的选择。例如，较低民主水平需要有一系列必要条件以及许多以家族相似性方式以达到更高水平民主的条件。这便是《手册》中所使用的模型。另外，基本框架提供了一种思考结构性决定的指南。

7.2　什么是混合概念？

7.2.1　语义与术语

混合性的一种形式是从两个不同语义范围内提取特征并将它们相结合。简言之，它是用连字符连接概念的重要形式，因为这些术语通常包含对两个概念的引用。一个标准的案例便是竞争性威权体制。"竞争性"代表民主的竞争性选举，"威权"代表非民主的专制体制的特征。

当使用连字符概念，便涉及如何将连字符两端的概念连接在一起的问题。第 3 章讲到当形容词被用于强调或者减弱某一概念时的处理方式。例如，有的概念包含"非常富裕"的国家的假设。"……的质量"等概念被用于在理想类型方向将正极推向更远。运用灰色区域中连字符的概念，其作用向相反方向发展：连字符将概念向中间推移。

我有时候不禁将混合的连字符的概念称为矛盾概念，因为它们也包含了语义上的反义，如竞争的-威权的。我们可以用远离正极的术语来理解这一点。在自然语言中,这是非常重要的一部分。例如,"温水"就可以被定义成"热水"和"冷水"之间的概念。我们也可以使用一个独立的术语来表示这种灰色区域,如"不热不冷的水"。

当思考灰色区域中从正极向中间区域的移动时,"温水"便是一个相关案例。我们有"温热"这个术语,却无"温冷"这一术语。一个可能的灰色区域"民主"的术语使用了"不自由的民主"来作为替代。

涉及概念对的另一个有趣现象是选择概念对的哪一端进行混合。本章及类型学章节中最为重要的一个例证是议会制-总统制概念对。人们如何称呼混合体制呢? 标准术语叫作"半总统制"。另外一种选择便是选择议会制这边,并造出一个"半议会制"术语,虽然没有人这么做过。

在消极和平灰色区域,事情会变得更糟。在这里,人们选择了"战争-和平"概念对中的和平一方。从概念上讲,选择"和平"一方是对"战争"一方的否定。基于现有的选择,更为确切的术语应该为"消极的战争"。

第3章关于术语的规范在灰色区域变得更为重要。有时,这些概念呈现出对称性(如竞争的-威权的),但有时候它们是非对称的甚至具有一定的误导性,如"消极的和平"。

证明概念出现问题的信号是人们讨论要使用的实际术语。在灰色区域,这个问题更加严重。有时候,灰色区域并未作为一个概念独立出现,因此,有时人们并不清楚如何称呼它。

7.2.2 混合结构与聚合

讨论混合结构的起点是通过"混合"的相反面。结构上"同质"的概念对整个概念结构使用相同的构建和聚合方式。第2章中的诸多案例从实践上解释了这一点。例如,在数据-指标层及第二层使用平均值是非常正常的操作。通常,当金钱是衡量标准时,学者们通常在两个层级上求和。从结构层面来看,这些均是非混合概念。

如果人们思考不同概念结构和聚合,灰色区域将以不同方式存在,这取决于聚合结构的性质。

《手册》提供了当混合聚合结构十分普遍时的处理情况。这时完全可以兼容以下的理想类型准则。例如，精神分裂症在《手册》中这样被定义：(1)错觉；(2)幻觉；(3)言语无逻辑(例如言语经常脱轨或不连贯)；(4)极度混乱或紧张的行为；(5)负向性症状(如减弱的情绪表达)。

以上两种或两种以上症状必须在一个月内出现。(1)(2)(3)中至少有一个现象是必须出现的。如果一个人有所有症状，那么，这便是最为严重的精神分裂症。《手册》中的案例揭示出，虽然灰色区域经常使用混合概念结构，但人们也可以在正极上使用它。

一般来说，这样一种混合的灰色区域有以下情况：(1)其中一个必要条件是缺失的，但有利条件是存在的；(2)必要条件是存在的，但有利条件并不足。

"n 中选 m"规则产生了一个非常自然的灰色区域。在这一灰色区域，其中的一些特征是存在的，但并不足以通过充分性界限。灰色区域的范围从 1 到 $(m-1)$，均低于 m 这一充分性界限。

本章讨论的重点是结合逻辑词中的"和"与"或"的混合词或结合求和与乘法的线性代数。这些可能是最为简单的混合词。它使用聚合类来定义结构性的混合。为此目的，结构性的混合使用了两个或多个不同的聚合策略。典型案例是在基本框架中同时使用逻辑词"和"与"或"。

这些可以用于理想类型的概念化，但我在这一章中关注的是它们与灰色区域概念的密切联系。

7.3　灰色区域里的不一致

当对不同概念和测量方法进行比较时，相关系数通常被用于评估相似性。这一过程往往大大低估了测量的不同之处。其中的一个原因是，在概念两端的观察样本比在中间的样本有更高的权重(用统计学术语来说,有更大的杠杆;Belsley et al.,1980)。由于这些概念和测量是明确的且很容易编码,它们在一些较为极端的案例上容易达成一致,同时在一些处于中间位置的案例上容易出现不同意见。那些在中间位置的点较为模糊,这使得它们非常难以归类和分类。

民主是一个在不同理论背景下[从转型民主国家的战争倾向(如Mansfield and Synder,2002)到成功民主转型(如 Linz and Stepan,1996)]灰色区域能够发挥很大作用的概念。

鲍曼等人(Bowman et al.,2005)重点针对五个中美洲国家(1900—1999 年)进行了民主研究和测量。他们的研究遵循传统的观点,认为大多数关于民主的测量都是高度相关的。这在大部分情况下是真实的,但并不适用于 20 世纪的这组国家。三个标准测量的相关性[政体数据库测量、万哈宁测量、贡肖罗夫斯基(Gasiorowski)测量]通常低于 0.50,只有一次高于 0.80。那么,如何解释这组国家-年份的民主测量指标之间的低相关性呢?

本章揭示了中美洲国家有很高比例的灰色区域案例。对于"半民主"制度的讨论包含许多对个体案例的讨论。事实上,他们注意到以下几点:

> 我们有两种解释。第一,在现有量表测量下,高度一致性是大量稳定的专制国家和民主国家的产物。大部分先进资本主义国家是民主国家,而许多非洲和亚洲国家依然是威权国家,这一点毫无疑问。大部分案例的一致性增强了相关性,表明量表的可靠性比实际要高。第二,现有的指数对一组重要案例的事实判断有误,这些案例中有相当一部分国家的政权经常处于"炼狱"——这些政权往往具有不断变化的威权和民主特征。(Bowman et al.,2005:945—946)

当现有的指数搞错了事实时,其实是在暗示,这些并不是容易的案例,很大程度上,这些案例富有争议。

他们讨论了 20 世纪 20 年代到 30 年代初尼加拉瓜的例子。

20 世纪 20 年代到 30 年代初的尼加拉瓜······是一个既具有专政性质又具有民主性质的案例。政体数据库四把整个 20 世纪 20 年代到 30 年代初的尼加拉瓜的数据编码成至少是民主的数据，而贡肖罗夫斯基指数则将同一时期完全视为专制性质的。就其本身而言，万哈宁的量表将这段时期划分为在 1928 年选举之前民主水平非常低的时期，而 1928 年选举之后，半民主状态一直持续到 1935 年。（Bowman et al.，2005:947）

对于本章而言，尼加拉瓜是很不错的案例，因为在三种民主衡量标准中，对尼加拉瓜的测量的相关度是最高的。部分原因是，在 20 世纪的大部分时间里，尼加拉瓜显然是一个专制政权。人们可以怀疑，数据集之间的不协调会在 20 世纪 80 年代尼加拉瓜向民主过渡时再次出现。

当灰色区域存在相当数量的案例时，使用相关系数作为衡量相似性的方法可能会严重低估测量之间的差异。例如，使用政体数据库的民主数据，如果在极端值（即 -10 和 10）取得的案例占所有数据的 23%，同时用这些案例代替观察值之间独立的、随机的、统一的数据，那么，我们仍然能得到接近 0.50 的相关系数。简而言之，在灰色区域的测量之间可能存在广泛的分歧，人们仍然可以得到相当可观的相关系数。

假设这两种测量方法之间的关系类似于表 7.1（参见本书第一版第 3 章，以实际数据进行扩展分析）。两种测量方法在极端值上有较好的一致性，但在中间点上存在严重的分歧。但是，0.87 的高度相关性掩盖了两种测量方法之间的巨大差异。值得注意的是，量度 X_1 总是小于量度 X_2。这意味着，一个测量是另一个的子集，这可以解释成一个是更严格的量度。这将对因果推理产生重大影响。但是因为大部分观测值都处于对角线上，所以会得到很高的相关性。这个例子表明，中间区域可能不仅存在分歧，而且这种分歧有一个模式。[1]

---

[1] 特勒尔等人（Teorell et al.，2019）有一些案例，这些案例的一个测量值位于另一个测量值之下。这种情况的出现是不同聚合过程的结果，因为一些处理使用了最弱联系。

如表 7.1 所示的分歧模式表明,两种测量方法之间的方差随着一种方法从极值走向中间而系统地变化。方差的变化由两端的一致和中间的分歧所导致。

表 7.1　灰色区域中的系统性分歧

		X_2				
		1	2	3	4	5	6
X_1	0	50	10	0	0	0	0
	1	0	50	40	40	0	0
	2	0	0	50	50	40	0
	3	0	0	0	50	40	0
	4	0	0	0	0	50	10
	5	0	0	0	0	0	50

图 7.1 比较了政体数据库中(Jaggers and Gurr,1995)和某国际性非政府组织数据中(Karantycky,2000)民主的概念和测量,从而绘制了方差的变化。为做到这一点,我添加了该组织中的两个变量——"政治权利"和"公民自由",这两个变量的取值范围是 1—7,某国际性非政府组织的取值范围是 2—14。我将这两个变量转换为 -10 到 10 的尺度,这与政体数据库的量度相匹配(但是,某国际性非政府组织 2—14 的

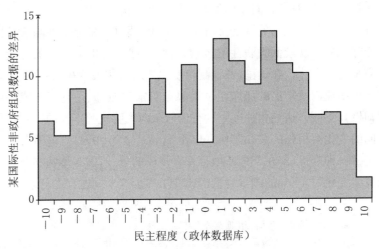

图 7.1　灰色区域中的方差和分歧

量度与政体数据库中－10 到 10 的量度之间没有很好的匹配）。图 7.1
给出了该组织针对所有案例的方差（在政体数据库中，这些案例只被
编码成国家-年份）。

在民主的极端值（例如，政体数据库的值＝10）中，某国际性非政府
组织的编码几乎没有差异(1.7)。当向中间的灰色区域移动时，该组织
对特定国家-年份编码的方差显著增加。当政体数据库的值＝9 时，方
差激增了 4 倍至 6.0。在竞争性威权政权的中间段，方差在 12—13 时
有一个极大的跳跃。专制国家的情况在方差为 6 左右时更统一，但仍
然与极端民主国家不同。简言之，对好的民主国家来说，政体数据库和
某国际性非政府组织间的数据存在相对共识。一旦移动到中间区域，
方差增加 8—10 倍。而在专制一端，方差下降了近 50%，但仍然存在
极大的不一致。①

另一种看待灰色区域民主编码不一致的方式是在民主数据中比较
政权改变程度。可以想象，大部分转变发生在灰色区域。可能那些极
度专制或民主的国家的改变要小于那些处于中间的国家。伯恩哈德等
人（Bernhard et al.，2007）利用不同数据库考察了对变化进行概念化
和编码的不同方式。他们在分析所有这些民主措施的相关性时发现，
所有这些都高度相关。"我们检查了民主指标之间的两两相关性，它们
都强烈相关。相关度最低的也有 0.886。"（Bernhard et al.，2017:953）

然而，一旦我们转向政体类型变化之间的关联（无论向民主还是专
制方向），这些高度相关性便会消失。特别值得注意的是那些与灰色区
域相呼应的呈现较低关联性的区域，这些区域呈现出不完全的专制或
不完全的民主化。在这里，各种测量变化之间的相关性在 0.1 到 0.3 之
间。正如他们所指出的那样，"尽管起点非常相似，但是它们生成的变
量却极其不同。这些相关性中没有任何东西表明这些不同的民主指标
之间的变化有很强的关联"（Bernhard et al.，2007:954）。这些分析支
持这样一种观点，即在灰色区域存在大规模的分歧，因为事物在灰色区
域发生变化时，不同的测量对它们改变了多少这个问题存在分歧。

---

① 我将此作为重新评估普沃斯基等人（Przeworski et al.，2000:58—59）观点的一个
练习。他们认为，如果误差遵循图 7.1 的方差，且民主和专制的相切点为 0，那么，他们的民
主二分法编码产生的错误比连续性测量产生的错误要少。

本章和第 8 章讨论了议会制-总统制概念对以及处于中间位置的半总统制。这两极十分明显,但中间存在巨大分歧:"从这些数字中得到的推论是学者对总统制和议会制的理解并不像人们所期待的那样一致。事实上,分歧的主要来源与学者们如何对待处于中间的案例有关。"(Cheibub et al.,2013:527)

总体来说,尽管各种民主数据集之间的相关性很高,但是在灰色区域它们之间的相关性较低,最好的时候,其相关性也很平平。这说明,任何聚焦灰色区域的分析都很可能在很大程度上依赖于所使用的特定测量。

7.4　灰色区域的线性插值法

思考灰色区域的常见方法是将其视为正极和负极之间的线性插值。图 7.2 中的对角线给出了线性语义转换的方式。灰色区域在中间某个地方,且由两端的线性插值决定。

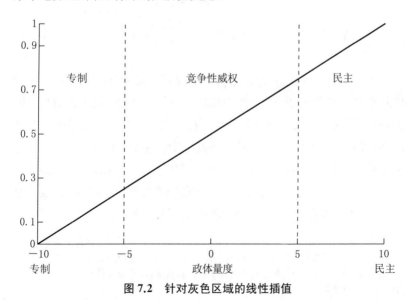

图 7.2　针对灰色区域的线性插值

当假设集中于灰色区域且二分变量被使用时，在－5 到 5 处的垂直虚线代表共同的边界。[1]当研究冲突问题的学者使用政体数据库的数据测试不完全民主国家内战倾向的假设时，他们通常选择－5 和 5 来定义灰色区域，并建立两个哑变量。[2]

插值方法并没有将灰色区域作为其本身的语义和结构区域。它违背了理想类型准则。因此，虽然插值在实践中很常见，但一旦我们专门研究灰色区域的语义内容，混合线性插值作为一种概念和测量方法便不再有意义。

7.5　灰色区域和混合概念

本节和以下几节讨论灰色区域概念化的方法问题。这意味着需要思考灰色区域的意义和语义以及可能用于这些概念的正式数学结构。作为案例，我使用民主-专制概念对的灰色区域。

通过否定来定义和概念化这个区域是方法之一。

> 灰色区域被定义为非正极"和"非负极的集合。

第 3 章认为，通过否定来进行概念化并非是个好主意。灰色区域便是概念化包含了"否定"的严肃使用。当学者有关于竞争性威权体制的假设时，这些假设通常如图 7.2 一样被分成三部分。竞争性威权体制通常以"非民主'和'非威权"来被概念化。这是必要条件和充分条件概念结构的另一种用法。这是灰色区域概念化的开始，因为它需要其他的定义性特征。顺着这个比喻，"非白"和"非黑"对于灰色来说是必要的，但不是充分的（因为其他颜色也不是非白非黑）。

---

[1]　这些边界来源于费伦和莱廷(Fearon and Laitin, 2003)关于内战的分析。

[2]　另一种选择是使用连续的政体数据库的数据变量，并通过包含一个二次项来假设一个 U 形关系。

　　方法论和语义学的核心是,虽然并非完整的方法论,但使灰色区域概念化需要考虑"非正极"和"非负极"的意思。灰色意味着"非黑"和"非白"。

　　使灰色区域概念化的第一步是在灰色区域的其中一端建立边界。灰色区域概念有两个必要条件:非正极和非负极。这里并没有特别说明正极和负极是如何被概念化的,它们可以通过家族相似性来完成。关键在于,不在两极是灰色区域的必要条件。

　　使得灰色区域概念化需要避免图 7.2 中的明晰边界。图 7.3 描绘了为灰色区域概念进行语义转换的方式。

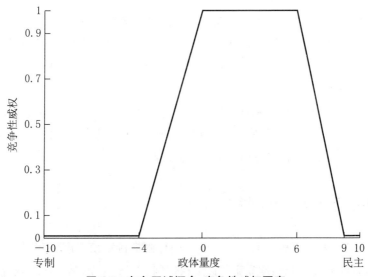

图 7.3　灰色区域概念:竞争性威权国家

　　划分区域没有理由需要对称或设置语义镜像。这在图 7.3 中十分清楚。政体数据库中的民主-专制概念不是对称的:它严重偏向专制的一面。所以,虽然概念有可能是对称的,但最好假设它不是,且最好分开考虑每一个边界的状况。这便引出了关于灰色区域概念的第一个准则:

　　灰色区域准则 I:分别地、独立地对白与灰、黑与灰的界限进行概念化。

例如，对于竞争性威权体制来说，我们需要分别对竞争-威权与专制以及竞争-威权与民主的界限进行概念化。

概念形成最重要的准则之一是通过理想类型进行概念化。乍一看，将灰色区域的理想类型进行概念化似乎有些矛盾；事实上，这是可能的，且是一个好主意。在标准的模糊逻辑语义图（如图7.3）中，梯形的顶部是灰色区域的理想类型区域。

消极和平的例子说明一些术语是如何被轻易引到错误的方向。尽管它的名字叫消极和平，但实际上在标准用法中它相当于负面战争的意思。一旦人们意识到，消极和平的意思是在积极和平与战争之间，那么消极和平实际上是"非积极和平'和'非战争"。

思考该问题的方法是遵循灰色的比喻。理想的灰色区域是黑白相对平衡的地方。在竞争性-威权性中意味着威权性、民主性特征的相对平衡。用一个生物学比喻来看，它是父母双方之间具有某种遗传平衡的杂交后代。

使用模糊逻辑语义，这将不是一个点，而是一个相对平衡的区域，比如40%—60%的范围内。这就产生了一个梯形的隶属函数，如图7.3，它构成了思考灰色区域概念的默认值或起点。

7.5.1　在边界之间的概念化

虽然人们对从一个或两个例子进行概括持审慎态度，但我的直觉是，有许多方法能够形成竞争性威权体制。一般来说，数据集在灰色区域编码上经常不同的一个原因是其中有很多属性配置。使用政体数据库中的民主-专制概念，在极端值下，只有一种完全民主或者完全专制的方式，但有许多将国家置于民主、专制中间的结合的方式。

人们在关于总统制-议会制概念组合的文献中以及处于中间的半总统制概念的文献中看到了完全相同的现象。在这些文献中，人们讨论了半总统制各种不同的配置。这正是因为，这些配置结合了总统制和议会制的不同特点。

列维茨基和韦（Levitsky and Way，2010）利用竞争性威权的概念很好地说明了这一点(注意他们书籍的副标题是"冷战后的混合政权")。值得注意的是,他们对威权主义和民主的概念化要比对竞争性威权体制类型的概念化短得多。

符合下述条件的案例能够被定义为竞争性威权体制:

(1) 完全威权主义标准尚未达到。

(2) 存在广泛的成人普选权。

(3) 民选政府权威并不受非选举产生的"监督"权力的限制。

(4) 至少要满足以下标准之一:

a. 不公平选举:下面任何一项指标足以证明选举是不公正的……

b. 侵犯公民自由:有下列任何一个迹象的被视为对公民自由的侵犯……

c. 不平等的场域:下面任何一项指标足以证明竞争的不公平……

(Levitsky and Way,2010)

以上定义是积极的和消极的特征的混合结构。例如,它包含了带有积极的"成人普选权"的不完全威权主义。

它是一种混合结构,前三个要素都是通过"和"来连接。紧接着它跟着家族相似性结构中的"或"("至少其中的一个……")。基本的混合结构可以被当作一个灰色区域概念中的初始默认结构,

$$X_1"和"X_2"和"X_3"和"(Z_1"或"Z_2"或"……"或"Z_n) \qquad (7.1)$$

以上等式是一种混合结构,这是因为它是"和"与"或"的结合。也可以用×代替"和"、用+代替"或",从而方便地生成一个线性代数。

等式7.1家族相似性中"或"的部分有三个主要的分类:(1)不公正的选举;(2)公民自由的侵犯;(3)不平等的场域。围绕这三个角度共有11个标准。如果我们把这11个标准看作相等的,一个理想的竞争性威权体制可能被定义为拥有4—6个标准。那些只拥有1个标准的制

度是在民主这端较弱的竞争性威权体制，而拥有 10 个标准的制度是在专制端较弱的竞争性威权体制。

家族相似性中的"或"提供了一个政权可以是"不民主'和'不专制"的多种方式。竞争性威权体制的国家构成是民主和威权特征的不同组合。

如果要寻找灰色区域概念的模板，等式 7.1 便是一个。粗略地说，人们使用必要条件来处理边界定界问题，然后在边界内使用家族相似性结构。

等式 7.1 描述的混合结构在《精神障碍诊断与统计手册》（以下简称《手册》）中十分常见。这种混合结构在《手册》中被用于理想类型精神障碍的表达。区分这种理想类型的使用及其在灰色区域中使用的关键是，必要条件通常是概念对的极点的否定。所以，必要条件和极点的否定的结合构成了一个为灰色区域制作混合概念结构的通用方法。

这便引出了针对概念对的灰色区域概念化的一般准则：

灰色区域准则 II：应包含概念对中每一个概念的特征。

这就是为什么灰色区域经常是混合的：它结合了概念对中每一个概念的特征。

半总统制文献提供了两极之间平衡的范例。每一极的特征都被用于中间的灰色区域。虽然名字和术语可能建议偏向总统制一方，但实践中它们是平衡的，并且学者们认识到，制度偏向于一极而不是另一极是有一定范围的，理想类型是两极类型的相对平衡。

利普哈特（Lijphart，1984）认为，总统制应具备三个条件（虽然其他条件也与总统制政府相关，但并非必要）。利普哈特提出的三个条件是：行政长官（1）不依赖于立法信任，而是有固定任期；（2）由普选产生；（3）一人执政。在这里，我们也看到了一种混合的总统制概念。这是混合概念结构和内容不受灰色区域限制的另一个例子。

灰色区域概念中一个具有挑战性的特征是，它们经常在一个语义不平衡的场景中产生。我所说的语义不平衡是指极度专注于某一极，而缺乏对另一极的关注。民主的例子很好地说明了这一点。我喜欢的一个案例是"消极和平"。这个概念总是被概念化为"非战争"，偶尔也会被称为"非积极和平"。实践中（例如世界卫生组织）"健康"被定义为没有疾病（更有争议的是没有残疾，例如，耳聋被认为是不健康的）：它几乎没有积极的健康的定义性特性。①

　　理想情况下，人们必须认真对待有连字符的概念。从语义上说，竞争性威权（competitive-authoritarian）应该被写成"竞争性的威权"（*competitive*-authoritarian），这是因为此概念更多强调竞争性的层面。

　　本节概述了用于灰色区域概念的混合结构。等式 7.1 和图 7.3 的混合概念结构为对灰色区域概念进行概念化提供了一个很好的起点。

7.6　因果假设、研究设计和案例选择

　　在关于内战的文献中，当通过连续的政体数据库的测量检验有关竞争性威权体制的假设时，人们通常使用二次项来捕捉倒 U 形因果假设。倒 U 形因果假设和图 7.3 中的梯形并无太多区别。这表明，通过因果关系估计得到的倒 U 形曲线与仅对竞争性威权梯形变量进行单参数估计之间存在对比。这一章表明，对假设所讨论的内容有一个真正的衡量标准是更好、更直接的。图 7.3 中的灰色区域变量没有理由不能用于统计分析。

　　把灰色区域的因果假设从研究设计问题中分离出来很重要，尤其是针对比较和比较案例的建构。这涉及选择"非灰色区域"案例的类别或比较集。

　　研究设计的核心问题是建构控制组或负面案例。当概念处于正极时，控制组是相当直接的：它是对正极的否定。然而，用灰色区域概念

---

　　①　世界卫生组织官方将"健康"定义为"不仅为疾病或羸弱之消除，而系体格、精神与社会之完全健康状态"。事实上，所有这些指标或指数都与疾病有关。

建构的研究设计更加复杂。粗略地说，对负面的控制组有三个选项：(1)灰色区域变量有值为"0"的情况，即"非灰色"；(2)仅为正极的案例；(3)仅为负极的案例。针对竞争性威权体制来说，控制组应该是(1)高质量的民主国家，(2)高质量的威权政体，还是(3)都包含呢？

　　默认的做法是对灰色区域进行否定，这意味着在比较组中包括正极和负极的情况。这并不总是正确的或最好的选择。从本质上讲，对照组有许多异质性问题。想象一个标准的统计分析，其中灰色区域变量为 X_1。为说明这一内容，让我们使用一个常见的假设，即竞争性威权体制更容易发生内战。其问题是，比什么更容易？正如文献中所理解的那样，它比民主国家或专制国家更容易发生战争。

　　在该案例中，背景讨论清楚表明，灰色区域与某一边的概念形成对比。然而，也许在某种情况下，对比主要是在一个方向上。在这种情况下，统计结果不能提供任何信息。很有可能是那些无关紧要的极推动了结果。[①]

　　综上，第三个准则是：

　　　　灰色区域准则 III：在因果推断的环境中（例如统计分析），必须明确考虑和证明控制或比较案例。

　　例如，对于被分析的人群，包含一个灰色区域和一极作为对比是有意义的。包括其他极点可能会使结果更难解释，且会把不相干的案例变成因果对比。

7.7　结论

　　本章介绍了灰色区域和混合概念的方法论。这两个主题在概念化

────────────

① 这个"与什么相比较"的问题将在第 8 章再次出现，因为在名义类型学中，比较组通常是多重且不明显的。

和测量的文献中是不存在的。本章对概念化-测量的核心层面的方法论进行了初步思考。

就像基因工程师从不同的植物和动物中提取基因以建构和设计新的生物实体一样,对那些建构概念的人来说,思考做同样的事情是有用的。在基因工程中,不能保证最终的结果会更好,但也不能确定最终结果会更糟糕。

本章介绍的默认的混合概念结构(如等式 7.1 和图 7.3 所示)提供了思考灰色区域概念的起点。它明确了灰色区域的界限。此界限是渐进的且不突兀(即不是二分的)。通过使用家族相似性策略来定义完全成员的阈值,混合概念结构包含了不同类型的灰色区域。

混合结构对于概念和测量的基本框架至关重要。一旦人们在不同层面使用不同的结构,概念多层次性就变得十分重要。我的建议是在第二层使用最优值或最弱联系,在数据-指标层使用平均聚合。但一切要从混合概念测量结构开始。

等式 7.1 和图 7.3 是起点。更多的要从思考针对灰色区域和混合概念的可替代的概念结构来展开。

虽然我将灰色区域和混合概念放在一起处理,但它们是独立的、方法论的、理论的议题。人们可以很容易地针对理想类型使用混合概念结构。在哲学方法上,我们可以将灰色区域定义为缺少一些但不是全部的必要条件。类似地,可以考虑所有聚合类型的灰色区域,但是要审慎考虑。它的边界是什么?理想类型灰色区域的案例有什么?一旦人们开始问这些具体的问题,利用线性插值构造灰色区域就是一个糟糕的答案。

更重要的是,灰色区域在许多研究背景下是关键的经验现象。通常只有在概念和数据到位的情况下才能够进行研究。我希望这章能够鼓励那些对灰色区域感兴趣的人来概念化、测量以及系统收集数据,更不用说发展它们的因果理论了。

8

类型学

在一本年代久远的古代中国百科全书上将动物分为:(1)属于
帝王的动物;(2)防腐处理的动物;(3)被驯化的动物;(4)乳猪;
(5)美人鱼;(6)传说中的动物;(7)流浪狗;(8)未被包含在以上分
类中的动物;(9)数不清的动物;(10)用非常精细的骆驼毛刷绘制
的动物;(11)其他动物;(12)打碎花瓶的动物;(13)从远处看像苍
蝇的动物。

——豪尔赫-路易斯·博尔赫斯(Jorge-Luis Borges)

8.1 导论

类型学广受欢迎,在质性研究中十分常见,在一些研究领域(如安
全研究)也无处不在。

我将类型学定义为一组概念。[①]因此,其他章节关于概念方法论的
讨论与此直接相关。本章的分析是本书中呈现的概念方法论的直接
结果。

[①] 本章讨论概念性的类型学,而不是因果性质的类型学。我们经常看到通过 2×2
表格构建的类型学。特别是,如果只关乎类型学本身的讨论,我们有时并不清楚行与列之
间是否存在因果联系。当存在多元统计分析时,这一点十分明显。而在其他情况下,这一
点较不明显。在概念性的类型学中,行与列之间没有因果关系;它是本体论的、定义性的
类型学。

构建类型学有两个几乎没有争议的规则：

> 如果类型学要满足标准分类尺度的规范，那么每一个子集应
> 该是互斥且完全穷尽的。为了分类目的，这些双重标准必须被满
> 足；否则，一个给定的观察案例能适合多个子集，或对任何子集都
> 不合适。（Collier et al.，2008:157）

尽管类型学和这些标准的方法论规则广泛流行，但本章仍有以下
论述：

> 对于创造类型来说，标准的互斥和穷尽规则是有缺陷的。

这意味着，基于这些标准创造出的类型是有问题的。

这些说法会引起争议。我通过格迪斯专制体制分类的数据来阐释
标准的类型学方法论的结果（Geddes et al.，2014）。人们可能会说，不
能只根据一个例子就抛弃类型学的雏形。但是，本章认为，通过使用互
斥和穷尽规则来构造类型时，许多问题会不可避免地出现。

除专制政体的类型，我将被称为临床心理学和精神病学圣经的《精
神障碍诊断与统计手册》（以下简称《手册》）作为第二个例子来说明不
同问题背景下许多同样的问题。《手册》是本章中关于精神疾病类型的
权威参考。我们将看到遵循两个标准规则和精神障碍现实之间的紧张
关系。

很多关于专制政体的研究都考虑了专制政体类型的划分。其中最
重要和最早的文献是林茨关于威权政体类型的划分（Linz，1975）。所
以，虽然我关注格迪斯类型学及其数据，但关于以往类型学研究的批评
适用于专制政权类型划分的所有文献。我使用威克斯专制政权类型划
分（Weeks，2014）来阐释名义类型和偏序类型的潜在混淆，以及通过
部分偏序类型进行统计分析时的潜在问题。

《手册》与其他疾病分类系统一起（例如世界卫生组织国际疾病分
类，参考网址：https://icd.who.int/en）阐释了为什么类型学思考统领

了精神健康领域的理论与实践。将一个人划归到某一种类型有切实的需要（例如医疗保险等）。《手册》是一个很好的案例，因为我找不到用于构造这些精神障碍方法论逻辑的正当理由。概言之，《手册》使用了带必要条件的"n 中选 m"规则。因此，大多数精神障碍构成了本书所言的混合型概念。

在名义类型和带有基本维度的概念对之间存在强烈张力。人们可以选择名义类型或将其思考为带有基本连续统的概念对。例如，在民主框架下，一个标准类型学便是(1)议会制；(2)总统制；(3)混合型或半总统制。我们应该把它看作由三部分构成的名义类型，还是应该把它看作议会制、总统制在两边而混合形态在中间的概念对呢？我认为，上述情况不是一种名义类型学，最好应该将上述情况理解为带有混合型或半混合型灰色区域的总统制-议会制概念对。

类型学有两种形式：一种是名义类型学，一种是偏序类型学。本章以名义类型展开论述，然后过渡到对偏序类型的论述（偏序类型可能到最后会转变为定序类型）。这种分类很重要，因为两种类型很容易被视为两个概念，每个概念都有相互作用的基本维度。通过这种方式来观察，类型便消失了。

如果没有类型学，那应该如何呢？类型学是概念的集合。如果没有类型学，我们也建议关注那些形成和产生 2×2 表格的带有类型学特点的概念。这是我们应该采取的行动，类型学其实分散了对建构类型学概念的深入分析。如果你对作为专制政体的军事政体感兴趣，那么就对它做一个概念上的分析（包含对其原因和结果的假设的分析）。

8.2 范围问题

提出一个类型并记作 S（例如专制政权的类型或精神障碍的类型）是十分常见的。范围准则（见第 3 章）规定，应该给出被应用概念的相关案例的总数或范围。术语"……的类型"意味着 S 是一个范围。这可能是有问题的或带有误导性的。概念的范围(例如专制、军事政权或民主)都是"国家-年份"类型的。当然,也有许多"国家-年份"类型的概念中没有任何案例:关键它们是可以被编码的。

"……的类型"建立了第二层范围。如果有的话,这些观察结果实际上包含在数据集中。它是整体范围 S 的一个子集。例如,专制国家是所有国家的一个子集。

图 8.1 揭示了一个普遍问题。为了使这个问题更加形象,我们考虑格迪斯关于专制政权的类型。就图 8.1 而言,专制政权便是第二层范围。本质上,专制政权是独立于政权类型的所有国家-年份范围的一个子集。

对格迪斯来说,最关键的是从所有政权制度到专制政权的最初的二分法处理。如图 8.1 所示,这种二分法处理也建立了它的第二层范围:

> 当出现以下任意一种情况时,专制政权便产生了:
>
> 行政人员通过非民主方式获得权力……"非民主"被定义为除了直接的、公平的、有竞争性的选举,即至少人口中有10%可直接参与选举(相当于成年男性人口的40%),或通过一个至少60%直接选举而生成的组织进行间接选举的相当有竞争性的选举,或宪法规定的对民选行政长官的继承之外的其他方式。(Geddes et al., n.d.:6)

范围:所有国家-年份

专制	民主
类型 1	未包括
类型 2	
类型 3	
无类型	

图 8.1 标准类型学方法论:专制政权的类型

格迪斯将所有民主政体在各种类型专制统治中编码为"0"。然而，灰色区域总是存在的。纵观整个欧洲历史，我们发现存在半民主、半君主的政体（尤其是在德国和英国的历史中）。其情况往往是，君主政体削弱了对政策的影响力；相对外交政策而言，君主政体在国内事务上衰败得更加迅速。在其他案例中（例如日本），君主政体与民主的、军事的、幕府时代的统治相比更加羸弱。

另一种值得推荐的方法是使用政体范围（即所有的国家-年份）来为数据集编码。这样处理的原因十分明显。要在竞争性-威权性灰色区域画一条红线是有问题的。

我们重点重申第 3 章的范围准则：

> 在概念化和测量中不要使用第二层范围，在类型学研究中也不要使用。要遵循范围准则，即使用范围 S。

总有一些更接近于二分法的情况：专制的一端被编码，民主的一端则不被编码。这几乎不可避免地会造成问题。

《手册》便是关于精神障碍类型的讨论，也是图 8.1 中直接应用的例证。人们只需要使用《手册》的相关类比来代替民主术语。左边变成了精神障碍，而右边则变成了非精神障碍。这些类型便是各种各样的精神障碍。同时，我们也可以看到一个名为"无类型"的类别，该类别在《手册》中被称为"未有特殊说明"，这也是该手册一个明显的问题。

因此我们首先需要一个"精神障碍"的概念。它的官方定义为：

> 虽然无定义能涵盖《手册（第五版）》中包含的障碍的所有方面，但以下要素是基本要求：精神障碍是一种以个体在认知、情绪调节或行为方面有临床显著障碍为特征的综合征，反映了心理、生理或发展过程中潜在的功能紊乱。它通常与社会、职业或其他重要活动中的重大痛苦或失能有关。对常见的压力源或失去（如失去挚爱）做出的可以预见的或文化上认同的回应并不是精神障碍。

社会性越轨行为(如政治的、宗教的或性的)或个人与社会之间的冲突也不能被认定为精神障碍(除非越轨或冲突源于个体功能紊乱)。(DSM-5:20)

值得一提的是,这些都是精神障碍的必要条件;事实上,它们并没有给出精神障碍的充分条件。针对它们是否被作为充分性条件的讨论仍悬而未决。

在构造精神障碍类型中,界限十分重要。根据库珀(Cooper,2013)的论述,当前定义是从前一个版本定义中继承而来,且在第五版修订时并没有被过多讨论。但同样存在灰色区域和有争议性的案例。正如第1章所强调的,使得"障碍"概念化时通常涉及非常重要的规范性问题。众所周知,在同性恋于20世纪70年代被《手册》移除之前,它曾是一种障碍。在一些针对健康的测量中,耳聋被认为是不健康的或"疾病",这是另外一个重要的界限决定。这里也有可能存在一个介于"生理"和"精神"疾病的灰色区域。

8.3　类型学互斥规则

类型学传统研究中的标准和核心部分包含了使类型互斥的规则。这意味着,不同的类型之间要有清晰、明确的界限。标准类型学方法论面临的所有问题以及关于二分法概念的问题已经在前面的章节中讨论过了。

在许多概念中,有一种以某种方式看待问题的悠久传统(例如,评估贫困问题中贫困线的重要意义)。使用类型学来思考专制概念有悠久的传统,且这种传统正愈发强大。关于"独裁"(dictatorship)(例如,Huntington,1968)和"极权主义"(totalitarianism)(例如,Friedrich and Brzesinski,1965),以往文献有多处重叠。关于专制类型的文献至少可以追溯到林茨使用类型学对威权主义的探讨。当民主-独裁组发展了独裁的类型学并与格迪斯富有影响力的专制政体类型学一同发展时，这一理论得到了极大的助推。以下是按时间顺序排列的关于专制-威权主义-独裁最具影响力的类型学：

林茨（Linz，1975）：

（1）极权

（2）威权

（3）后极权

（4）苏丹主义

民主-独裁组（Cheibub et al.，2010）：

（1）君主

（2）军事独裁

（3）平民独裁

格迪斯等人（Geddes et al.，2014）：

（1）以政党为基础的政权

（2）军事政权

（3）人格主义政权

（4）君主政权

通过类型学治疗精神疾病和精神障碍的传统可追溯到20世纪50年代出版的《手册（第一版）》当中。这种类型学传统一直延续至今。当然，多样的精神障碍发生了变化，且精神障碍患者数量自20世纪50年代起与日俱增。但是，基本类型学的和方法论的框架没有发生显著变化。

第3章、第4章的核心准则是，语义邻域应该有相互重叠的隶属函数：有在两个概念中都有隶属的案例（例如，一个非零隶属函数）。

类型学使二分法问题更为突出，因为多重的二分法经常被执行。从另一个角度来看互斥的原则是，它否定了经验事实的存在及其重要性，即一个观察属于语义上相邻的概念。重叠是两个区域所共有的语义环境。

图 8.1 阐释了存在于互斥方案及类型学之下的基本的二分法方案。该区域被划分为不同的名义类型。图中横向和纵向线条象征着划分不同类型的清晰的互斥边界。可以将图 8.1 与第 4 章推荐的相邻的重叠映射进行比较。如果有多重类型（也即概念），就会存在多维度的重叠空间，每个概念也会有自己的维度。重叠的数量将会由概念及每个概念中案例的经验分布来决定。

格迪斯意识到类型之间的重叠：

> 在发觉有多少案例拒绝被放入一个或另一个原始的类别中时，我不得不将中间类别加入到分类系统中。（Geddes，2003:51）

这便产生了一连串带有连字符的混合。以下是她对专制政权的完整分类：

（1）君主制
（2）个人
（3）军事制
（4）政党制
（5）政党-个人制
（6）政党-军事制
（7）军事-个人制
（8）政党-个人-军事制
（9）寡头制
（10）间接军事制

带有连字符的混合概念占所有国家-年份案例的 25%。概念之间有相当的重叠度。

这种新的分类是不完整的。有很多带有连字符的混合概念可能并没有出现在列表中。我个人比较喜欢"君主制-军事制"这个概念。实际上，并没有涉及君主制的混合概念。但是，我们很难不把传统的欧洲君主制视为部分的军事政体。普鲁士腓特烈大帝是普鲁士军队的首脑。在古代,君主通常在前线作战。在任何情况下,都存在被忽视的只带有一个连字符的案例,以及超越政党-个人-军事的两个连字符的案例。

这些缺失类型的原因很可能是它们没有出现或在经验上极为罕见。但是,这里便遗漏了一个描述性的、理论性的、因果性的观点:

> 为什么没有像寡头-军事制和君主-政党制这样的混合体呢?

正如我们在第 3 章看到的,竞争性威权体制较为稀少,即民主-专制数据呈现出双峰。类似地,如果潜在的带有连字符的混合案例的数量接近于 0,不禁会让人们联想为什么建构混合概念如此困难。通常,灰色区域案例数比两极少。这提出了重要的理论和因果问题。但是,如果概念框架并没有看到混合,那么作为研究问题,它便消失了。

当然,包含所有连字符可能出现的问题使类型学变得难以处理。"太多"类型的类型学是不可取的。当学者在实践中使用格迪斯数据时,他们遵循了她的建议,并将混合概念分解到最原始的四种类型之一。但是,一个有 9 个哑变量的统计结果表格并不好看。[1]

遵循互斥原则是《手册》一些主要问题的核心。理想情况下,每种障碍都应该与其他种类的障碍分开:每个人都应该被清楚地对应到仅仅一种疾病上。这引发了对将患者归入一种疾病类别的初步诊断的需求。这在《手册》中体现得十分明显。

---

[1] 将政体类型拆分的一个传统做法是:

（1）基于政党的政权:以政党为基础的政权;政党-军事制政权;政党-个人制政权;政党-个人-军事制;寡头制;

（2）军事政权:间接军事政权;军事政权;军事-个人制政权;

（3）个体政权:以个人为基础的政权;

（4）君主制政权:君主制(Geddes et al., n.d.)。

虽然《手册(第五版)》延续了对不同障碍的分类,但我们意识到,精神障碍并不总是完全符合一种单一性障碍的范畴。一些症状,如抑郁和焦虑,涉及多个诊断类别,并反映更大范围精神障碍的共同的、基本的弱点。基于此现实,《手册(第五版)》被重新排序修订,成为激发新的临床观点的新的组织结构。这个新的结构与2015 年世界卫生组织《国际疾病分类(第十一次修订本)》(ICD-11)计划发布的疾病的组织安排相对应。(DSM-5:xli)

同时,有一种对于互斥分类的明显需求:

亚型和区分符:亚型和区分符(其中一些被编码为四位、五位和六位数)被提供以增强特异性。亚型在诊断中定义了互斥和完全穷尽现象次分组。(DSM-5:21)

疾病的统计分类必须被限定在能够包含广泛的疾病和病态状况的有限数量的互斥类别范围内。选择这些类别是为了对疾病现象进行统计研究。对公共卫生特别重要或经常发生的特定疾病应有自己的类别。(参考《国际疾病分类(第十一次修订本)》,https://icd.who.int/en)

库珀讨论了对互斥类别需求的假设:

罕见区应该将可确认的有效的疾病和其他疾病区分开来。这一思想有很长的历史,并得到了罗伯特·肯德尔(Robert Kendell)[与雅布伦斯基(Jablensky)]等人的支持。如果想在多维属性空间中绘制疾病的情况(正如聚类分析),那么无论何时案例密集的空间分隔了集群,罕见区就会出现。当分类边界与罕见区一致时,原来的自然状态便被切断了,类别的信息内容也得到了最大化发展。如果罕见区在精神障碍与正常区域间可以被识别,那么这可能有助于避免假阳性。(Cooper,2013:607)

作为一个哲学家，库珀自然会思考这些与关于"自然类"的大量文献和哲学相对的类型学问题（例如，Khalidi，2013）。[①]这些自然类意味着把各种现象聚集成不同的种类。人们会经常看到"从节点处切割自然"的隐喻。在几何学上，这些自然类在空间上相聚，在不同类型之间有大量的空白。这种在节点处的切割是对现象很好的经验描述。然而，在《手册》中，在节点处进行切割与在不同种类间存在诸多重叠是有冲突的。

《手册》承认，互斥障碍的基本方法论框架是不好用的。我怀疑《手册》坚持使用这一框架是因为现有类型学中大量的沉没成本使得该手册没有任何明确的替代方案。

在该手册中使用的将不同障碍分类的方法论产生了边界性问题。作为一个诊断分类的具体案例，我们可以考虑《手册》中精神分裂症的定义。该定义要求五种症状中两个和两个以上症状被凸显出来，且这两个或两个以上的症状至少有一个在短名单内（参见第 7.2.2 节的讨论）。这便是带有"n 中选 m"充分性规则的且附带必要条件的典型混合。

当使用"n 中选 m"规则时，关于阈值清晰与否存在争论。我们应该在"7 中选 3"和"7 中选 4"中做出区分吗？从本质上讲，这种方式创造了从"n 中选 0"到"n 中选 n"的连续统。很自然地，人们会说一种更严重或不那么严重的障碍。

当在一种疾病上的得分是"5 中选 2"，而在另一种疾病上的得分是"5 中选 3"时，伴随疾病便存在了。相互排他的驱动强烈鼓励人们忽略较弱的类别，只追求较强的类别。更强的那个想必会成为"初步诊断"。这便是实际发生的专制政权混合类型：混合的连字符类型是被折叠成四种主要类型之一。

---

① "除第 2.2 节讨论的内容外，穆勒对自然类提出了进一步的条件，即自然类之间应该有一个'深不可测的鸿沟'（Mill，1843/1974：I vii §4）或'不可逾越的障碍'（Mill，1843/1974：IV vii §4）。这些公式有一定隐喻的模糊性，但是，我将用这些公式来解释，一种自然类与另一种是有明显区别的，在任何两种自然类之间没有中间案例。"（Khalidi，2013：65）

在《手册》中,相互重叠的精神障碍问题十分普遍。个人表现出多重障碍也十分常见。重要的是要明确这两者既是经验性的,又是概念性的。概念性部分的出现是因为,相同的症状可能是多重障碍症状的部分。这便是"概念性伴随疾病",意味着个人根据定义至少同时患有两种障碍。如果每种障碍的症状几乎都不同,而个人又有两种不同障碍的症状,那么便存在"经验性伴随疾病"。这意味着,这些高度相关,因为疾病本身便是相互关联的,甚至也有可能存在因果关联。

总之,疾病的现实和分类的方法论产生了不同的边界问题。对病人来说,对多重疾病采取现实的态度是更现实的,可能也是更好的。一种疾病很可能是另一种相关疾病的主要诱因。很可能是看起来不那么重要的那个疾病实际上导致了症状比例更高的那种疾病。二分法和使用互斥类别除了能获得保险的实用性以及为临床医生节省时间外,别无他用。

虽然不可能知道《手册》中多重诊断的相对存在,但在专制政权的类型中,25%—30%的案例都是混合的。考虑到编码者不太愿意对这些案例进行编码,这个数字可能是被低估的。这个比例相当高。

总而言之,互斥原则导致大量的概念的、描述的、经验的、理论的和因果的问题。本书认为,这些都是普遍存在的。格迪斯的描述和《手册》并非个案,而是规则。通常情况下,这些问题甚至没有得到承认,学者们将边界上的案例强加于一边或另一边。从定义上来讲,互斥意味着从语义上或在现实中忽略了相互重叠的概念。因此,互斥规则既不忠实地代表这些概念的含义,也不忠实地代表现实世界中多个相邻概念(也即类型)的隶属关系。

8.4 类型学穷尽规则

构建和评估类型学的第二个规则是,它们应当是穷尽的。

在类型学范围内的每一个观察值都必须放在某种类型中来考虑。

图 8.1 有一个"无类型"部分。当通过总体样本使用类型学时，就会出现一些不适用的情况，即位于"无类型"分块中。遵循穷尽规则意味着将新的类型添加至类型学中。人们会不断添加新的类型，直到每个观察值都有一个类别。当格迪斯止步于上述混合分类时，她便是在应用穷尽规则：如果没有军事-君主制类型的政体，那么它就不会被添加到混合列表中。

这种类型的创建可能是一件好事。新现象需要命名和概念化。新的生物物种需要被描述。因此，穷尽规则可能会导致一个全新的研究议程。但是在很多情况下，新类型仅是在满足穷尽规则，并不是研究员真正感兴趣的。

人们可以在格迪斯的列表中看到这一点。她将寡头政治和间接军事统治添加到以往类型中。[①]这些概念是什么呢？一种方法便是查看它们的定义和在这些类别中被编码的案例：

> 寡头政治是通过竞争性选举选出领导人但大多数人被剥夺公民权的政权形式，例如 1994 年前的南非。（Geddes et al.，2014：316）
>
> 间接军事统治是指通过竞争性选举选出正式政治领导人，但是军队或者阻止了能够吸引大量选民的政党的参与，或者控制了关键政策选择的政权。（Geddes et al.，2014：316）

寡头政治看起来像竞争性威权体制。民主转型过程中的智利看似间接军事统治。

这些新类型满足穷尽规则要求的一个信号是，它们经常在经验和理论工作中消失。虽然我没有进行系统的检索，但是我没有看到使用

---

① 正如第 9 章所讨论的那样，"间接"理论上应该是"军事"类型的子类型，但由于互斥原则，它并不是"军事"类型的子类型。

格迪斯数据的论文在统计分析中关注这些新的类型,甚至包含这些新类型的论文都十分少见。

在《手册》中,穷尽性问题经常出现。理想情况下,一旦有了所有患有精神障碍的人的总体,便可以将它们划归到一些障碍的类型当中。该手册每个修订版本中几乎都讨论了"除非另有说明"的问题。这些是不适合被归入某种类型的人。因此,几乎没有关于如何处理这些个体的指导,这显然也是个问题。

在每一版《手册》中,穷尽规则在扩展精神障碍类型过程中发挥了重要作用。它的一个重要贡献便是发现和描述新的精神障碍类型。

这样做的风险是精神障碍类型的扩散。可能的情况是,很少有人患有某种特定的精神障碍,这使得穷尽规则的有效性在下降。

穷尽规则的积极一面是促进探索新现象。但是如果使用穷尽规则仅是为了满足规则,便会产生负面影响。学者们对他们无法编码的观察结果感到非常犹豫。如果将重点放在类型学中的个体概念上,这个可能并不是问题。这是因为它们通常不是某些概念的成员,即它们在概念中的隶属程度为 0。

如果人们关注的是个体概念而非类型学,那么,穷尽性问题便消失了。因为一个类型学通常是许多概念的集合,因此便没有理由遵循穷尽规则了。

8.5　名义类型和有序类型

正如第 5 章所讲,使用什么样的量度通常是不清楚的。在本章中,这种冲突源于名义量度和定序量度之间。概念对通常暗示一种定序量度。类型则通常是名义上的。虽然名义是一种量度类型,但是术语"名义量度"则是一种矛盾修饰法。名义类型的全部意义在于没有基本的连续统一体。一些类型是偏序的(参下文)或者定序的。明确这一点十分重要。值得注意的是,如果分类中只包含两种类型,它们通常会形成带有基本连续统的概念对。因此,一个关键性问题是,是否这些类型有一个基本连续统因而不是名义的。本章开头博尔赫斯的题词说明了一种具有讽刺意味的动物的名义类型。

名义量度的关键点在于,它们并不是定序的。名义量度和其他类型量度之间存在巨大鸿沟,包括定序量度、区间量度、比率量度和模糊量度。对其他类型量度有一个基本的概念连续统。因为这个基本的概念连续统,名义量度可以在其他类型量度间移动。

总之,我们需要明确这种类型是不是有序的。在讨论威克斯专制体制类型以及总统-混合-议会制是带有三个类别的名义类型还是带有灰色区域的概念对时,我们便可以看到其中的冲突。

8.5.1 偏序类型

创建类型的常见过程是通过 2×2 表格来实现。表格中每一个单元格代表一种类型。表 8.1 展示了专制政权的另一种分类法。行、列概念和单元格中的分类,即(1, 1)、(0, 0)、(1, 0)和(0, 1)之间存在一些冲突。

表 8.1 偏序类型:专制政治体制类型

	非个人类型 (精英约束型领袖)	个人类型 (非约束型领袖)
平民观众	机器	政党首领
军队观众	军政府	铁腕人物

资料来源:基于 Weeks,2014。

这个讨论允许我们引入偏序量度的概念。有些定序量度并不完全是定序的。偏序在顶端为(1, 1),底端为(0, 0),在中间的(0, 1)和(1, 0)没有明确的顺序。执行常见的将行与列变量的数值相加(分别得到 2、1 和 0)的过程是显而易见的。

对于这样一个 2×2 分类,最为重要的是在多大程度上行与列是定序的。术语十分重要。这些通常被编码成 0 或者 1:这意味着一种定序的排列。0 和 1 的编码可能是任意的,不过人们需要对其进行具体讨论。如果行和列被任意符号(甚至表情)来指定,事情将变得更清楚。在威克斯的案例中,在第一列我们可以看到"非约束"(在列上的0)与"精英约束型"(1,很高程度的约束)相对,这隐含着约束程度的基本维度。行变量似乎也有一个按照"受众"大小排列的顺序,从小(即军事,0)到大(即平民,1)。她的假设是,(1,1)单元格最不可能有军事化争端,(0,0)单元格则最可能有军事化争端。定序的行和列在威克斯的统计分析中十分清晰(见表8.2)。

表8.2 偏序类型与统计分析:专制政权类型与军事化冲突

政权类型	参数估计	标准差
军政府	0.46**	0.20
政党首领	0.67***	0.17
铁腕人物	0.93***	0.16

注:已省略控制变量。
资料来源:基于Weeks,2014。

这里有一个重要的方法论要点。

> 如果行和列是定序的,那么2×2的表格从最低限度上来说便是偏序分类。

另外一个方法论问题存在于中间值(1,0)和(0,1)中。如果在它们之间存在排列,那么2×2类型则是定序的。如果它们相等,则为偏序。在实践中,对作者来说解决此类问题并不常见。从讨论来看,人们可能以定序来解释类型,但很少是明确的。

当使用类型作为自变量时,一个极常见的假设是,在因变量上,类型1可能比类型2获得更高分数。大部分使用专制分类的文献包含了这类假设。例如,专制政党政权比个人政权存续时间更长。在威克斯的案例中,我们也有一些假设。比如,引发国家间军事争端的概率从最低的机器,到军政府,然后是政党首领,概率最高的是铁腕人物。(Weeks,2014:table 1.3)

通过这样的假设，威克斯暗示自己的分类有一个定序的特征。同时，该分类也被认为是名义上的。这种模糊性出现在统计分析中（见表 8.2）。在四种类型的分类中存在三个哑变量和一个被排除的类别。如果分类是偏序状态，那么很自然的事情是使用最低类别作为被排除的类别，这也是威克斯所做的："机器"类型是最不可能卷入军事化争端的，因此可以作为被排除的类别。

因为威克斯将类别看作名义上的而非定序的，所以她没有测试包含在偏序中的一些假设，但她在自己的表 1.3 中给出了这些假设。表 8.2 中的统计数据表明，铁腕人物与机器显著不同。但是，偏序也假设：(1)铁腕人物比军政府和政党首领更容易介入军事化争端；(2)军政府和政党首领的区别不大。

虽然没有确切的统计检验便很难预测哪种是可能的（Kim，2018），但铁腕人物与政党首领和军政府的区别很明显。这样，偏序在经验上很有可能是一种定序的排列，因为根据系数，政党首领可能比军政府更容易介入军事争端。

一个关键的方法论问题是，用于定序的两种不同的方式在实践中往往是一起使用的。第一种方式被称作概念定序，其中行与列变量的聚合过程产生了定序。第二种方式则是因果定序，即在预测概率中有一个顺序或结果变量的水平决定了定序。

如果将分类看作定序的，那么无论行还是列都必须更为重要和富有影响力，即它们在重要性上是不同的。如果说单元格($X_1=0$, $X_2=1$)比单元格($X_1=1$, $X_2=0$)大，这意味着 $X_2>X_1$。

由于行与列被认为具有相同的重要性，偏序便出现了。一旦不是这种情况，那么定序将会被完成，虽然这取决于对于每一行和列所赋予的权重。这在有交互项的情况下变得更为清晰。四个单元格的数值由 $X_1+X_2+X_1\times X_2$ 来决定。如果对于所有单元格来说最终得到了唯一的数值，那么，定序便完成了。如果一些单元格有相同的数值，那么定序便是不完全的。

这强化了在探讨量度问题章节中的一个观点：必须要决定行和列是不是定序的。如果它们确实是名义上的，那么最好（根据类型学准则)给出一些不表明定序性的值,这就是关于表情符号的建议。

我们可以陈述一下这些关键准则:

> 偏序分类意味着一系列假设需要被经验检验,特别是在进行统计分析时。根据统计检验的结果,分类在经验上是定序的。

更大的概念和理论问题存在于行-列概念和类型学单元格之间的关系中。单元格实际上是相关的基本行变量、列变量构成的函数。在这里通常有两种选择:(1)将单元格作为名义的或偏序的类型;(2)只使用相关的基本行变量、列变量。理论上和经验上,基本相关的行、列概念发挥了重要作用。因此,这些应该是分析的中心。在统计分析中,威克斯做了这一点;表 8.3 说明,有时候根本不需要类型学;分析可以继续处理基本的行变量、列变量。

表 8.3 基本行、列概念及统计分析

	参数估计	标准差
人格主义指数	1.08***	0.23
军国主义指数	1.26***	0.28
人格主义指数×军国主义指数	−0.81***	0.31

注:已省略控制变量。
资料来源:基于 Weeks,2014。

威克斯提出了在行变量和列变量之间是否需要交互项的问题。在整个类型学思想中隐含的观念是,每个单元格构成不同的类型。因此,像威克斯一样将交互项包含进来是合适的。

《手册》中的一个核心问题是伴随疾病的问题[参见理查兹和奥哈拉(Richards and O'Hara,2014)就抑郁进行的长篇讨论]。事实上,一个人经常患有多重疾病。《手册》使用多种症状的连续统来使得精神障碍概念化。我们可以使用 2×2 表格,并将它作为一种处理伴随疾病的方式。行变量是一种精神障碍,列变量是另一种精神障碍。表中的不同单元格是思考两种疾病为何会有不同关系的方式。

　　这个例子提出了一个关于行、列疾病因果关系的问题。民主和专制的多样性通常是一种描述性论述。但对于伴随疾病而言，最为核心的问题是行、列疾病的因果关系。这是一个值得研究的问题。经验数据暗示了两种疾病之间的因果关系。它提供了 2×2 表格类型学的一个基本准则：

　　　类型学中的因果关系准则：检查行变量、列变量之间可能的因果关系。

　　关于是否需要添加因果项，需要明确、具体的理论和经验讨论。类型学强烈建议应该这样做，但是实践中可能根本不统一。因而在一个2×2 的表格中，有一个存在于单元格类型和行与列概念之间的内在张力。探寻两个概念之间的相互作用十分合理。正如威克斯所说明的那样，我们可以独立于类型学来做这件事。
　　总而言之，这产生了以下建议：

　　　关注相关的基本行与列的概念以及它们的交互。

　　威克斯的例子说明了看似是名义类型但实际上是偏序类型的例子与完全定序类型的例子之间的张力。这种张力与相关的基本行变量、列变量是共存的。这些变量是连续的，并产生分类。除非在 2×2 表格的类型中，行变量与列变量是不带有相关基本连续统的名义变量。否则，上述讨论的所有问题都会出现。
　　如果类型是偏序或完全定序，那么建议便是需要关注行与列的概念、它们相关的基本连续以及它们的交互。行与列的概念完成了繁重的概念性工作。如果遵循了上述建议，那么类型便消失了，我们只剩下了核心，即两个概念和它们的交互。类型学分散了人们对最重要事情的关注：两个概念。

8.5.2　带有相关基本连续统的名义类型或概念对？

　　我们看到，2×2 类型实际上是定序的或偏序的。这是类型学中的一个共同问题。就准则而言,人们应该明确询问,是否某些类型或所有类型实际上有一个连续统,并可能构成一个概念对。在本节中,我将说明名义类型如何成为带有相关基本连续统的概念对。当然,如果最后形成了概念对和连续统,那么类型学实际上便消失了。

施米特"社团主义"(Schmitter,1974,参见本书第 3.15 节)的概念解释了名义类型和概念对之间的张力。施米特的概念范围是所有国家。遵循穷尽规则,他建立了以社团主义为焦点类型的制度类型学。几乎所有人都认为,社团主义的反面是多元主义(例如,美国)。为涵盖所有的情况,他添加了"辛迪加主义"和"一元论主义"。四种类型看似是名义的,但嵌入其中的却是概念对。一旦两种不重要的类型——辛迪加主义和一元论主义——消失了,那么概念对社团主义-多元主义便被留下。由于现在只剩下社团主义和它的对立面多元主义,所以在区间层上,很容易针对社团主义-多元主义概念对建立数据集。

这部分的主要例子包含了民主的类型:议会、半总统制、总统制。这些通常被视为名义类型,但是存在严重的模糊性。第 7 章将半总统制作为灰色区域概念。但是,它通常被视为民主政体名义类型的一部分。这部分探讨了形成概念的两种方式:(1)作为民主政体名义类型的部分;(2)作为议会制-总统制概念对的灰色区域概念。

一种看待类型学的方式是,作为一个概念对,一端是总统制,另一端是议会制。像民主-专制概念对一样,这将是总统制-议会制概念对。正如竞争性威权体制一样,半总统制处于中间位置。表 8.4 支持了这一方法。[①]当然,半总统制灰色区域值得关注,有专著已讨论了这个问题(Elgie,2011)。

表 8.4 就三个概念的界定、特征和属性给出了非常清晰和公认的观点。如果存在一个概念对,人们便会期待一个正极——议会制,它的对立面总统制具有完全相反的属性。毫不奇怪,如果混合是在中间,它将具有来自双方的属性组合,但将缺乏任何一方的完整集合。表 8.4

[①] 有趣的是,在格迪斯观点中有一种摆脱混合类型的强烈动机。例如在柴巴布颇有影响力的书中(Cheibub,2007),他将混合制都归纳成议会制,正如格迪斯将她所有的混合制归纳成某种单一类型一样。

表明，正是如此。一些概念在一端的属性上为"是"，而在另一端属性上为"不是"，例如，"议会信任"。

在概念对中，人们需要讨论基本连续统。这十分清楚：总统的能力和自主性在光谱的两端是不同的。

关于民主多样性的文献也有不同的类型。一种类型中八个分类变成带有连续统的概念对需要一个过程。所以不只是三部分类型可以成为一个概念对，此过程也可以发生在类型中更多的分类上。

这一过程似乎是连续统两端的分类通常被认为本质上是相同的。舒加特（Shugart，2005）和西亚洛夫（Siaroff，2003）分别给出了带有五种和八种分类的类型学的例子。西亚洛夫详细解释了这些分类是如何运作的。他从八种分类开始，然后通过在极点处进行合并而去除了一对："总之，类型6重复了类型2的条件。"(Siaroff，2003:306)这是总统制的极。

人们可以依据一些基本层将连续统分成几个部分。西亚洛夫明确发展了一套测量总统权力的标准。这是在两极之间的连续统。在负极，我们有议会制以及总统很少拥有权力的混合制。另一端则是总统制。总统制中，总统权力很大，且不对议会负责，也不由议会选举。

表 8.4　名义类型或概念对？行政-立法体系特征

特征	总统制	议会制	半总统制
定义特征			
议会信任	否	是	对国家元首
民选国家元首	是	否	是
选举特征			
行政命令	否	是	待定
紧急权力	强	弱	强
实施立法	立法	行政	待定
立法监督	是	否	待定
行政否决	是	否	待定
内阁任免	行政	立法	待定
其他特征			
议会解散	否	是	待定

资料来源：基于 Cheibub et al.，2014。

西亚洛夫依据总统权力大小将灰色区域划分为三个部分："我认为,这样的灰色区域应该基于它们的(总统权力的)总得分被划分为三个类型,在 3 和 6 的位置标记出断点。"(Siaroff,2003:307)有趣的是,他注意到,灰色区域比两端存在更多的异质性。正如我们在第 7 章所看到的,这是灰色区域的共同特征。

类型可以被带有基本连续统的概念对所代表,这种情况有多常见当然很难说。本节中的例子说明了在重要的实质性领域,上述过程是如何发生的。所以,当包含五六种分类的类型被简化成一个概念对时,这些例子说明,这种情况是可能存在的。一般来说,当面对类型时,询问概念对相关问题是值得的。当形成因果假设和进行研究设计时,寻问概念对问题能够使得类型更容易处理。

8.6　潜变量和类型学

本章自上而下探讨类型学。我们构建了类型学,并将其用于个体观察和案例中。这在很多质性研究中十分常见。但是,我们可以使用统计的方式自下而上完成构建类型的过程。我们通常有许多指标,并可以使用潜在特质模型或潜变量模型构建潜变量,潜变量又可以帮助构建类型。有许多统计学方法能够帮助构建类型(例如,聚类方法)。讨论各种各样的统计技术超出了本节讨论的范围,但在类型学讨论的语境下,一些评论又似乎顺理成章。

第 2 章附录揭示了概念化-测量的潜变量方法。这些方法论在构建基于一系列指标的归纳性的类型时经常被使用。最常见的方法是构建不止一个潜变量。这些不同的潜变量形成了一个类型。

对于民主的潜变量,我们可以使用不同的指标,并将它们插进潜变量方法论中,然后构建出类型。齐亚雅和埃尔夫(Ziaja and Elff,2015)说明了这种方法如何在制度分类中使用。他们将一系列民主项目中涉及民主的指标包含进来。不像格迪斯或其他人,他们使用所有国家-年份，所以，它并不是专制的类型，而是政治制度的类型。经验分析揭示了其中七种分类（使用有限混合方法）。

一般来说，潜变量方法涉及研究人员在确定分类数量方面的重要投入。在潜变量方法中，随着分出的类型越来越弱，不存在明显的断裂。齐亚雅和埃尔夫能分出六种或八种类型，但选择了带有七种政体分类的类型学：(1)转型体制；(2)总统民主制；(3)有缺陷的总统民主制；(4)(绝对)君主制；(5)一党制；(6)议会民主制；(7)人格型专制。很明显，这里存在民主分类（总统制对议会制）、灰色区域分类（有缺陷的总统民主制）以及专制分类。

在类型学统计文献中，人们并不总能找到对互斥规则或穷尽规则的明确讨论。但是，它们经常以不同方式存在，也同时在一些技术层面被假定。例如，鲁普在牛津手册中解释道："分层聚类技术是被设计成基于 J 个结果变量中包含的联合信息，将一组 N 个案例连续划分为 K 个互斥的聚类。"(Rupp，2013:522)其他的技术（例如潜分类）也是相同的："这 K 个类别是详尽且相互排斥的，使得群体中的每一个个体都恰好属于 K 个潜在类别中的一个。"(Masyn，2013:552)有时候，规则是隐含存在的。在选择潜变量类型时，一个清晰的指导原则是它们应该尽可能不同。在实际操作中，这意味着，理想状态下，它们彼此不应该高度相关。互斥规则成为零关联或低关联的目标，因此，不同分类之间的重叠也较低。

穷尽规则意味着每个国家-年份都被分配到一个类型中。就类型而言，对于任意国家-年份不存在"缺失数据"。但是，我们也有可能观察到不符合任何分类的案例。它们被放在得分最高的分类来满足穷尽规则。一个观察值可能在多个分类中具有隶属关系，但是为了满足互斥规则，它仅仅被放置在一个分类中。这种情况也是可能的、正常的。

潜变量方法论的本质意味着，重叠是可能存在的。因为在经验上，相邻的类别有重叠，所以有一些观察值不能被放在仅仅一个类别中。通常情况下，这种混乱是被忽略的，一个给定的观察值通常被放入它最符合的那一个分类中，尽管符合程度也许不是很高。

8.7　结论

本章认为,遵循类型学的标准准则将几乎不可避免地导致理论上、经验上严重的问题。互斥类型往往忽视了观察值可能是多元概念的部分隶属。穷尽规则可以帮助创建新类型,这些新类型可能对研究者并没有意义:它们只是为了满足穷尽规则。

《手册》也慢慢意识到,互斥规则和穷尽规则有时候并不奏效。如格迪斯一样,当将这些规则应用到实际的时候人们会发现——《手册》非常注重从业人员——在真实世界中,人们会有多重的精神障碍症状,且有精神障碍和没有精神障碍的边界并不清晰。遵循穷尽规则意味着精神障碍的增多,这显然是不可取的,也会加大医生进行病情诊断的难度。这是因为有太多症状。这实际上产生了更多边界的问题,人们也有多样性的症状。如果医生认为病人的症状不属于任何一种类别,对病人来说反而可能是最好的。这比强迫病人接受某种诊断,并随即对他们进行药物治疗要好得多。

先前《手册》分类的基本设计当中存在的结构性问题已经在临床实践和研究当中出现。相关证据有不同来源,包括伴随疾病的研究和对没有其他特定诊断的实质性需求。这些证据来源囊括了大部分的诊断症状,例如饮食障碍、性格障碍以及自闭障碍。(DSM-5:12)

在将分类放入电子表格并进行编码过程中,我们可以看到涉及标准规范的问题。截止到目前,最常见的方式是创建将不同类型从 1 开始编码的列。这意味着,只从定义来看,这种处理方式遵循了互斥规则。当这种方式存在问题时,研究人员会增加第二列,对每一个观察值的第二种分类进行"二级编码"。按照本章的建议,对于每一个概念或者分类都应该有对应的一列去标识观察值对于这一列的隶属程度。这种方式允许观察值在多个分类中有隶属，且并不限制重合的数量。如果出现了相关的新概念，那么它便会成为表格中新的一列，每一个观察值都会被编码，且独立于其他列。

关于类型学问题的解决方式是明确关注概念，而忽视类型本身。这些概念会被应用于所有范围内的观察结果。概念之间可能没有重叠，也可能有很大的重叠：这既是一个经验问题，也是一个概念问题。

在 2×2 类型表格中，人们会关注产生类型的相关基本的行和列的概念。产生理论和假设的两个相关基本概念之间，存在着重要的交互作用。

对所有名义类型，通常我们需要询问是否有一个或者多个基本概念对在其中起作用。如果有的话，就需要格外关注它们，而不是关注类型。

完整地说，类型是概念的集合。每个概念都值得详细研究和开发。例如，第 3 章所有的准则都应用，且含有偏序的 2×2 表格都有基本连续统，这些基本连续统需要遵循第 3 章中的准则来分析和描述。类型学不需要超越概念化-测量以外的额外的方法论（即互斥规则和穷尽规则）。

9 内涵-外延：概念结构与经验描述

9.1　导论

　　本章讨论概念结构、第二层维度数量和概念经验范围之间的关系。"内涵"指概念的意义和定义，"外延"指概念能够覆盖的经验范围。例如，斯考切波这样定义"社会革命"："社会革命是一个社会的国家和阶级结构快速、基本的转型；它们通常伴随以阶级为基础的自下而上的反抗。"(Skocpol，1979:4—5)此概念的"外延"，包含了1917年的俄国、1950年的中国以及1789年的法国。在更大范围条件下，福伦(Foran，1997)将1979年的伊朗和1910年的墨西哥包含了进来。

　　内涵与外延的关系问题来源于概念的哲学，概念的哲学意味着通过定义及其数学逻辑的使用、必要和充分条件等使得概念结构化。从哲学意义上来说，内涵-外延的语言与社会科学中的完全不同。萨托利(Sartori，1970)将它们引入政治科学，并用"转移"和"延伸"重新表述它们。

　　第3章提出的最重要的准则是通过理想类型进行概念化。通常，理想类型延展度不高。进行概念化操作时，概念的延展是狭隘的甚至为0。为通过理想类型进行概念化，就需要讨论内涵与外延如何相联系的方法论问题。

　　外延并不等同于概念的范围，而是这个概念中存在非零隶属关系的概念的数量。因此，转移和延伸的概念并不适用于概念的范围，而是适用于落在正极的案例数量。

理想类型并不总是具有较低的延展性。第 7 章关于混合概念探讨了比较常见的理想类型和灰色区域民主。但是，通常理想类型的范例很少。典型的理想类型一般外延很小。在下一节，我们将讨论达尔对民主最著名、最明确的理想类型定义。它显然是一个零外延的理想类型，因为在理想状态下，并没有关于民主的实际经验案例。

我对理想类型的讨论引出了关于概念结构（内涵）与经验范围（外延）关系的讨论。当运用数学逻辑方法对概念进行研究时，概念结构和外延之间存在明确的关系，这也是最弱联系聚合类：

> 当在增加必要的定义特征数量的意义上增加概念的内涵时，外延——经验案例的数量——必须保持不变或缩小。

这是一个与必要条件使用相关的数学事实。一旦转向其他聚合方法，这种方法就不再适用。添加新的第二层维度会导致经验案例的增加或减少。

在哲学史上，维特根斯坦提出了家族相似性概念，这正好与亚里士多德式概念化的充分必要条件方法相反。与传统亚里士多德方法相比，家族相似性特别否认了任何特征是必要的。它有一些充分性要求。在可替代性方面，一种特性的缺失可以通过另一种特性的存在来弥补。

卡特赖特和伦哈特阐述了在讨论凝聚（*Ballung*）概念时家族相似性的自然用法：

> 为描述我们在类似内战这种观念中发现的模糊性，我们将它们称为凝聚概念，指代以个体之间的家族相似性而不是确定性质为特征的概念……诺伊拉特（Neurath）担心凝聚概念在科学中的作用，因为似乎不可能存在物理学（也许还有其他自然科学）中典型的概念之间的严格的普遍关系，这些概念既没有严格的边界，也没有任何共同的基本特征。（Cartwright and Runhardt，2014：268—269）

哲学、萨托利之后的政治科学以及认知心理学的大部分讨论都采用了概念结构的最弱联系方法。讨论形容词和其他带有连字符概念的语义时，经常从概念结构最弱联系方法开始。但是，我们也可以将关于内涵和外延关系的这一著名观点与几乎完全被忽略的原则相比较，该原则是，最优值、最大化、"或"以及联合作为概念结构时，外延将会增加：

> 当通过增加"最优值"定义特征的数量来增加内涵时，外延——经验案例的数量——也会增加。

如果我们将内涵和外延关系中的"和"用"或"来代替，那么，经验案例的数量必须保持不变或上升。显然，在联合中添加一个新的功能必须增加或维持它的规模。通过求和来实现添加新功能遵循相同的道理（再次假设所有数据都在[0，1]之中）：如果我们添加一个第二层维度，其加和一定会上升。

为说明这个过程是如何运作的，我讨论了福利国家传统概念的性别批判的例子。性别批判的目的是扩展福利国家的外延，并使其覆盖女性共有的那些情况（例如，单身母亲）。

人们可能会问关于平均聚合类的问题。在添加维度和外延之间不存在清晰自动的关系。通过思考平均值便可得知上述结论是显而易见的：如果你增加了一个新的维度，平均值可能会上升或下降，这取决于每个观察的特定值。[1]

正如本书所讨论的，术语十分重要。通常情况下，存在带有连字符的概念，这是含有多个意涵的概念的通用术语。通常而言，形容词（或者名词）与带有连字符的概念连用来修饰另一个概念。例如，"议会民主制"（parliamentary-democracy）包含了经过形容词概念"议会的"修饰的民主的核心概念。这对概念的外延有直接的影响，这是因为

---

①　因为平均聚合并不真正存在于内涵-外延的讨论（以及大量的语义实践）中，所以我并没有详细讨论它。辩论来自哲学和逻辑学，而在这些学科中并没有中庸之道。这一事实带来的直接结果便是平均聚合并不存在于内涵-外延的讨论中。

它本身增加了维度的数量。那么，我们如何理解带有连字符的这个概念呢？

本章还讨论了另一种常见的语义实践，即形容词不增加维度，而是限定给定维度上的值。通常，当一个或者更多的第二层维度的值为 0 时，这种情况将会发生。韦伯式国家的概念说明了这一点。如果一个国家在领土控制上的值被设定为 0，那么它通常被称为法理上的国家。如果它有控制权却没有得到国际社会承认，它通常被称为事实上的国家。如果它具备所有的定义性特征，它便仅仅是一个简单的国家。我们可以看到，这些概念没有明显的延伸含义，它可以向上延伸，也可以向下延伸。

总之，本章讨论了概念结构的经典问题及其与经验涵盖之间的关系。它涵盖了内涵-外延的标准逆关系以及最弱联系聚合。理想类型概念被引入讨论，因为它们的解释——几乎总是隐藏式的——使用充分必要条件概念结构的假设。本章对最优值概念结构与相反原则进行了简要对比。最后，本章处理了带有连字符概念和形容词的语义学问题。

9.2　理想类型：零外延

大部分社会科学家所熟知的概念建构策略是使用"理想类型"建构。本章聚焦概念和它们的外延；理想类型通常使用空集合作为它们的外延。在实践中，理想类型的含义是，概念通常具有零外延性质。

理想类型概念的历史可以追溯至马克斯·韦伯（Weber，1949）。伯格描述了韦伯的观点："理想类型是一种普遍形式的描述，它断言一系列要素的存在，这些要素在经验上只能通过每种类型所指的现象类别的实例来估计。"（Burger，1987：133—134）目前已经发展出一部分关于韦伯及其方法论（包括理想类型）的专门文献。遗憾的是，这些关于韦伯的分析和争论是以一种非常抽象的哲学方式来进行的

（例如，Heckman，1983）。很少有允许人们评估一个好的（或者坏的）理想类型的准则，因为关于如何建构一个理想类型概念也缺乏指导。①

比韦伯关于理想概念的争议性更有用的，是社会学家和政治科学家如何构建理想类型。我的分析可能没有抓住韦伯的思想，但确实试图忠实于学者们在创造和使用理想类型时的一般实践。

在我的分析框架中，理想类型意味着在所有第二层维度上得分为1.0（即最大值）的案例的情况。在很多方面，这是思考理想类型的最佳方式。理想类型概念中的固有因素是，它位于连续统的最末端。至少在概念上没有比这个更好的了。

用几何术语思考理想类型非常有用。理想类型（就像空间效用模型中的理想点）是所有维度都呈现最大值的点。人们可以通过对比来找到这个最大值，例如测量给定经验案例和理想点之间的距离（Gärdenfors，2000）。

在实践中能够代表理想类型的是，虽然它们与一般概念在内涵上未必有区别，但在外延上却区别很大。通常，当学者提出一个理想类型，他们可能认为，理想类型的外延可能是0或者很小："我认为，理想类型概念的一个显著特征是它们没有实际案例。"（Papineau，1976：137）理想是不能在实践中达到的。这是韦伯使用这个术语的原因。作为一种方法——实际上是一个标准——理想类型在思考不那么理想的现实方面是有用的。

概念设计的一个重要部分就是能否在基本层概念的量度上找到最大值的实际案例。对于概念建构者的建议便是认真思考这个问题。人们可能想要扩大量度，因此很少有在任意极端的案例。其基本的想法是，如果有一大堆案例聚集在正极，那么事实上端点处并不是理想类型（参见第3章关于图3.1的讨论）。

罗伯特·达尔关于民主和多头政治的概念是一个很好地使用了必要、充分条件结构的理想类型例子。他对民主的概念化界定是文献中

---

① 令人吃惊的是，人们经常使用理想类型，而在方法论文本中几乎没有关于理想类型的讨论。

最为著名的理想类型。[1]在 40 年里（Dahl，1956，1971，1898，1998），达尔发展了他关于民主的基本概念。他的概念十分有趣，因为这一概念明确区分了理想类型的民主（没有国家可以达到）和多头政治（指代最接近民主理想的那些国家）。达尔在区分理想类型和更低层次类型方面不同寻常。大部分学者倾向于用同一个词表示理想类型和与之接近的现象。他利用理想类型清楚地表达了对民主的看法：

> 在本书中，我要将"民主"一词保留给一种政治制度，这种制度的特征之一是完全或几乎完全对所有公民做出回应。这样的制度是否真的存在，是否已经存在，或者是否可以存在，暂时不需要我们关心。当然，人们可以假设这样一个系统；对于许多人来说，这种观念已经成为一种理想，或者理想的一部分。作为一个假设系统、一个量度的一端，或事务的一个有限的状态，它可以评估在多大程度上不同系统可以占用理论限度的基础。（Dahl，1971:2）

在这里，我们可以看到理想类型的大部分典型特征。概念的外延可能是零或接近零。理想类型的用途是作为一种标准来比较现有的对象。

值得注意的是，达尔以复杂概念中典型的三层次方式看待民主（Dahl，1971）[2]：

    I. 形成偏好

    A. 形成和加入组织的自由

    B. 言论自由

    C. 选举权

    D. 政治领袖通过竞争赢得支持的权利

---

[1] 马克斯·韦伯关于官僚制理想类型的分析是另一个著名案例。

[2] 参见达尔（Dahl，1989:222）关于民主的不同的三层次模型的论述。我将用此来检验在不同的第二层维度中拥有相同的更低级属性是不是一个好主意，例如，"形成和加入组织的自由"。

E. 可选择的信息来源

II. 代表偏好

A. 形成和加入组织的自由

B. 言论自由

C. 选举权

D. 公职资格

E. 政治领袖通过竞争赢得支持的权利

F. 可选择的信息来源

G. 自由公正的选举

III. 在政府管理中有权重相等的偏好

A. 形成和加入组织的自由

B. 言论自由

C. 选举权

D. 公职资格

E. 政治领袖通过竞争赢得支持的权利

F. 可选择的信息来源

G. 自由公正的选举

H. 制定政府政策的机构依赖于投票和其他偏好的表达

　　在概念中建立它的外延可能为零的方法是使用概念的必要充分条件结构。达尔在他民主概念的两个层面都使用了"和"的逻辑。所有层次上的事物都通过"和"来连接(即100％非混合)。找到满足这种苛刻条件的真实世界的现象非常困难。达尔认为,上述结构是必要的却不是充分的。他的观点使得该问题变得更加复杂:"这些(第二层维度)对我来说是民主的三个必要条件,虽然它们可能并不是充分的。"①(Dahl,1971:2)

---

　　① 施米特和卡尔沿用了达尔的前提条件,并加入了另外两个必要条件:"民选官员能够践行他们的宪定权力,且不必受制于落选官员(例如,军队)的反对(尽管这种反对有时候是非正式的)……政体必须是自治的;它必须能够独立于其他政体的限制而独立发挥作用。"(Schmitter and Karl,1991:81)

总而言之,民主仍然是难以企及的理想:"多头政治是人类最杰出的创造。然而,毫无疑问,它远远没有实现民主的进程。"(Dahl,1989:223)多头政治很好地描述了那些取得重大进步的国家。

在政党概念的背景下不难找到对理想类型有相似看法的人:

> 值得注意的是,在韦伯的严格定义中,我们下面描述的政党模式是理想类型。在启发性上,它们是实用的,因为它们提供了容易理解的标签,这些标签将帮助读者理解复杂的、多维的概念。此外,它们可以作为涉及真实世界案例的比较基线,或作为可能永远无法完全实现的进化过程的极端终点。然而,与所有理想类型一样,我们不应该期望现实世界的政党完全符合所有标准。同样,一些政党可能包含了超过一种理想类型的要素。更重要的是,一些政党会随着时间的推移而演变,这样,它们可能会在早期更接近一种政党形式,但是随后转变为另外一种政党形式。(Gunther and Diamond,2003:172)

考虑到本书概念建构的框架,从理想类型角度思考问题并没有什么额外的益处。在第3章中,我们有了思考基本层正极的准则。从定义上讲,正极几乎为比较提供了一个标准。在现实中,当大多数学者使用"理想类型"这个术语时,他们真正的意思是,在极点处的外延为零。在端点处外延是大是小是一个需要进行因果解释的经验问题。例如,为什么很难达到绝对零度有很好的因果解释。在连续统的任何地方存在少量或零个案例(例如民主和专制的灰色区域),这通常提出了值得研究的问题。

9.3 充分必要条件概念结构和概念外延

内涵和外延的关系是几十年来哲学逻辑的主要内容。它被萨托利

(Sartori，1970)引入社会科学中并由科利尔和他的学生进行了较为详尽的分析(Collier and Mahon，1993)。萨托利选择的术语——"抽象的阶梯"——是不成功的,而科利尔的"普遍性的阶梯"则稍微好一点。一个有四个定义特征的概念不一定比一个有两个特征的概念更抽象或更一般。

哲学家认为,定义包含了充分必要条件。阅读萨托利的论述以及20世纪三四十年代的经典哲学逻辑教科书十分有用:

> 根据亚里士多德的解释,"定义是揭示事物本质的短语"。从事物本质来看,亚里士多德以一系列构成事物的充分必要条件的基本属性来理解定义。它近似于我们所称的一个术语的传统内涵。(Cohen and Nagel，1934:235)

耶林在他关于概念的研究中给出了一个以萨托利为结尾的谱系(也可参见 Adcock and Collier，2001):

> 概念生成的传统方法可以追溯到亚里士多德和中世纪哲学家。关于后来的变化,可以参阅 Chapin(1939)，Cohen and Nagel (1934)，DiRenzo(1966)，Dumont and Wilson(1967)，Hempel (1952，1963，1965，1966)，Landau(1972)，Lasswell and Kaplan (1950)，Lazarsfeld(1966)，Meehan(1971)，Stinchcombe(1968，1978)，Zannoni(1978)以及最重要的 Sartori(1970，1984),还有 Sartori et al. (1975)。(Gerring，2001:66)

原则上,内涵决定外延。在好的社会科学中,理论应该引导案例选择。是社会革命的理论,而不一定是日常使用的"革命"一词,也不是案例所契合的非正式想法,决定了哪些案例可以被选择。

如果在内涵中增加了第二层属性的数量且如果——这是萨托利没有提到的重要的如果——使用充分必要条件结构,那么,内涵和外延之间便存在逆关系。我们再次引用萨托利的论述:

逆变分定律可以这样表述：如果一系列术语按照强度递增进行排列，那么这些术语的外延要么不变，要么减少。(Cohen and Nagel 1934:33)

简而言之，我们可以通过减少内涵（即属性的数量）来增加概念的涵盖范围（即外延）。更具体和准确的表述是，我们通过减少内涵中必要属性的数量来增加外延。概念延伸意味着在操作层面减少必要维度。

当学者们讨论"一个概念传播了多远"，他们实际上指代增加的外延。这个传播的说法实际上很容易误导人。例如，"军事政变"概念适用于西欧国家（它们可能被包括在作为零案例的军事政变的数据集中）。外延问题是，自第二次世界大战，在该地区几乎没有军事政变的例子（除了 Greece, 1968）。

一旦人们开始思考那些与家族相似性相对比的代表充分必要条件的数学运算，这就会变得非常清晰。我们可以将充分必要条件中的"和"与家族相似性"或"进行对比。显然，如果我们添加了带有"和"的属性，那么外延只可能减少（或者在特殊情况下保持不变）。但是，如果我们使用"或"来添加维度，那么，外延便会增加。如果我们用韦恩图进行想象，那么上述论断显而易见：两个集合（表示两个属性）的交集小于任何一个集合。相反，联合大于任何一个单独的集合。

图 9.1 揭示了民主-专制组概念和民主数据集中内涵如何上升、外延如何下降(Cheibub et al., 2010)。[1]有四个必要的第二层维度共同构成了民主的必要条件。

如果一个政体符合以下四个规则，它就会被归为民主政体：
(1) 行政长官必须由普选产生，或由普选产生的机构产生。
(2) 立法机关由人民选举产生。
(3) 必须有不止一个政党参加竞选。

---

① 我已经按照下面给出的顺序添加了新的维度。

（4）在选举规则下，进行与现任者上台相同的权力交替程序。
（Cheibub et al.，2010:69）

从图 9.1 能看出，通过增加新的必要的定义维度来增加民主的内涵意味着外延必须减少。

家族相似性理论是维特根斯坦提出的（Wittgenstein，1953），这恰恰与传统哲学逻辑中的充分必要条件本质论相反。这种对比是，没有必要条件，只有充分条件。经典的家族相似性是一个"n 中选 m"的概念结构：拥有 n 个特征中的 m 个就足以成为该家族的成员（即外延）。这意味着每个单独维度的可替代性。值得注意的是，"n 中选 m"规则至少意味着 n 中的 m，所以 n 中选 $(m+1)$ 也被接受，例如，对于"3 中选 2"规则，"3 中 3"规则也被包含进去。

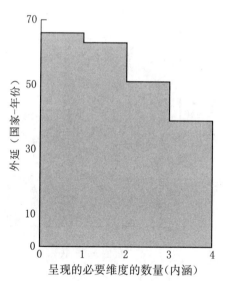

图 9.1　内涵-外延关系：民主的民主-专制组概念（1946—2008 年）

将"n 中选 m"规则与最优值原则相连接的一个典型例子便是"n 中选 1"规则：如果有一个维度存在，那么它是这个家族的成员。一个维度的出现代替了其他维度的缺席。在另一端，"n 中选 n"规则意味着每一个维度都是必要的。

哲学家关注家族相似性，因为家族相似性不涉及必要条件。这意味着需要观察"n中选m"结构中指向最弱联系一端。如果遵从"n中选n"规则，那么，它一定是在谱系的最弱联系一端。如果遵从"n中选$(n-1)$"规则，那么便不存在任何必要条件。毫不奇怪的是，哲学家和萨托利传统的其他遵从者很少关注谱系的另一端，即"n中选1"规则（即完全可替代性和最优值）。

图9.2阐释了内涵和外延在"n中选n"规则中的最弱联系和"n中选1"规则中的最优值之间游走的相互关系。以民主-专制组、概念、数据以及民主测量中的民主维度来看，我们可以考察"3中选1"（最优值）和"3中选3"（最弱联系）概念结构的光谱，以及使用这些规则的外延。[①]

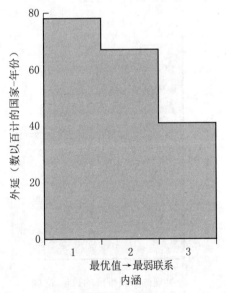

图9.2　从最优值到最弱联系法则：民主的民主-
专制组概念（1946—2008年）

[①]　由于规则4的特殊性，我仅使用主要的三个原则："当在行政长官办公室工作的现任通过选举被取代时，就发生了权力的更替。权力更替问题只有在适用前三条规则的情况下才有意义。"（Cheibub et al.，2010:70）

与图 9.1 不同，在图 9.2 中，就定义维度的数量而言，内涵并未改变。改变的是概念结构。在图 9.1 中，当增加了新的定义性特征时，内涵发生了变化。虽然图 9.1 和图 9.2 展现了相同的模式，但我们得出这些道理的路径是不同的：一种是通过保持结构不变但改变内涵；一种是通过保持内涵但改变结构。

逻辑词"或"被用于概念结构中的概率并没有在内涵和外延相关文献中出现。就概念结构而言，形容词或连字符表示"或"的情况极为罕见。然而，正如下一节所说明的那样，可以通过添加第二层维度来增加外延，并因此含蓄使用最优值概念结构。

9.4 添加维度、增加外延：被性别化的福利国家

正如我们在哲学、逻辑学和萨托利传统中看到的，由于使用逻辑词"和"来进行概念的结构化，增加内涵便相应地减少了外延。人们可以使用"或"或者"＋"来作为结构的原理。在这种情况下，增加了内涵也就增加了外延。本节使用福利国家概念及对它的性别批判来对此加以阐述。福利国家的规模是被认为构成福利国家的所有类别（即第二层维度）的支出的总和。性别批判试图延展福利国家的概念化，并使其包含对女性的特殊考量。

在过去几十年里，关于福利国家文献的一个主要发展是对福利国家本身和再现这种偏见的学术文献中的性别偏见进行分析。

在本节中，我没有办法涵盖所有福利国家文献中关于性别批判的研究成果（Orloff，1996；Pierson，2000）。最直接的问题是，就概念本身以及与福利国家理论的联系来看，性别问题如何改变福利国家概念以及性别概念对福利国家理论和方法论的影响。

福利国家的概念核心是为绝大多数人提供商品和服务。我们可以发问（与性别无关）：(1)谁是主要的目标人群？(2)提供怎样的商品和服务？几乎所有社会福利项目都是以非农业职业（通常是工业雇员）的

男性为目标。福利政策中所隐含的典型接受者是作为有孩子的一家之主的男性。显然，妻子/母亲除了承担家务外，还需要承担育儿、保健以及照顾年迈父母的责任（当然是无偿的）。

如果你研究福利国家运作中所包含的服务，便会发现它们非常忠实地反映了这个概念；几乎所有的服务都与工人有关。如果工作中发生意外，该怎么办？当他失业了或者老了怎么办？从历史上看，家庭中的商品和服务是通过男性的工资来支持的。

人们可能会问，什么样的商品和服务能够使得一家的女主人维持她和她家人的生活。除了工作补偿，她还需要产假补偿。为了维持收入（即保持工作），她需要儿童托管服务。她需要独立于她配偶收入的养老金计划（不仅是遗属福利）。因此，如果要考虑女性关切，特别是作为单身户主妇女的关切，我们需要对福利国家进行概念化。

性别分析在理想类型指向方面推动了福利国家概念的发展。正如一个更好的民主概念和数据应该包括女性和少数族裔的选举权一样，一个好的福利国家概念也应该包括女性以及与她们的生活特别相关的问题。一个好的福利国家概念应该囊括一个国家的所有人，而不仅仅是其中一个子集。这涉及关于福利国家本体论的规范分析。

奥尔洛夫认为，考虑到性别因素，我们需要在艾斯平-安德森（Esping-Andersen）福利国家的三维概念的基础上再添加两个维度。[1]第一个额外维度要求，除了维持（男性）基本工资以外，福利国家的实力应该取决于它支持女性有偿劳动的程度：

---

① 艾斯平-安德森初始的三个维度包括：(1)"基础维度是被社会政策而非市场所满足的人类需要的范围和领域"；也就是说，"国家行为如何与市场和家庭在社会互动中的作用相联"(Orloff, 1993:310)；(2)"政策体制的第二个维度是阶层分化……权力来源的分析者（如艾斯平-安德森）认为，社会供给体系有阶层效应，一些政策可能促进平等、跨阶级团结或缩小经济差距，而另一些则促进社会二元性或者维持或加强阶级、地位、职业的分化"(Orloff, 1993:311)；(3)"福利国家的第三个维度与公民的社会权利有关。一些福利是普遍的，即对特定年龄和情况普遍适用的那些福利；一些福利取决于劳动力市场参与和财政贡献；还有一些福利是通过收入来检验的，即它们只提供给收入资产低于一定程度的人"(Orloff, 1993:311)。

去商业化的维度需要用一个新的分析维度来补充，这个维度需要考虑国家在多大程度上支持或反对女性的有偿雇用——被商品化的权利。我将这个称为福利国家体系通向有偿劳动的第四个维度……因此，我认为，国家确保不同群体有机会得到有偿工作以及保障就业的机制（例如私人雇用、创造税收激励、私人雇用的法律监管或公共就业项目）都是这些政策机制的维度。（Orloff，1993:318）

第二个新的性别维度认为，需要扩展从个人到家庭的范围。最具戏剧性的是，常常被传统模型排除在外的这部分人是单亲妈妈。在传统制度中，给予家庭、妻子/母亲、孩子的金钱都是通过被雇用的男性带回的。因此，人们需要考虑什么样的服务适合由单身女性主导的家庭：

去商业化十分重要，因为它使工薪阶层从强制参与市场中解放出来。需要一个平行的维度来指代那些做大部分家务——几乎都是女性——以形成和维持独立家庭的人的能力，也就是那些不需要通过婚姻来获得养家糊口收入并能够支持和养活孩子的人的能力。（Orloff，1993:319）

福利国家概念化使用概念化和测量的求和逻辑。金钱被看作福利国家的量化测量指标，这并不令人奇怪。因此，聚合函数便是求和。如果我们在这些新的线上考虑福利国家，那么对于福利国家的测量便有较为重要的下游影响。

关于福利国家的大部分量化研究使用针对部分男性福利国家项目的支出数据（通常来源于国际劳工组织）。国际劳工组织消费数据（国际劳工组织，1949年—至今）包含了"家庭津贴"以及部分形成奥尔洛夫两个额外维度的项目。但是，奥尔洛夫认为，我们需要包括针对项目的消费分类，这些分类支持(1)被支付的妇女的工作，以及(2)维持独立家庭的妇女的能力。

性别分析包括应该被纳入总和的新的支出维度。但是，福利国家性别分析暗含具有共同量化措施的更为激进的福利国家的概念重建。除了个别例外，大部分第二次世界大战后的福利国家的分析都使用了支出数据。[①]但是，福利国家性别分析聚焦于权利。例如，奥康纳团队（O'Connor，1999）在针对澳大利亚、加拿大、英国和美国的分析中包含了作为核心比较议题的堕胎权。离婚、节育和流产的权利是女性福利中最基础的部分。除了福利国家的支出维度以外，我们还可以增加一系列新的作为第二层维度的权利。

当将消费概念与贫困测量进行比较时，这便是我们已经看到的问题。一旦包含一些非金钱性因素（例如权利），使用求和的方式进行概念化和测量就变得十分困难。

性别福利国家也说明了规范性问题如何处于概念化的核心。传统福利国家是基于女性和男性在工作和家庭中的角色之上的，例如，"一个女性在家庭中的地位"。它包含了家庭如何运作的经验性描述，尽管这些经验性描述缺乏准确性，因为它不包含由女性当家的单亲家庭。

就内涵和外延来看，在福利概念中添加新的性别视角是为了增加福利国家的范围。鉴于这个例子，学者们要增加一个概念的外延可能比人们想象的更为常见。一种方法是删除一个必要条件（例如，经典的萨托利方式），另一种方法是采取最优值或者混合最优值概念结构。

9.5　连字符概念 I：充分必要条件结构

充分必要条件概念结构的内涵-外延法则决定了当概念的维度增加或删除时能发生什么。最常见的增加维度的方式是在概念上加形容

---

① 福利支出被国际劳工组织定义为与以下情况中的计划、转账或服务相关的政府支出活动相关：(1)给予治疗性或预防性医疗保健，在收入非自愿性减少的情况下维持收入，或向具有家庭责任的人提供补偿性收入；(2)在法律上遭受制裁的；(3)被公开或准公开监管的。

词。首先，当形容词被使用时，默认的解释应该遵循最弱联系概念结构。然而，毫不奇怪，在社会科学实践中的语义应用——更不用说日常的语义实践——不遵循哲学逻辑的规则。下节将探讨关于连字符概念、概念结构和延伸的语义的一系列问题。

　　一般而言，我们通常将形容词和概念连接在一起，这也是语言学和语义学上的事实。例如，一大堆眼花缭乱的形容词被用来修饰民主的概念。社团主义被"自由的""社会的"或"民主的"等词语修饰。尚不明确的是，增加一个形容词如何改变概念的结构。通常，形容词是第二层维度。本章讨论了我称之为"连字符概念"的经典的或逻辑的语义。是否需要添加连字符取决于传统和用法。连字符概念包含了两个或更多的概念，有时候，连字符概念是以连字符连接呈现的，如"竞争性-威权性"，有时候则没有连字符，如"议会制民主"。V-Dem 计划有不同类型的民主，这意味着以下七个形容词都可以被加在此概念上：选举的、自由的、参与的、多数主义的、一致同意的、协商的或平等主义的。①

　　哲学与逻辑学中的经典连字符概念在语义学上意味着我们在现有的基础上加入了新的必要维度。例如，"总统制的"用于修饰民主实际上便是在民主现有的概念层次上加入了新的特征。因此，结构原则使用"和"连接了"总统制的"与"民主"。基本的原则是，所有的名词性修饰词都通过连词来处理（Lakoff，1987：14）。斯捷潘和什考奇是这样阐释议会制民主和总统制民主的：

　　　　一个民主国家中纯粹的议会制度是一种相互依赖的制度：（1）行政长官必须得到立法机构的多数支持，如果得到不信任投票，行政权力可能被推翻。（2）行政长官（通常与国家元首有关）有能力解散立法机关并要求选举。民主社会中纯粹的总统制是一种相互独立的制度：（1）立法机构有固定的选举授权，这本身就是它的合法性来源。（2）行政长官有固定的选举授权，这本身也是其

---

① https://www.v-dem.net/en/about/。

合法性的来源。这些必要和充分的特征不仅仅是分类上的。
(Stepan and Skach，1993:3—4)

两个概念的内涵被民主所限制，例如，"一个民主国家中纯粹的议会制度"。最后，作者明确将"议会"这个形容词看作添加两个必要条件，这两个必要条件联合起来成为充分条件。我将这个实践叫作"'和'-连字符"概念。

充分必要条件的模糊逻辑使用最小值。所以，一个连续的"'和'-连字符"概念将会通过这种方式被解读：

> 他们现在考虑三个概念(Osherson and Smith，1982，一篇经典文章)：苹果、有条纹的和有条纹的苹果。他们观察到，通过经典的模糊集理论，利用模糊集的交集可以从苹果和有条纹的分类中得到复杂的分类——有条纹的苹果。这被定义为在两个分量模糊集中取最小的隶属值。(Lakoff，1987:140)

有时候在两个概念中存在语义的等级，有时候它们在语义上是相等的。在数学上，最终的结果是相同的：使用逻辑中的"和"来聚合或构造概念。简言之，"'和'-连字符"概念援引了构成子集操作和两个概念的相交。"观赏鱼"便展示了这样的直接相交，"议会民主"则是子集。

9.6 连字符概念 II：嵌套概念

"'和'-连字符"概念意味着存在一个子集和超子集关系。当存在嵌套概念时，相关术语需要被开发以区分这些嵌套概念。关于革命的概念很好地说明了这一点。

表 9.1 对革命的概念做出了修正的概述(Kotowski，1984)。出现在这份名单上的名字构成了 1984 年之前与革命有关的文献的诸多贡

献者。科托夫斯基(Kotowski)非常明确地指出,表中列出的条件是革命的必要条件。

表 9.1　基于形容词的概念:"革命"的嵌套概念

学者	暴力	大众参与	管理机构的变化	次要政治结构变化	主要政治结构变化	阶级变化
社会革命						
斯考切波(Skocpol)	是	是	是	是	是	是
摩尔(Moore)	是	是	是	是	是	是
政治革命						
亨廷顿(Huntington)	是	是	是	是	否	否
约翰逊(Johnson)	是	是	是	是	否	否
戴维斯(Davies)	是	是	是	是	否	否
造反						
格尔(Gurr)	是	是	否	否	否	否

资料来源:在科托夫斯基(Kotowski,1984:422)基础上改编。

　　显然,摩尔和斯考切波有关于"革命"最严密的概念,因为他们的概念包含了最为必要的条件。作为充分必要条件,他们的概念将具有表中任一概念所具有的最少外延。任何有见识的斯考切波的读者所惊讶的第一件事便是,她的书本质上并不是关于革命,而是关于社会革命的。我们可以看到,一个形容词"社会"被添加到了革命的概念中去。

　　如果我们减去两种属性——分层系统的改变和主要政治结构变化,我们将得到亨廷顿、约翰逊和戴维斯的革命概念。我们省略那些处理体系变化的形容词,即斯考切波定义中的"社会"部分。我们现在有针对斯考切波和摩尔的政治革命概念,例如美国革命。在此我们又一次看到了形容词的出现。

　　如果我们继续去除那些处理(1)次要政治结构变化以及(2)管理机构变化的维度,我们便得到了格尔的概念。从他的书名来看,我们可以称之为"造反",因为它并不包含社会和政治改变。

因为这些用于定义革命的属性的变化如此广泛，所以需要运用形容词为作者固定概念的意思。斯考切波不得不将"社会的"或其他术语加在革命之上，因为她必须将她的因变量与其他革命术语的通常使用区别开来。基于斯考切波的视角，"政治革命"是从社会革命概念中减去了体系范围和社会维度。另一方面，"社会革命"通过为革命的观点添加新的属性而发挥作用，即只适用于政府结构。

子集通常与在某些连续统上增加的层级有关。例如，帝尔和卡雷特（Tir and Karreth，2017）对"机制化"的政府间国际组织十分感兴趣。机制化的政府间国际组织被认为比非机制化的政府间国际组织更有影响力。马克斯团队（Marks et al.，2017）对"威权的"政府间国际组织感兴趣，这是政府间国际组织这个超集的一个子集。正如第4章我们看到的那样，当添加了例如"非常"这样的形容词，子集概念便被包含其中。

在本书第一版，我讨论了统计分析中子集对于因变量的影响。如果有两个因变量，其中一个是另一个的子集，那么便可以得到在因变量选择方面的一些经验。我们可以这样思考阈值：子集变量本质上有更高的阈值。较高和较低阈值相比，统计结果可能有很大不同。

据我所知，几乎没有人研究过自变量方面的子集关系。如果一个自变量是另一个自变量的子集，那么这两个变量间有适度的相关性。但是，子集变量中的所有可变性都是由超子集自变量来决定的。因此，就因果信息而言，在统计分析中，除了从分析中删除子集案例，子集变量不提供任何信息。

存在一系列的与有子集-超子集关系的两个变量相关的因果问题。这些与多重共线性问题是区分开的。当子集在大小上与超子集相近时，多重共线性才能发挥作用。正如本书第一版展示的那样，这能从根本上改变统计结果。当用超子集与自己进行对比时，并没有改变因果关系的理论或者统计分析。但是，如果存在一些关于自变量或因变量子集的相关问题，这些都需要被考虑进来。

9.7 连字符概念 III：非标准语义

不出意料,语义和语言学的实践并不总是遵循数学或哲学逻辑的规则。[①]

一个不符合标准逻辑的核心语义实践是当形容词暗示不存在第二层维度的时候。一个需要记住的关键因素是,形容词并没有删除第二层维度。取而代之的做法是,它的值被设置为 0。因此,基本的概念化不会改变,但不是使用理想类型,其中,所有的第二层维度的值为 1,有一些则为 0。

就内涵-外延来说,问题是,外延是增加还是减少：

> 固定第二层维度上的值并不一定会增加或减少一个概念的延展。

图 9.3 展示了最基本的情况。一是通过要求将特定的第二层维度赋予 0 来向灰色区域和混合区域转移。在我的分析框架中,"删除"一个编码为 0 的维度则是沿着专制-民主连续统向左移动。在图 9.3 中,当舍弃了一些属性,我们便得到一些越来越不民主的制度。从民主到专制的移动是水平的。

为考察上述理论在实践中如何运作,我仍然以民主-专制组视角为例。图 9.4 展示了当我们将一些定义性维度的值固定为 0 时,外延能发生什么。根据哪一个维度被设置成 0,其结果可能是比原来的民主国家数量更少或更多。当其中一个定义维度的值为 0 时,案例和外延的数量也可以有很大的变化。这很清楚地表明,没有关于给定维度上的 0 和外延之间关系的准则。

[①] 有大量关于概念和形容词的认知心理学的文献。很明显,人们(包括社会科学家)关于概念和形容词的处理并不遵循传统的充分必要条件逻辑,参见墨菲(Murphy, 2002)的论述。

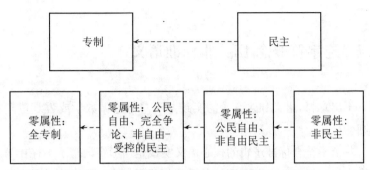

图9.3　非标准性的形容词语义：专制-民主连续统

这种分析对于从经验上知晓不同维度的重要性十分有帮助。有人可能会认为，当在某一个维度上达到最高级别时，这个维度更加常见，也并不重要。这一经验事实可以在因果分析中发挥重要作用，其中的概念是一个因变量或自变量。因此，我们不讨论一个减弱的亚型，而是对角色和复杂概念给定维度的重要性进行分析。

术语"减弱的亚型"是有误导性的。定义维度的成员在所有情况下都是相同的：变化的是，是否对给定维度进行0或1的编码。所以，人

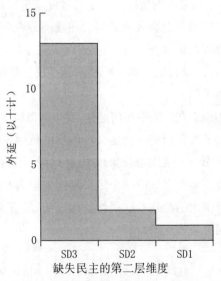

**图9.4　第二层维度缺失（其他维度存在）时的内涵-外延关系：
民主-专制数据**

们可以为这些不同种类的民主政体命名,但亚类型理念并不十分有用。它从描述分析和因果分析中独立出来。

本章的主要论点是,将第二层维度固定为 0 对于外延没有明显的影响:可以将第二层维度的值调高或调低。这对于充分必要条件以及家族相似概念结构是正确的。一般性原理是,将任何给定的定义维度固定为 0(或者 1)对概念的外延有不确定的影响。

9.8 结论

我在本书中已经强调,如何使一个现象概念化与因果理论有着深刻的、密切的联系。在福利国家文献中的一个重要的(如果不是最重要的)标志是,性别分析如何将福利国家变量从等式的因变量一侧移到自变量一侧。在 20 世纪 90 年代文献中的非沉默革命之前,福利国家通常作为因变量出现:也有学者解释过它的来源和扩展的起因。相反,大多数性别研究的文献考察了福利国家对女性生活质量的影响。核心问题是福利国家的影响而非成因。毫不奇怪,这是一个权利发挥关键作用的领域。对于女性来说,这不仅仅是花费,而是对自己身体的控制,这决定了她们福利的很多方面(再次回到努斯鲍姆)。我们对福利国家概念增加了新的第二层维度,因为我们知道它在女性(当然,还有男性)的生活中有非常重要的因果力量。我们在福利国家概念中增加了这些新维度,因为我们不能理解没有了占一半人口的女性,福利国家将如何运作。

当福利国家通过男性模型来理解时,工会组织力量是关键的自变量之一。因为我们用新的视角看待福利国家因变量,我们便可以考察新类型的自变量,例如妇女运动力量。回到化学物质的隐喻,找到铜的原子结构意味着我们能够更好地弄清铜的性质。现在我们能更好地理解福利国家的性别性质,也能更好地明白政策、原因以及影响。

概念结构对概念外延的影响值得保留在概念分析清单当中。很明显，概念结构影响了外延和经验范围。这与概念化和测量当中经验描述的核心目标直接相关。虽然关于内涵-外延关系的讨论都假定了最弱联系——概念化的哲学方法，但很明显，其他的聚合类也是相关的。正如性别福利国家批判所说明的那样，可能在某些情况下，由于规范方面的考虑，人们想要增加外延。简言之，内涵-外延问题存在于概念化和测量中的描述、因果和规范分析中。连字符和多词概念需要对新的复杂概念的语义和含义及其如何与描述性的因果研究目标相连接进行清晰的结构化分析。

10 双层理论：复杂因果理论中的复杂概念

人人都可以看到，一般人们即在自己心脑中推论和思想时，亦要应用文字来代替观念本身……而且那些观念如果系复杂的，如果系由许多简单观念集合成的，则更有这种现象。因为这种缘故，文字和命题的考察，就成了认识论中一个必需的部分，因此，我们如不能解释前者，则讲起后者来，亦是不易理解的。*

——约翰·洛克（John Lock）

10.1 导论

作为理论的重要组成部分，概念起着关键作用。[①]本书的大部分内容集中在概念建构的本体、描述以及规范的层面。以概念如何在因果理论中发挥作用来结束本书的探讨十分恰当。

解释变量中的第二层维度在理论构建中起着关键的因果作用。核心假设由基本层概念构成。把多维度和多层次概念引入这些变量便产生了多层理论，我称其为双层理论。它们是双层理论而不是三层理论，是因为概念、指标数据的第三层与数据和测量有关。这一层几乎很少

---

* 本译文引自：［英］约翰·洛克：《人类理解论》（下册），关文运译，北京：商务印书馆1983年版，第572页。

① 概念在案例选择中的核心作用在本书第一版的第6—8章有所表述。出于篇幅考虑，本修订版有所删减。

在基本层的因果机制描述和解释中发挥作用。相反，第二层维度经常——或者应该——作为理论框架的一部分出现。许多量化和质性模型都是双层理论，因为它们在概念中嵌入了因果假设。我多年来设计的练习题包含了双层理论如何在不同领域中被应用的具体例子。

把多层次概念放入假设和命题中会产生复杂的理论证据。我们不仅需要决定如何建构概念，还需要知道如何将基本层的概念组合在一起，从而形成某种理论和模型。当然，截止到目前，这是一个相当熟悉的问题了。它是研究者从数据指标层到第二层，从第二层到基本层进行聚合所面临的一个问题。本章通过逻辑词"和"与"或"及使用最弱联系和最优值聚合来关注理论和概念的建构。

正如我们使用"和"与"或"来建构概念一样，我们也可以使用它们来模拟自变量和因变量之间的关系。许多具有影响力的学者使用数学逻辑来构建理论。他们认为，因素 X 是结果 Y 的必要条件（我将基本层变量标为粗体）。例如，在斯考切波的社会革命理论中，国家危机是社会革命的一个必要条件。第 6 章讨论的关于概念结构和聚合的问题适用于基本层模型以及第二层维度的讨论。

作为理论中的概念的案例，我将回顾如社会革命、福利国家、民主等概念。这些概念在许多社会理论中是重要的自变量和因变量。虽然前几章已对这些概念进行了单独分析，但了解这些政治科学和社会学的核心概念在其他复杂概念中有何表现十分必要。

本书强调了在建构概念过程中本体论、可替代性以及因果机制的重要性。我把更多精力放在本体-语义方面，因为它们被认为是建构概念的一种方法。双层理论包含两个层级之间的因果关系。

潜变量方法通常将指标当作基本层原因的效应来构建模型。在这里，我将对相反模式进行探讨，即基本层因素如何成为第二层原因的效应。利用斯考切波案例，我展示了基本层因素（如国家崩溃）如何通过第二层因素（如国际压力）而产生。在双层模型中，因果箭头从第二层维度指向基本层。就因果机制而言，我们可以思考不同层级之间的关系。第二层维度为基本层现象的产生提供了不同的解释维度。

第二层和基本层之间的非因果关系采用的是可替代性方式。可替代性方式指代达到既定目的使用的不同方法(例如,外交政策的可替代性;Most and Starr,1989)。典型的例子是奥斯特罗姆关于"公共池塘资源机制"的理论(Ostrom,1991)。例如,一个重要的基本层因素是监督遵守制度规则的能力。但是,视社会和资源本身属性而定,实现成功的监管有诸多不同方式。这些手段和监管没有因果关系,它们是做事情的不同方法。

约翰·金登(Kingdon,1984)关于议程设定的作品揭示了可替代性和双层模型的其他特点。金登重新修订了他的"垃圾桶模型",将其变成一个包含三个源流的模型——问题、解决方案和政治背景,这三个源流对于推动议程的成功是充要的。他强调,三个因素同时发生作用的过程是偶然的和非线性的。他同时也强调了满足这三个因素的各种可替代性。

我使用唐宁(Downing,1992)著名的历史比较法来探讨双层理论的本体论版本。我不会花费太多笔墨探讨这些案例,因为它们在其他章节已经被广泛探讨。

双层理论构成了更为复杂的因果机制轮廓。我(Goertz,2017)关于因果机制的研究部分来源于双层理论多样性的分析。在最后的部分,我从自己因果机制的书籍中选取大量案例。这些案例超越了双层框架,但囊括了双层框架中的许多特征。格瑞兹马拉-巴斯(Grzymala-Busse,2007)关于政党对国家非剥削的因果机制研究揭示了本书如何与因果机制分析深度联系。

双层框架分析的力量体现为学者们如何含蓄地使用这种结构。双层框架已经被反复独立地发现和使用(我在许多不同场合使用这个,例如 Goertz,2003 和 Schenoni et al.,2020)。在本章最后,我们可以看到许多著名社会科学家使用这个框架。

10.2　双层理论的结构

本节中,我使用基本层和第二层描述双层理论的基本结构。我还回顾了存在于两个层次的因果和本体论结构以及共存于第二层和基本层的不同关系种类。

10.2.1　基本层

在双层理论中，基本层包含了作为整体的理论本身的主要原因变量和结果变量。基本层变量构成了双层理论的基石，但当变量被放在一起构建理论时便存在不同的逻辑关系。我发现，在基本层，多数质性和比较研究使用了双层次结构：(1)对结果而言一系列充分必要的因果因素；(2)对结果而言一系列充分的但不必要的因果因素。我将情况(1)称为"必要原因的结合"，并以此来强调必要性因素的结合对于结果是充分的。我把情况(2)称为"等效性"，意味着有多样的条件和多重路径能足够帮助产生同样的结果和目的（Ragin，1987）。等效性的经典案例是巴林顿·摩尔（Moore，1966）的论点，即走向现代世界有三条独立的道路。

必要原因结合的相关基本逻辑可以被指定为：

$$X\text{"和"}Z \rightarrow Y \qquad\qquad (10.1)$$

在此公式中，有两个对于 Y 而言的充分且必要的条件（X 和 Z）。公式 10.1 中的 → 有两层含义：第一是数学逻辑中的标准解释——"对……是充分的"；第二是图中的标准解释——"……的原因"。我将这一基本结构用"和"来定义。

在线性代数中，以乘法或加法为形式的运算与"和"与"或"逻辑相同。我不使用这个数学语言是因为这些案例使用数学逻辑，例如充分必要条件。另外，人们在多大程度上可以使用现成的统计方法模拟或测试两极理论还比较模糊。基于这个原因，本章主要讨论数学逻辑和集合论。

第二个逻辑结构是等效性。与公式 10.1 相比，在这一结构中并没有诸多数学论断。相反，有许多方式能够促进 Y 的发生。这种达成 Y 的路径是：

$$X\text{"或"}Z \rightarrow Y \tag{10.2}$$

因此,等效性便是一个以"或"为特点的逻辑结构。

这两种类型并非在基本层上展示因果结构的唯一选择。例如,我们需要一个关注单独必要原因的基本层理论。同时,也可以形成更复杂的混合结构,例如,

$$(U\text{"和"}X)\text{"或"}(U\text{"和"}Z) \rightarrow Y \tag{10.3}$$

公式 10.3 有必要条件(即 U)和等效性[即 $(U\text{"和"}X)\text{"或"}(U\text{"和"}Z)$]。这些模型是定性比较分析生成的默认模型,也可以称为"QCA-INUS"模型。为了对比,我简要描述一下希克斯对早期福利国家的定性比较分析。

10.2.2　第二层

第二层的变量距离核心论点稍远点,并且是指那些不容易被记住或处理的概念。但是,这些变量无疑发挥着重要的理论作用。例如,在关于民主的因果影响的理论中,自由选举、公民自由、广泛的选举权等通常发挥主要的作用,即使这些概念与基本层中的民主概念相比是第二层的。

考虑双层理论中的解释性要素时,我们可以看到,第二层和基本层之间存在三种关系:因果的、本体论的及可替代性的。需要强调的是,这里的关系没有一个是将第二层变量作为基本层变量的指标或测量的。第二层变量的作用并不旨在操作基本层变量。相反,在双层理论中,第二层变量与主要结果变量总是存在因果关系。双层理论较为复杂,因为第二层变量对结果变量的影响取决于它如何与基本层变量相联系。

首先,第二层变量与解释性的基本层变量之间存在因果关系;在这种情况下,第二层变量表示"原因的原因"。由于两个层次之间存在因果关系,第二层变量通过产生基本层因果变量来影响主要结果变量。因此,当两个层次之间存在因果关系时,可以讨论更远的原因(即第二

层原因）和更近的原因（即基本层原因）。

其次，两个层次之间存在本体论联系。第二层变量代表了构成基本层变量的定义属性；第二层变量也是构成基本层变量的要素。

卡特赖特（Cartwright，1989）讨论了"因果力量"概念并认为解释因素中的第二层维度通常具有因果力量。正如第3章因果力量准则所讨论的那样，这便是为什么它们被选择作为解释变量最主要的定义性特征。例如，自由选举、公民自由、广泛的选举权都是构成基本层民主概念的本体论第二层变量。我用"本体论"来描述这种关系，因为它强调了议题与基本层概念所指代的现象的基本属性、结构和潜在成分相关。

第二层变量在解释为什么基本层面的因果变量会有这样的影响方面起着关键的因果作用。民主和平的制度理论援引了选举来解释为什么民主国家间互不打仗。在这一理论中，选举的第二层变量对于战争的主要结果变量具有因果影响。

最后，我讨论第二层与基本层之间的可替代关系。第二层变量既不是原因也不是基本层因果变量的构成要素。每一个第二层变量都是给定的基本层变量的替代方法。在基本层是诸如"劳工社团"的概念（Collier and Collier，1991）。第二层的可替代性是指对劳工可以或已经在不同国家结社的各种方式的分析。在一些国家，这种社团通过政党的形式出现，而在另一些国家是通过国家完成的。

乔菲-雷维利亚（Cioffi-Revilla，1998）强调，可替代性与系统中的冗余有关（例如，Bendor，1985；Landau，1969）。如果必要的组成部分有备份和可替代的资源，那么系统就会更加稳定。一个例子是美国通过地-空-潜艇三位一体的武器来进行核威慑。如果该威慑系统中一个或者两个分支被摧毁，在系统中仍有足够的剩余力量，让美国有能力来进行第二次核打击（Cioffi-Revilla，1998）。

双层理论是独特且有效的，因为第二层变量与基本层变量系统性地密切相关。第二层变量的引入不仅增加了由基本层发展的论点的复杂性，也有助于分析者从经验层次上证实在基本层的论点。为了验证基本层上的论断，分析者必须利用第二层的信息，这使得他们能够降低分析的层次,并检验那些进一步阐释因果关系的因素。

因变量方面存在标准的多维度概念。与自变量不同,基本层和第二层之间的关系是一种本体论关系。这一本体论可以使用不同的替代性结构(也就是通过聚合技术)和可替代的程度。

双层理论不仅为未来的理论化提供了一种框架,而且对于理解现有理论也十分有帮助。许多社会科学家从两个层面来思考这一问题。围绕理论的诸多困惑(例如 Skocpol,1979),均来源于未能很好理解概念的层级以及它们之间的关系。本章余下的部分集中讨论不同社会理论家的理论解释和双层理论的特征,讨论顺序如下:斯考切波、奥斯特罗姆、金登、唐宁、希克斯和格瑞兹马拉-巴斯。每个案例都预示着双层理论的具体特征。

10.3 层次之间的因果关系：斯考切波的社会革命理论

我从斯考切波的《国家与社会革命》开始。该书试图通过与其他未发生社会革命的国家进行比较,来解释法国、俄国、中国社会革命的起源。尽管这本著作备受关注,但大部分分析者并没有让读者清晰地看到它的双层结构。图 10.1 总结了它的理论和因果结构。

10.3.1 基本层

在基本层,《国家与社会革命》是一种两个必要原因的联合结构,即对于社会革命结果而言,两个必要原因结合起来是充分的。斯考切波概括了两个基本层的原因：

> 我已经指出,(1)当受到来自国外更发达国家的强烈压力时,国家组织易走向行政和军事崩溃;并且(2)与有利于普遍的农民起

义反抗地主的农业社会政治结构一起，成为 1789 年法国、1917 年
俄国和 1911 年中国出现社会革命局势的充分而独特的原因。
(Skocpol，1979：154)

上述两个因素可以被简单概括为"国家崩溃"和"农民起义"。由于
这些变量存在于基本层，大多数对斯考切波著作较好的总结都提到了
它们。

斯考切波明确地指出，对社会革命来说，这两个原因是联合的（而
不是单独的）充分条件。从她的论断可以清楚地看出，这两个因素"综
合起来，便成为……充分而独特的原因"，即如果没有农民起义，国家崩
溃就不会导致社会革命(Skocpol，1979：112)。另外，通过检验上述两
个因素只出现一种时的非社会革命案例，她试图从经验上论证，任何一
个单独的条件都不足以导致社会革命。

《国家与社会革命》中很难找到斯考切波关于"核心变量对社会革
命是必要的"一些显而易见的段落。但也有一些段落强烈暗示了两个
核心变量的必要条件属性，例如：

> 然而，在迄今为止所有真实的（即成功的）社会革命中，农民起
> 义是起决定作用的因素……没有农民起义的话，在以农业为主的
> 国家中，城市激进主义最终也无法完成社会革命的转变……作为
> 社会革命，它们(1848 年英国和德国的革命)失败了，其中部分原
> 因在于没有农民起义来反抗拥有土地的上层阶级。(Skocpol，
> 1979：113)

另外，斯考切波被广泛理解为确定必要原因（例如，Kiser and
Levi, 1996：189—190；Dion, 1998)。她的著作被拉金作为必要条件
的核心案例："'国家崩溃'和'大众起义'都是'社会革命'的必要条件。"
(Ragin, 2000：219)

《国家与社会革命》的基本层次论点有等式的规范结构（如图 10.1)，
这就是我们所称的必要原因的结合。简而言之，斯考切波在基本层中

关于社会革命的基本理论可以被概括为:

> 对于社会革命,国家崩溃和农民起义单个都是必要的,而联合起来是充分的。

这一主张主要受到某些范围条件的限制,例如,缺乏殖民历史的农业官僚国家的出现。在斯考切波确定的范围内,国家崩溃和农民起义代表了一种单个必要而联合充分的变量的结合。

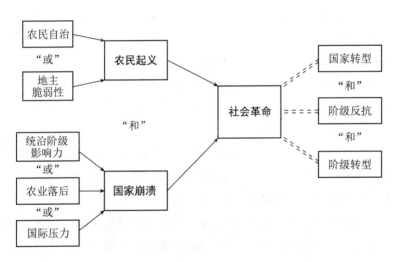

图例: ==== 本体论关系   ⟶ 因果关系

图 10.1　双层理论:《国家与社会革命》

10.3.2　第二层

在第二层,斯考切波重点关注能够导致国家崩溃和农民起义的不同过程。第二层变量和基本层变量间存在一种因果关系。这种因果关系的逻辑结构是一种等效性,即第二层变量无论对国家崩溃还是对农民起义都是充分但不是必要的。为了从形式上以这种方式概括斯考切波论点的特性,我在理论的第二层结构上使用"或"。因此,尽管斯考切波的理论建立在基本层必要条件的因果结合之上,但在第二层仍是以等效性为主要特征。

在解释国家崩溃的基本层原因上,斯考切波的分析聚焦三个第二层原因:(1)国际压力,它引起了制度执行者的危机;(2)统治阶级影响力,它阻止政府领导者实施现代化改革;(3)农业落后,它阻止了国家对政治危机的反应。斯考切波在农民起义问题上集中强调两个第二层变量:(1)促进农民自发集体行动的自治与团结;(2)引发乡村阶级转变的地主脆弱性。

基于传统的形式,斯考切波运用一种必要和充分条件结构来定义社会革命:"社会革命是一个社会的国家和阶级结构的快速的、基本的变革;它们伴随着并部分地由自下而上以阶级为基础的革命所推动。"(Skocpol,1979:4—5)这一定义认为,社会革命由三个要素构成:(1)自下而上的阶级反抗;(2)国家结构快速和基本的转型;(3)阶级结构迅速和基本的转型。[①]斯考切波明确指出,如果这三个属性中缺少任意一个,就不应该将该案例称为社会革命。从这个意义上来说,这三个属性中的每一个都是社会革命所必需的。斯考切波也解释道,某一个事件被归类为社会革命,上述三个要素的同时出现是充分的:任何包含这三个要素的案例都可以被定义为社会革命。

考虑到斯考切波使用充分必要条件来定义结果变量,在说明斯考切波三个定义组成部分和社会革命之间的关系时使用"和"是合适的。当结果变量的双层结构被附加在原因变量的双层结构上时,图10.1中描述的全部论点便出现了。

关于斯考切波的很多辩论,都可以追溯到什么样的变量属于什么样的层次以及不同层次的结构关系的困惑。毫不奇怪,这对理论的检验有重要的影响。我推荐对斯考切波理论的经验检验感兴趣的读者(其中所有的变量都被编码,理论的经验逻辑都被经验检验)参考本书第一版,其中包含了斯考切波模型较为完整的经验分析。

斯考切波的案例解释了双层模型的一些特征,这些特征使双层模

---

① 考虑到第一个要素可能与其他两个要素有一定因果关系,第一个要素在一些程度上是存在问题的。这便提出了第一个要素是否应该隶属于模型自变量的问题。

型广受欢迎且颇有助益：

(1) 基本层的必要条件通常是在高度抽象层面上设置的。这是因为它们的目的是一般理论和因果关系的构建。重要的是，它们被应用于许多不同的案例：它们是跨案例概念。

(2) 第二层提供了对因果机制的局部条件和具体内容的敏感性。书中讨论了不同案例如何展示不同因素结合的因果机制。

(3) 就等效性而言，在基本层不存在，但第二层有诸多讨论。

(4) 正如回归和事件史等统计模型所展示的一样，由于结果值并不是个体影响的统合，该模型是非线性的。这是由于它具有较高的交互性质。

特征(1)和特征(2)解释了比较历史和多案例研究学者发现该模型富有吸引力的原因。它使基本层明确的因果论断与具体案例细节敏感性相结合。基本层的充分必要条件结构非常固定，灵活性通常发生于第二层。

10.4 第二层的可替代关系：奥斯特罗姆-金登模型

双层理论第二个主要的类别使用了第二层的可替代关系。用多条道路的比喻来说，到罗马的多条道路(因为条条大路通罗马①)并不是通往罗马的原因，而是对于要去往罗马的旅行者的选择。这些道路可以在因果解释中发挥作用。例如，来自罗马的一些人的缺席可能被解释为通往罗马道路的缺失。虽然可替代的关系本身并不是因果的，但它可以在个体案例的因果解释中发挥重要作用。

---

① 这指的是罗马帝国的道路体系，在这一体系中，罗马被置于中心，每条通往罗马的道路都与之连接。

10.4.1　公共池塘资源制度：奥斯特罗姆

在基本层和第二层之间使用可替代关系的双层理论，经典案例是奥斯特罗姆的著作(Ostrom，1991)。奥斯特罗姆确定了对于她的核心结果，"制度功效"是必要的八种条件。①在这八种条件中，监控和制裁尤其重要。在美国政治学学会的主席演讲中，奥斯特罗姆选择了它们作为特殊强调："最稳健、持久的公共池塘制度包含了清晰地遵守监控规则和强制服从的逐步制裁机制。"(Ostrom，1997:8)。她的论点强调了联合即为充分的必要条件。在图 10.2 中，我通过聚焦"监控"和"制裁"对于制度功效的结果是单一必要的还是联合充分的来展示基本层理论(关于该模型的论述，参见 Goertz，2003)。

一个主要的因果特征是，监控和制裁是成功的决定性因素。展示这些功能有诸多方式。这并不意味着它们在成本和效益上是等同的，而是它们确实满足了这样的功能。

在第二层，奥斯特罗姆厘清了与制裁和监控的具体方法有关的变量，也因此在不同层级之间采用了可替代的关系。她描述了监控能取得成效的两种方式：制度中的成员或付费代理人。很明显，这两种类型没有引发或定义关于监控的基本层变量。类似地，制裁的基本层原因可以被归结为两种方式中的一种：制度性官僚或付费警察。其关系再次是一个等效性：一般而言，制度性官员制裁或付费警察制裁都是制裁的方式。

下面是基本层如何聚焦于一个对所有公共池塘资源制度都常见的因素的典型案例(例如监控)。第二层是一种对不同社会如何使用不同的资源技术开始执行一种监控体系的分析。在基本层，核心事实是某人在监控；第二层则展示了在不同案例中可能发生的替代方式，换言之，第二层变量对于基本层变量是充分的等效性情景(正如图 10.2 所展示的"或"逻辑)。

---

① 它们是：(1)监控；(2)分等级制裁；(3)明确的边界与隶属关系；(4)相同的规范；(5)冲突解决机制；(6)组织被认可的权利；(7)嵌套的单元；(8)集体选择理论(Ostrom，1991:180)。

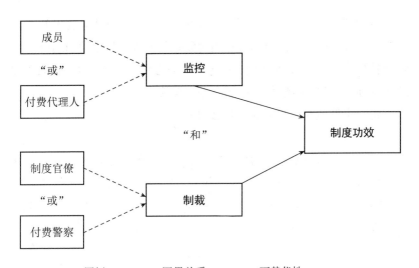

图例：——→ 因果关系 - - - -→ 可替代性

资料来源：改编自 Ostrom，1991；亦可参阅 Goertz，2003。

图 10.2 公共池塘资源机制的双重模型

奥斯特罗姆模型展示了双层模型的重要特征：

（1）监控和制裁的方法是可以被替代的，但却在个体案例的因果解释中发挥重要作用。

（2）双层理论提供了关于功能性理论和机制的框架。对于一个运行良好的机制，它需要承担一些功能。机制和公共物品模型都集中于解释集体物品是如何被制造的。运用这一语言，我们可以开始在公共物品的语境下思考经济生产函数。人们可以通过用"制裁"和"监控"代替"劳动力"和"资本"来为国际机制或奥斯特罗姆的环境制度建立模型（参见第6章包含生产函数的聚合函数的讨论）。

10.4.2 金登的议程设定模型

在他一本极具影响力的书中，约翰·金登提出了一个模型，解释为什么一些议题被纳入华盛顿联邦政府的决策议程，他同样感兴趣的是，为什么一些看似重要的议题却不存在于议程中。

他的议程设定模型包含了三个源流，反映了议程设定过程的主要特征：(1)存在由强大的行动者在内部制造的或外部发生的问题(例如，埃博拉病毒)；(2)存在解决问题的方案；(3)有利的政治背景。如图 10.2 所示，我们有三个区域，每个区域有一个源流。

每一个源流对议程的成功是必要的：

> 如果三个要素中的一个不存在了——如果一种解决方案不存在(政策源流)，问题就不会被找到，或并不令人信服，或得不到政治上的支持，那么，在议程决策中主题的位置是不固定的。(Kingdon，1984：187)

当以上三个源流恰好同时发生，充分性便形成了：

> 在议程中，一个问题的产生是在给定时间点上不同要素聚合在一起的结果，而不是某一个或一些单独要素的结果……正是它们共同作用才如此强大。(Kingdon，1984：188；后来，人们还用例如"形成了源流汇合"表达这种观点)

金登同时强调，上述政治条件能够被满足的方式多种多样：政治危机、定期更新立法、选举等。问题以多种形式存在。解决方案也来源于不同的意识形态立场。

除以上讨论外，金登的模型也解决了其他问题：

(1) 金登强调的重要的一点(也引发了诸多褒奖与批评)是这一过程如何成为偶然。只有当三个条件同时发生时，主题才会被纳入议程中。

(2) 机会窗口模型。如果一个理论频繁使用"窗口"隐喻，那么至少是双层理论。社会运动当中的政治机会结构有窗口属性。

(3) 代理人-结构或微观-宏观。双层模型的许多应用都有两种不同的变量：结构的、背景的和语境的因素；代理人、动机以及个体层面因素。对金登来说,政治流和问题流形成背景和窗口因素,而政治企业家及解决的方式则是催化因素。

(4) 一种源流的消失解释了为什么一些事件并不在议题中以及为什么将一些事件纳入议题是很难的。

10.5 双层理论的其他突出案例

在本章中,我列举了使用双层模型的突出案例。虽然我并不了解所有使用双层模型的作品,但我所知道的这方面的作品包括 Blake and Adolino(2001)、Ertman(1997)、Goertz(2003)、Jacoby(2000)、Linz and Stepan(1996)、Marks(1986)、Weede(1976)、Wickham-Crowley (1991)和 Schenoni et al. (2019)(可以从本书附带的关于双层理论部分的线上练习获得更多案例)。

在关于国家、公共政策和社会运动/革命的文献中有关于双层理论思想的丰富运用。本章的一个目的便是构建一些研究者发现的十分有用的解释性理论。与其每次重新构建双层模型,我认为,对它的结构和属性的明确认识将有助于增强未来学术研究理论和方法的严谨性。

乔菲-雷维利亚(Cioffi-Revilla,1998)以及乔菲-雷维利亚和斯塔尔 (Cioffi-Revilla and Starr,1995)像奥斯特罗姆一样,为双层模型提供了数学和概率上的分析。莫斯特和斯塔尔介绍了外交政策可替代性这一有影响力的概念(Most and Starr,1984;亦可参见《冲突解决杂志》2002 年第 39 卷第 1 期[*Journal of Conflict Resolution*,2002,39(1)])。他们同样也因这一理念而著名,即机会和意愿对于外交政策行动而言是充分必要的。如果将机会和意愿放在基本层,外交政策可替代性放在第二层,我们便可以得到如图 10.2 所示的模型。乔菲-雷维利亚和斯塔尔(Cioffi-Revilla and Starr,1995)明确了自身研究与双层模型的紧密联系,并以一种完全概率的方式将其模型化。巴拉的获奖论文(Bara,2014)使用机会和意愿框架通过定性比较分析将内战发生的不同因素整合在一起。

10.6 不同层次的本体论关系：唐宁与早期现代民主

唐宁（Downing，1992）的《军事革命与政治变革》（*The Military Revolution and Political Change*）提出了早期现代欧洲自由民主起源的双层理论（参考图 10.3）。在基本层，唐宁提出了两个对自由民主而言的充分必要联合原因：(1)中世纪宪政主义，即包含代议制议会和其他宪政特征的制度遗产；(2)军事革命的缺失，即在 16—17 世纪没有出

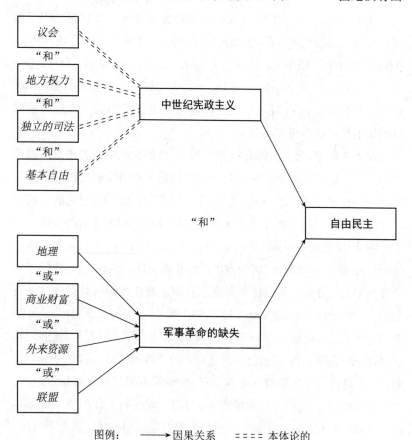

图例：———→ 因果关系 ＝＝＝＝ 本体论的

资料来源：基于 Downing，1992。

图 10.3 自由民主早期现代根源的双层模型

于战争目的的国内资源动员。用他的话说："简单地说，中世纪欧洲国家拥有大量的制度、程序和安排，如果与少量的人力、经济资源的战争动员相结合，就奠定了随后数个世纪的民主基础。"(Downing，1992：9)

在双层理论中，中世纪宪政主义由四个代表"中世纪宪政主义"的第二层变量所构成。唐宁将中世纪宪政主义定义为"控制税收事务、战争与和平的议会；限制王权的地方权力中心；独立的司法与法治的发展；大多数人口享有的基本的自由与权利"(Downing，1992：10)。如图 10.3 所示，当针对中世纪宪政主义进行建模时，唐宁利用传统的充分必要条件方法来对概念成员进行分析(图中用"和"表示)。这些本体论的第二层变量由于影响民主的可能性而被纳入因果分析中。例如，如果一个国家缺乏一个或多个中世纪宪政主义的定义属性(例如独立司法)，那么这个国家也缺乏针对民主的一种本质先决条件(即必要条件)。因此，本体论的第二层变量与基本层结果变量存在因果关系。

对"不存在军事革命"的基本层原因，它与第二层的关系是等效性。四个第二层变量均是军事革命缺失时的替代原因。因此，当面对激烈战争时，如果存在以下一种或者多种原因，一个国家可以避免大量调动用于军事目的的国家资源：(1)能为阻止军队入侵提供天然屏障的地理环境；(2)允许国家能够自保且同时仅动员一小部分资源用于战争的商业财富；(3)当战争在一国领土之外进行时的外来资源调动；(4)减少必须被动员的国内资源的联盟(Downing，1992：78—79，240)。唐宁理论的一个关键方面便是探索特定国家如何避免军事革命和稳步走向民主的不同路径。

关于本体论的双层模型无须赘言，因为它在很多方面是本书的研究重点。事实上，在作为因果因素复杂概念的多维度本质中，存在着关于这些本体论特征如何在理论中发挥作用的争论。

10.7 双层理论：INUS、定性比较分析与 SUIN

定性比较分析产生单层模型，在单层模型中存在不同路径通向结果变量。但是，就两个层次而言，使模型概念化能够使结果的解释在形式上和理论上都更加一致。

常见的情况是，当定性比较分析的结果如下：

$$Y=(A*B*C)+(A*B*D) \tag{10.4}$$

把 C 和 D 看作相互的替代品在理论上和实践上都讲得通。因此，双层模型例如

$$Y=A*B*E \tag{10.5}$$

$$E=C+D \tag{10.6}$$

拉金关于定性比较分析的讨论主要涉及如下逻辑结构（Ragin，1987；Ragin，2008；Ragin and Fiss，2017）：基本层中的可替代性以及第二层的必要条件。目前讨论的例子有相反的结构：基本层必要条件与第二层等效性的结合。我并不认为在这里描述的模型比典型的质性比较分析更重要，但是我们需要认识到这个模型本身是强大的、普遍的。在本章中，我考虑与质性比较分析相类似的逻辑结构。

我考察希克斯等人关于 20 世纪 20 年代社会供给扩张关键时期福利国家构建理论相关的双层理论（Hicks et al.，1995；如图 10.4）。其结果是通过家族相似性方法来概念化的。如果一个国家采取了四种经典的福利项目中的至少三种，这个国家将被编码成"福利国家"：(1)养老金制度；(2)健康保险；(3)工人补助金；(4)失业救济。在第二层变量与结果变量之间存在等效性关系：没有单个条件是必要的；通向福利国家有多重路径。

在基本层，因果理论结构也是一种等效性。主要的第二层变量有工人阶级动员、宗族国家、一元民主、天主教统治以及自由政府。定性比较分析产生了一个与先前理论相类似的相对简约的模型，但却在其他领域更为丰富。在最后的模型中，分别存在"通往早期福利国家合并的三条路线……(1)'俾斯麦'路线；(2)一元民主'自由-劳工'路线；(3)天主教家长式—元民主路线"（Hicks et al.，1995：344）。上述路

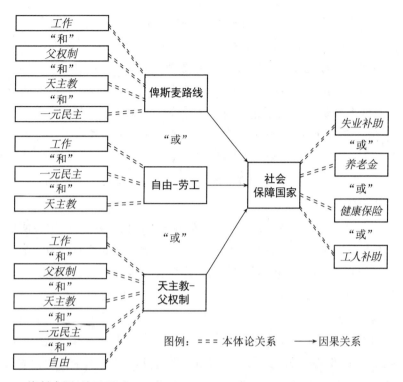

资料来源：基于 Hicks et al.，1995。

图 10.4　社会保障国家发展的双层模型

线由以下变量所表达：(1) **工作**和**父权制**和*天主教*和*一元民主*；(2) **工作**和**一元民主**和*天主教*；(3) **工作**和**父权制**和**天主教**和**一元民主**和*自由*。在展示这些等式的过程中，我遵循了标准的定性比较分析实践，用大写字母指现有的变量，小写字母指缺失的变量。*

　　质性比较分析也因此得到了实质突破。对于实现福利国家，工人阶级动员是必要但非充分条件。在俾斯麦路线中，工人阶级动员与父权专制相结合，产生福利国家。在另外两条路线中，福利国家产生于民主国家面临工人阶级动员时或在自由分子的支持下，或在父权制情景中天主教徒的支持。虽然学者讨论了自由分子对构建福利国家的重要意义，但希克

---

　　* 中文版中，现有的变量用粗体表示，缺失的变量用斜体表示。——译者注

斯和他的合作者建议,福利合并的天主教路线同样也是至关重要的。

　　为了使定性比较分析结果再概念化,分析人员必须明确使 C 和 D 作为替代品的概念 E。这将包含从抽象意义向上移动到更为一般的概念。例如,阿门塔与波尔森(Amenta and Poulsen, 1996)认为,新政政策有两个必要条件,如养老金、投票权以及缺乏政治赞助等。为实现这些条件,积极通过政府推动改革的机制必须被建立。这可以通过可替代的方式发生,例如"管理权"或"民主党派或第三政党"(Amenta et al., 1992)。这些可替代的方式便是变量 C 和 D,而实施改革的一般思想便是变量 E。

　　人们通常可以使用双层理论重新解释定性比较分析,特别是使用可替代性关系。这也是双层理论提供了丰富的方法论工具的另一个原因:它们可以通过将单层模型重新解释为双层模型来帮助理解结果。

　　马奥尼引入了 SUIN 因素。SUIN 因素与双层理论有相同的逻辑结构。"与麦凯(Mackie)的 INUS 因素相比较,SUIN 因素是一个对影响因素充分(sufficient)但非必要(unnecessary),却对结果非充分(insufficient)但必要(necessary)的部分。在这里,一个必要因素的构成条件被作为因素本身来对待。"(Mohaney, 2008:419)马奥尼以摩尔的研究为例:X"和"$Z \rightarrow Y$,其中(A"或"B)$\rightarrow Z$(Y=民主路径,X=强大的资产阶级,Z=政治上处于从属地位的贵族,A=资产阶级与贵族的联盟,B=弱贵族)。在本章中,SUIN 因素是基本层的第二层因素,它们在产生因素 Z 时,有明显的可替代关系。

　　通常,定性比较分析、INUS 和 SUIN 模型和结果都是双层理论上的一些变化。其主要特征是,所有这些都是双层的。它们之间的不同是层次之间的关系,以及第二层因素如何组成基本层的因素。

10.8　概念与因果机制

　　双层理论与因果机制有着紧密的联系。不同层次的组合与本体论、可替代性和因果关系为勾勒出因果机制提供了工具。图 10.5 讲述了我关于因果机制的研究中的重要案例(Goertz，2017)。

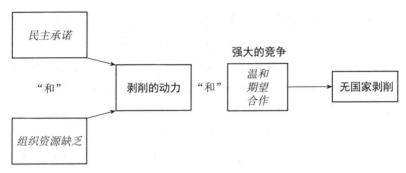

资料来源：基于 Grzymata-Busse，2007 和 Goertz，2017。

图 10.5　因果机制与双层理论：对国家剥削的限制

格瑞兹马拉-巴斯关于政党剥削国家原因的分析是一个好的例证。在基本层，我们看到两个核心概念——"剥削的动机""和""强大的竞争"，但它们是"无国家剥削"的充分条件。在第二层，(1)节制，(2)预期，或(3)合作构成了以不同形式组合的三种机制，从而产生了强大的竞争。在解释因素方面，"民主承诺"和"组织资源缺乏"是产生剥削的动力。

在我的书中(Goertz，2017)，大部分因果机制都扮演双层理论角色。一部分使用数学逻辑[例如，参考我对梅洛(Mello，2012)关于西方民主国家参与伊拉克战争决定的定性比较分析的评论]，另一部分使用统计分析框架，例如，佩夫豪斯(Pevehouse，2005)利用统计中的线性模型分析民主的政府间国际组织对民主稳定的影响。其因果机制变成了加权的求和而不是逻辑词"或"。简言之，双层理论提供了探究因果机制的方法论工具。

更笼统地说，多层次、多维度概念自然地与因果机制相联系。它们使研究人员更能将个案研究与因果机制的分析结合起来，也为进行多重案例研究提供了理论框架(例如，在我 2017 年关于因果机制的书中，读者可以参考关于大样本质性分析的讨论)。关注第二层使学者将第二层维度的选择与因果机制的理论联系起来。概念结构与整合的决定使得学者不得不思考不同层次间和层次内部的相关联系。

本书从语义学角度讨论了概念化与测量。语义学视角也是一种因果关系视角。从根本上说，因果机制是一种更细致、更具体的理论。第1章描述了"概念球杂耍"（图 1.1），其中概念起着精确描述和因果推断的作用。没有精确描述，因果推断毫无意义。因果推断和解释需要详尽阐述其中的因果机制。概念是因果机制的核心组成部分。由于我们想要改变世界，所以规范性维度出现在很多地方。将这些目标概念化就是将因变量概念化，这构成了政治行动的目的（Goertz，2020）。

参考文献

Adcock, R., and D. Collier. 2001. Measurement validity: a shared standard for qualitative and quantitative research. *American Political Science Review* 95:529–546.

Alexandrova, A. 2017. *A philosophy for the science of well-being.* Oxford: Oxford University Press.

Alkire, S., et al. 2015. *Multidimensional poverty measurement and analysis.* Oxford: Oxford University Press.

Allison, P. 1977. Testing for interaction in multiple regression. *American Journal of Sociology* 83:144–153.

Amenta, E., B. Carruthers, and Y. Zylan. 1992. A hero for the aged? The Townsend Movement, the political mediation model, and U.S. old-age policy, 1934–1950. *American Journal of Sociology* 98:308–339.

Amenta, E., and J. Poulsen. 1996. Social politics in context: the institutional politics theory and social spending at the end of the New Deal. *Social Forces* 75:33–60.

American Psychiatric Association. 1952. *DSM-I.* Washington, DC: American Psychiatric Association.

American Psychiatric Association. 1965. *DSM-II.* Washington, DC: American Psychiatric Association.

American Psychiatric Association. 1980. *DSM-III.* Washington, DC: American Psychiatric Association.

American Psychiatric Association. 1987. *DSM-III-R.* Washington, DC: American Psychiatric Association.

American Psychiatric Association. 1994. *DSM-IV.* Washington, DC: American Psychiatric Association.

American Psychiatric Association. 2000. *DSM-IV-TR.* Washington, DC: American Psychiatric Association.

American Psychiatric Association. 2013. *DSM-5.* Washington, DC: American Psychiatric Association.

Bara, C. 2014. Incentives and opportunities: a complexity-oriented explanation of violent ethnic conflict. *Journal of Peace Research* 51:696–710.

Beck, N., G. King, and L. Zeng. 2000. Improving quantitative studies of international conflict: a conjecture. *American Political Science Review* 94:21–35.

Belsley, D., E. Kuh, and R. Welsh. 1980. *Regression diagnostics: identifying influential data and sources of collinearity.* New York: John Wiley & Sons.

Bendor, J. 1985. *Parallel systems: redundancy in government.* Berkeley: University of California Press.

Bernhard, M., et al. 2017. Democratization in conflict research: how conceptualization affects operationalization and testing outcomes. *International Interactions* 43:941–966.

Blake, C., and J. Adolino. 2001. The enactment of national health insurance: a Boolean analysis of twenty advanced industrial countries. *Journal of Health Politics, Policy and Law* 26: 679–708.

Blalock, H. 1979. The Presidential Address: Measurement and conceptualization problems: the major obstacle to integrating theory and research. *American Sociological Review* 44: 881–894.

Blalock, H. 1982. *Conceptualization and measurement in the social sciences.* Beverly Hills: Sage Publications.

Bollen, K. 1989. *Structural equations with latent variables.* New York: John Wiley & Sons.

Bollen, K., and B. Grandjean. 1981. The dimension(s) of democracy: further issues in the measurement and effects of political democracy. *American Sociological Review* 46: 651–659.

Borges, J. 1960. *Otras inquisiciones.* Madrid: Alianza Editorial.

Borsboom, D. 2005. *Measuring the mind: conceptual issues in contemporary psychometrics.* Cambridge: Cambridge University Press.

Bowman, K., F. Lehoucq, and J. Mahoney. 2005. Measuring political democracy: case expertise, data adequacy, and Central America. *Comparative Political Studies* 38:939–970.

Brambor, T., W. Clark, and M. Golder. 2006. Understanding interaction models: improving empirical analyses. *Political Analysis* 14:63–82.

Braumoeller, B. 2004. Hypothesis testing and multiplicative interaction terms. *International Organization* 58:807–820.

Broome, A., et al. 2018. Bad science: international organizations and the indirect power of global benchmarking. *European Journal of International Relations* 24:514–539.

Brown, T. 2013. Latent variable measurement models. In T. Little (ed.) *The Oxford handbook of quantitative methods, vol. 2: statistical analysis.* Oxford: Oxford University Press.

Bueno de Mesquita, B. 1981. *The war trap.* New Haven: Yale University Press.

Burger, T. 1987. *Max Weber's theory of concept formation: history, laws, and ideal types.* Durham: Duke University Press.

Cartwright, N. 1989. *Nature's capacities and their measurement.* Oxford: Oxford University Press.

Cartwright, N., and R. Runhardt. 2014. Measurement. In N. Cartwright and E. Montuschi (eds.) *Philosophy of social science: a new introduction.* Oxford: Oxford University Press.

Cerioli, A., and S. Zani. 1990. A fuzzy approach to the measurement of poverty. In C. Dagum and M. Zenga (eds.) *Income and wealth distribution, inequality and poverty.* New York: Springer.

Chambers, R. 1988. *Applied production analysis: a dual approach.* Cambridge: Cambridge University Press.

Chang, R. (ed.) 1998. *Incommensurability, incomparability, and practical reason.* Cambridge: Harvard University Press.

Cheibub, J. 2007. *Presidentialism, parliamentarism, and democracy.* Cambridge: Cambridge University Press.

Cheibub, J., J. Gandhi, and J. Vreeland. 2010. Democracy and dictatorship revisited. *Public Choice* 143:67–101.

Cheibub, J., et al. 2013. Beyond presidentialism and parliamentarism. *British Journal of Political Science* 44:514–544.

Cioffi-Revilla, C. 1998. *Politics and uncertainty: theory, models and applications.* Cambridge: Cambridge University Press.

Cioffi-Revilla, C., and H. Starr. 1995. Opportunity, willingness, and political uncertainty: theoretical foundations of politics. *Journal of Theoretical Politics* 7:447–476.

Cobb, C., and P. Douglas. 1928. A theory of production. *American Economic Review* 18:139–165.

Cohen, M., and E. Nagel. 1934. *An introduction to logic and scientific method.* New York: Harcourt, Brace.

Collier, D., and J. Mahon. 1993. Conceptual "stretching" revisited: adapting categories in comparative analysis. *American Political Science Review* 87:845–855.

Collier, D., et al. 2008. Typologies: forming concepts and creating categorical variables. In J. Box-Steffensmeier, H. Brady, and D. Collier (eds.) *The Oxford handbook of political methodology.* Oxford: Oxford University Press.

Collier, R., and D. Collier. 1991. *Shaping the political arena: critical junctures, the labor movement, and regime dynamics in Latin America.* Princeton: Princeton University Press.

Cooper, R. 2013. Avoiding false positives; the role of zones of rarity, the threshold problem, and the DSM clinical significance criterion. *Canadian Journal of Psychiatry* 58:606–611.

Coppedge, M. 2012. *Democratization and research methods.* Cambridge: Cambridge University Press.

Coppedge, M., and J. Gerring. 2011. Conceptualizing and measuring democracy: a new approach. *Perspectives on Politics* 9:247–267.

Dahl, R. 1956. *A preface to democratic theory.* Chicago: University of Chicago Press.

Dahl, R. 1971. *Polyarchy: participation and opposition.* New Haven: Yale University Press.

Dahl, R. 1989. *Democracy and its critics.* New Haven: Yale University Press.

Dahl, R. 1998. *On democracy.* New Haven: Yale University Press.

Dasgupta, P. 2001. *Human well-being and the natural environment.* Oxford: Oxford University Press.

Davis, K., B. Kingsbury, and S. E. Merry. 2012. Introduction: global governance by indicators. In K. Davis et al. (eds.) *Governance by indicators: global power through quantification and rankings.* Oxford: Oxford University Press.

Deaton, A., and M. Grosh. 2000. Consumption. In M. Grosh and P. Glewwe (eds.) *Designing household survey questionnaires for developing countries, vol. 1.* Washington, DC: World Bank.

Dion, D. 1998. Evidence and inference in the comparative case study. *Comparative Politics* 30:127–145.

Dixon, W. 1994. Democracy and the peaceful settlement of international conflict. *American Political Science Review* 88:14–32.

Downing, B. 1992. *The military revolution and political change: origins of democracy and autocracy in early modern Europe.* Princeton: Princeton University Press.

Dul, J. 2016. Necessary condition analysis (NCA): logic and methodology of "necessary but not sufficient" causality. *Organizational Research Methods* 19:10–52.

Dusa, A. 2018. *QCA with R: a comprehensive resource*. New York: Springer.

Duverger, M. 1980. A new political system model: semi-presidential government. *European Journal of Political Research* 8:165–187.

Elgie, R. 2011. *Semi-presidentialism: sub-types and democratic performance*. Oxford: Oxford University Press.

Elgie, R. 2016. Three waves of semi-presidential studies. *Democratization* 23:49–70.

Elkins, Z., et al. 2009. *The endurance of national constitutions*. Cambridge: Cambridge University Press.

Ertman, T. 1997. *Birth of the leviathan: building states and regimes in medieval and early modern Europe*. Cambridge: Cambridge University Press.

EU Social Protection Committee. 2012. *Social protection performance monitor (SPPM) methodological report by the indicators sub-group of the social protection committee*. Brussels: EU.

European Commission. 2009. *Portfolio of indicators for the monitoring of the European strategy for social protection and social inclusion, 2009 update*. Brussels: EU.

Eurostat. 2005. Tools for composite indicators building. Luxembourg: EU.

Fagerberg, J. 2001. Europe at the crossroads: the challenge from innovation-based growth. In B. Lundvall and D. Archibugi (eds.) *The globalizing learning economy*. Oxford: Oxford University Press.

Fearon, J., and D. Laitin. 2003. Ethnicity, insurgency and civil war. *American Political Science Review* 97:75–90.

Fischer, C., et al. 1996. *Inequality by design: cracking the bell curve myth*. Princeton: Princeton University Press.

Foran, J. (ed.) 1997. *Theorizing revolution*. London: Routledge.

Fraassen, B. 2008. *Scientific representation: paradoxes of perspective*. Oxford: Oxford University Press.

Friedrich, K., and Z. Brzezinski. 1965. *Totalitarian dictatorship and autocracy*. Cambridge: Harvard University Press.

Friedrich, R. 1982. In defense of multiplicative terms in multiple regression equations. *American Journal of Political Science* 26:797–833.

Fukuda-Parr, S., et al. 2015. *Fulfilling social and economic rights*. Oxford: Oxford University Press.

Gärdenfors, P. 2000. *Conceptual spaces: the geometry of thought*. Cambridge: MIT Press.

Geddes, B. 2003. *Paradigms and sand castles: theory building and research design in comparative politics*. Ann Arbor: University of Michigan Press.

Geddes, B., J. Wright, and E. Frantz. 2014. Autocratic breakdown and regime transitions: a new dataset. *Perspectives on Politics* 12:313–331.

Geddes, B., et al. n.d. Autocratic regimes code book, version 1.2. Manuscript. UCLA.

Gerring, J. 2001. *Social science methodology: a criterial framework*. Cambridge: Cambridge University Press.

Gerring, J. 2017. *Case study research: principles and practices*, 2nd edition. Cambridge: Cambridge University Press.

Gilman, A., and J. Hill. 2007. *Data analysis using regression and multilevel/hierarchical models.* Cambridge: Cambridge University Press.

Gleditsch, K., and M. Ward. 1999. A revised list of independent states since the Congress of Vienna. *International Interactions* 25:393–413.

Goertz, G. 2003. *International norms and decision making: a punctuated equilibrium model.* New York: Rowman & Littlefield.

Goertz, G. 2006. *Social science concepts: a user's guide.* Princeton: Princeton University Press.

Goertz, G. 2017. *Multimethod research, causal mechanisms, and case studies: an integrated approach.* Princeton: Princeton University Press.

Goertz, G. 2020. Peace: the elusive dependent variable and policy goal. *Perspectives on Politics* 18:200–204.

Goertz, G., P. Diehl, and A. Balas. 2016. *The puzzle of peace: the evolution of peace in the international system.* Oxford: Oxford University Press.

Goertz, G., T. Hak, and J. Dul. 2013. Ceilings and floors: Where are there no observations? *Sociological Methods & Research* 42:3–40.

Goertz, G., et al. 2019. Conceptualizing and measuring civil negative peace (CNP): a modular approach. Manuscript.

Goodfield, J., and S. Toulmin. 1962. *The architecture of matter.* Hutchinson

Greene, W. 1993. *Econometric analysis,* 2nd edition. London: Macmillan.

Grzymała-Busse, A. 2007. *Rebuilding leviathan: party competition and state exploitation in post-communist democracies.* Cambridge: Cambridge University Press.

Gunther, R., and L. Diamond. 2003. Species of political parties: a new typology. *Party Politics* 9:167–199.

Gurr, T., K. Jaggers, and W. Moore. 1990. The transformation of the Western state: the growth of democracy, autocracy, and state power since 1800. *Studies in Comparative International Development* 25:73–108.

Harré, R., and E. Madden. 1975. *Causal powers: a theory of natural necessity.* Oxford: Basil Blackwell.

Haughton, J., and S. Khandker. 2009. *Handbook on poverty and inequality.* Washington, DC: World Bank.

Hausman, D. 2015. *Valuing health: well-being, freedom, and suffering.* Oxford: Oxford University Press.

Heckman, S. 1983. *Weber, the ideal type, and contemporary social theory.* Notre Dame: University of Notre Dame Press.

Herrnstein, R., and C. Murray. 1994. *Bell curve.* New York: Free Press.

Hicken, A., and H. Stoll. 2012. Are all presidents created equal? Presidential powers and the shadow of presidential elections. *Comparative Political Studies* 46:291–319.

Hicks, A. 1999. *Social democracy & welfare capitalism: a century of income security politics.* Ithaca: Cornell University Press.

Hicks, A., J. Misra, and T. Ng. 1995. The programmatic emergence of the social security state. *American Sociological Review* 60:329–349.

Huntington, S. 1968. *Political order in changing societies.* New Haven: Yale University Press.

Illari, P., and J. Williamson. 2011. Mechanisms are real and local. In P. Illari et al. (eds.) *Causality in the sciences.* Oxford: Oxford University Press.

Jacoby, W. 2000. *Imitation and politics: redesigning modern Germany.* Ithaca: Cornell University Press.

Jaggers, K., and T. Gurr. 1995. Tracking democracy's third wave with the Polity III data. *Journal of Peace Research* 32:469–482.

Jencks, S., et al. 2003. Change in the quality of care delivered to Medicare beneficiaries, 1998–1999 to 2000–2001. *Journal of the American Medical Association* 289:305–312.

Kaltwasser, C. 2019. How to define populism? Reflections on a contested concept and its (mis)use in the social sciences. In G. Fitzi et al. (eds.) *Populism and the crisis of democracy, vol. 1.* London: Taylor & Francis.

Karantycky, A. 2000. *The comparative study of freedom, 1999–2000: survey methodology.* Washington: Freedom House.

Karl, T. 1990. Dilemmas of democratization in Latin America. *Comparative Politics* 23:1–221.

Kaufman, D., et al. 2007. Growth and governance: a reply. *Journal of Politics* 69:555–562.

Kelley, J. 2017. *Scorecard diplomacy: grading states to influence their reputation and behavior.* Cambridge University Press.

Kelley, J. and B. Simmons. 2015. Politics by number: indicators as social pressure in international relations. *American Journal of Political Science* 59:1146–1161.

Kelley, J., and B. Simmons. 2019. Introduction: the power of global performance indicators. *International Organization* 73:491–510.

Khalidi, M. 2013. *Natural categories and human kinds: classification in the natural and social sciences.* Cambridge: Cambridge University Press.

Kim, J.-O., and G. Ferree. 1981. Standardization in causal analysis. *Sociological Methods & Research* 10:187–210.

Kim, N. 2018. Are military regimes *really* belligerent? *Journal of Conflict Resolution* 62:1151–1178.

Kingdon, J. 1984. *Agendas, alternatives, and public policies.* Boston: Little, Brown.

Kiser, E., and M. Levi. 1996. Using counterfactuals in historical analysis: theories of revolution. In P. Tetlock and A. Belkin (eds.) *Counterfactual thought experiments in world politics: logical, methodological, and psychological perspectives.* Princeton: Princeton University Press.

Kitcher, P. 1992. The naturalists return. *Philosophical Review* 101:53–114.

Kosko, B. 1993. *Fuzzy thinking: the new science of fuzzy logic.* New York: Hyperion.

Kotowski, C. 1984. Revolution. In G. Sartori (ed.) *Social science concepts: a systematic analysis.* Beverly Hills: Sage Publications.

Kraidy, M. 2005. *Hybridity, or the cultural logic of globalization.* Philadelphia: Temple University Press.

Krishnakumar, J. 2007. Going beyond functionings to capabilities: an econometric model to explain and estimate capabilities. *Journal of Human Development* 8:39–63.

Krook, M. 2009. *Quotas for women in politics: gender and candidate selection reform worldwide.* Oxford: Oxford University Press.

Kuhlmann, J. 2018. What is a welfare state? In B. Greve et al. (eds.) *The Routledge handbook of the welfare state,* 2nd edition. London: Routledge.

Kurtz, M., and A. Schrank. 2007. Growth and governance: models, measures, and mechanisms. *Journal of Politics* 69:538–554.

Lakoff, G. 1987. *Women, fire and dangerous things: what categories reveal about the mind.* Chicago: University of Chicago Press.

Landau, M. 1969. Redundancy, rationality, and the problem of duplication and overlap. *Public Administration Review* 29:346–358.

Laurent, E. 2018. *Measuring tomorrow: accounting for well-being, resilience, and sustainability in the twenty-first century.* Princeton: Princeton University Press.

Lazarsfeld, P. 1966. Concept formation and measurement in the behavioral sciences: some historical observations. In G. DiRenzo (ed.) *Concepts, theory, and explanation in the behavioral sciences.* New York: Random House.

Lazarsfeld, P., and A. Barton. 1951. Qualitative measurement in the social sciences: classification, typologies, and indices. In D. Lerner and H. Lasswell (eds.) *The policy sciences: recent developments in scope and method.* Stanford: Stanford University Press.

Leamer, L. 1978. *Specification searches: ad hoc inferences with nonexperimental data.* New York: John Wiley & Sons.

Levitsky, S., and L. Way. 2010. *Competitive authoritarianism: hybrid regimes after the Cold War.* Cambridge: Cambridge University Press.

Lijphart, A. 1984. *Democracies: patterns of majoritarian and consensus government in twenty-one countries.* New Haven: Yale University Press.

Linz, J. 1975. Totalitarian and authoritarian regimes. In F. Greenstein and N. Polsby (eds.) *Handbook of political science.* Reading: Addison-Wesley.

Linz, J., and A. Stepan. 1996. *Problems of democratic transition and consolidation: Southern Europe, South America, and post-communist Europe.* Baltimore: Johns Hopkins University Press.

Locke, J. 1959 (1690). *An essay concerning human understanding.* New York: Dover.

Loyle, C., and H. Binningsbø. 2018. Justice during armed conflict: a new dataset on government and rebel strategies. *Journal of Conflict Resolution* 62:442–466.

Lucas, S., and A. Szatrowski. 2014. Qualitative comparative analysis in critical perspective [symposium]. *Sociological Methodology* 44:1–159.

Mac Ginty, R. 2010. Hybrid peace: the interaction between top-down and bottom-up peace. *Security Dialogue* 41:391–412.

Machery, E. 2009. *Doing without concepts.* Oxford: Oxford University Press.

Mahoney, J. 2008. Toward a unified theory of causality. *Comparative Political Studies* 41: 412–36.

Mansfield, E., and J. Synder. 2002. Democratic transitions, institutional strength and war. *International Organization* 56:297–337.

Marks, G. 1986. Neocorporatism, and incomes policy in western Europe and north America. *Comparative Politics* 18:253–277.

Marks, G., et al. 2017. *Measuring international authority: a postfunctionalist theory of governance, vol. III.* Oxford: Oxford University Press.

Masyn, K. 2013. Latent class analysis and finite mixture modeling. In T. Little (ed.) *The Oxford handbook of quantitative methods, vol. 2: statistical analysis.* Oxford: Oxford University Press.

McNeill, D., and P. Freiberger. 1994. *Fuzzy logic.* New York: Simon and Schuster.

Mello, P. 2012. Parliamentary peace or partisan politics? Democracies' participation in the Iraq War. *Journal of International Relations and Development* 15:420–453.

Merry, S. 2016. *The seductions of quantification: measuring human rights, gender violence, and sex trafficking.* Chicago: University of Chicago Press.

Mill, J. S. 1905 (1859). *System of logic, ratiocinative and inductive.* London: Routledge.

Milligan, G., and M. Cooper. 1988. A study of standardization of variables in cluster analysis. *Journal of Classification* 5:181–204.

Mintz, A. 1993. The decision to attack Iraq: a noncompensatory theory of decision-making. *Journal of Conflict Resolution* 37:595–618.

Moore, B. 1966. *The social origins of dictatorship and democracy: lord and peasant in the making of the modern world.* Boston: Beacon Press.

Morgenbesser, L., and T. Pepinsky. 2019. Elections as causes of democratization: southeast Asia in comparative perspective. *Comparative Political Studies* 52:3–35.

Most, B., and H. Starr. 1989. *Inquiry, logic, and international politics.* Columbia: University of South Carolina Press.

Murphy, G. 2002. *The big book of concepts.* Cambridge: MIT Press.

Nussbaum, M. 1992. Human functioning and social justice: in defense of Aristotelian essentialism. *Political Theory* 20:202–246.

Nussbaum, M. 2011. *Creating capabilities: the human development approach.* Cambridge: Harvard University Press.

Nussbaum, M., and A. Sen (eds.). 1993. *The quality of life.* Oxford: Oxford University Press.

O'Connor, J., A. Orloff, and S. Shaver. 1999. *States, markets, families: gender, liberalism, and social policy in Australia, Canada, Great Britain, and the United States.* Cambridge: Cambridge University Press.

OECD. 2008. *Handbook on constructing composite indicators: methodology and user guide.* Paris: OECD.

OECD. 2011. *How's life? Measuring well-being.* Paris: OECD.

OECD. 2015. *How's life? Measuring well-being.* Paris: OECD.

OECD. 2017. *How's life? Measuring well-being.* Paris: OECD.

Orloff, A. 1993. Gender and the social rights of citizenship: the comparative analysis of gender relations and welfare states. *American Sociological Review* 58:303–328.

Orloff, A. 1996. Gender in the welfare state. *Annual Review of Sociology* 22:51–78.

Osherson, D., and E. Smith. 1982. Gradeness and conceptual conjunction. *Cognition* 12:299–318.

Ostrom, E. 1991. *Governing the commons: the evolution of institutions for collective action.* Cambridge: Cambridge University Press.

Ostrom, E. 1997. A behavioral approach to the rational choice theory of collective action. *American Political Science Review* 92:1–22.

Papineau, D. 1976. Ideal types and empirical theories. *British Journal for the Philosophy of Science* 27:137–146.

Paxton, P. 1999. Is social capital declining in the United States? A multiple indicator assessment. *American Journal of Sociology* 105:88–127.

Paxton, P. 2000. Women in the measurement of democracy: problems of operationalization. *Studies in Comparative International Development* 35:92–111.

Pevehouse, J. 2005. *Democracy from above: regional organizations and democratization.* Cambridge: Cambridge University Press.

Pierson, P. 2000. Three worlds of welfare state research. *Comparative Political Studies* 33: 791–821.

Pinker, S. 2011. *The better angels of our nature: the decline of violence.* New York: Viking Press.

Pinker, S. 2018. *Enlightenment now: the case for reason, science, humanism, and progress.* New York: Vintage Books.

Powell, J., and C. Thyne. 2011. Global instances of coups from 1950 to 2010: a new dataset. *Journal of Peace Research* 48:249–59.

Przeworski, A., et al. 2000. *Democracy and development: political institutions and well-being in the world, 1950–1990.* Cambridge: Cambridge University Press.

Ragin, C. 1987. *The comparative method: moving beyond qualitative and quantitative strategies.* Berkeley: University of California Press.

Ragin, C. 2000. *Fuzzy-set social science.* Chicago: University of Chicago Press.

Ragin, C. 2008. *Redesigning social inquiry: fuzzy sets and beyond.* Chicago: University of Chicago Press.

Ragin, C. 2014. Comment: Lucas and Szatrowski in critical perspective. *Sociological Methodology* 44:80–94.

Ragin, C., and P. Fiss. 2017. *Intersectional inequality: race, class, test scores, and poverty.* Chicago: University of Chicago Press.

Ravallion, M. 2016. *The economics of poverty: history, measurement, and policy.* Oxford: Oxford University Press.

Rawls, J. 1971. *A theory of justice.* Cambridge: Harvard University Press.

Rawls, J. 1982. Social unity and primary goods. In A. Sen and B. Williams (eds.) *Utilitarianism and beyond.* Cambridge: Cambridge University Press.

Richards, C., and M. O'Hara. 2014. *The Oxford handbook of depression and comorbidity.* Oxford: Oxford University Press.

Robeyns, I. 2017. *Wellbeing, freedom and social justice: the capability approach re-examined.* Cambridge: Open Book Publishers.

Rotberg, R. 2018. Good governance: measuring the performance of governments. In D. Malito et al. (eds.) *The Palgrave handbook of indicators in global governance.* London: Palgrave.

Rupp, A. 2013. Clustering and classification. In T. Little (ed.) *The Oxford handbook of quantitative methods, vol. 2: statistical analysis.* Oxford: Oxford University Press.

Sachs, J., et al. (2019). *Sustainable development report 2019.* New York: Bertelsmann Stiftung and Sustainable Development Solutions Network (SDSN).

Sambanis, N. 2004. What is civil war? Conceptual and empirical complexities of an operational definition. *Journal of Conflict Resolution* 48:814–858.

Sandler, T. 1992. *Collective action: theory and applications.* Ann Arbor: University of Michigan Press.

Sartori, G. 1970. Concept misformation in comparative politics. *American Political Science Review* 64:1033–1053.

Schärlig, A. 1985. *Décider sur plusieurs critères*. Lausanne: Presses Polytechniques Romandes.

Schenoni, L., et al. 2020. Settling resistant disputes: the territorial boundary peace in Latin America. *International Studies Quarterly* 64:57–70.

Schmitter, P. 1974. Still the century of corporatism? *Review of Politics* 36:85–131.

Schmitter, P., and T. Karl. 1991. What democracy is ... and is not. *Journal of Democracy* 2: 75–88.

Schumpeter, J. 1950. *Capitalism, socialism, and democracy*, 3rd edition. New York: Harper & Row.

Seawright, J., and J. Gerring. 2008. Case selection techniques in case study research: a menu of qualitative and quantitative options. *Political Research Quarterly* 61:294–308.

Sen, A. 1973. Behavior and the concept of preference. *Economica* 40:241–259.

Sen, A. 1992. *Inequality reexamined*. Cambridge: Harvard University Press.

Sen, A. 1999. *Development as freedom*. New York: Anchor Books.

Sen, A. 2009. *The idea of justice*. Cambridge: Harvard University Press.

Shugart, M. 2005. Semi-presidential systems: dual executive and mixed authority patterns. *French Politics* 3:323–351.

Siaroff, A. 2003. Comparative presidencies: the inadequacy of the presidential, semi-presidential and parliamentary distinction. *European Journal of Political Research* 42: 287–312.

Signorino, C., and J. Ritter. 1999. Tau-b or not tau-b: measuring the similarity of foreign policy positions. *International Studies Quarterly* 43:115–144.

Simon, H. 1996. *The sciences of the artificial*, 3rd edition. Cambridge: MIT Press.

Skocpol, T. 1979. *States and social revolutions: a comparative analysis of France, Russia, and China*. Cambridge: Cambridge University Press.

Stepan, A., and C. Skach. 1993. Constitutional frameworks and democratic consolidation: parliamentarism versus presidentialism. *World Politics* 46:1–22.

Stevens, S. 1946. On the theory of scales of measurement. *Science* 103:677–680.

Stevens, S. 1968. Measurement, statistics and the schemparic view. *Science* 161:849–856.

Stiglitz, J., et al. 2009. Report by the Commission on the Measurement of Economic Performance and Social Progress. https://www.ofce.sciences-po.fr/pdf/dtravail/WP2009-33.pdf.

Stinchcombe, A. 1968. *Constructing social theories*. New York: Harcourt, Brace & World.

Suppes, P., and J. Zinnes. 1963. Basic measurement theory. In R. Luce et al. (eds.) *Handbook of mathematical psychology*. New York: John Wiley & Sons.

Swedberg, R. 2015. On the near disappearance of concepts in mainstream sociology. In H. Leiulfsrud and P. Sohlberg (eds.) *Concepts in action: applications and development of theory in the social sciences*. Leiden: Brill.

Swedberg, R. 2017. Theorizing in sociological research: a new perspective, a new departure? *American Sociological Review* 43:189–206.

Teorell, J., et al. 2019. Measuring polyarchy across the globe, 1900–2017. *Studies in Comparative International Development* 54:71–95.

Tiberius, V. 2004. Cultural differences and philosophical accounts of well-being. *Journal of Happiness Studies* 5:293–314.

Tir, J., and J. Karreth. 2017. *Incentivizing peace: how international organizations can help prevent civil wars in member countries.* Oxford: Oxford University Press.

Treier, S., and S. Jackman. 2008. Democracy as a latent variable. *American Journal of Political Science* 52:201–217.

Tsebelis, G. 2002. *Veto players: how political institutions work.* Princeton: Princeton University Press.

Tukey, J. 1969. Analyzing data: sanctification or detective work. *American Psychologist* 24: 83–91.

UNDP. 1994. *Human development report.* Oxford: Oxford University Press.

UNDP. 2018a. Human development indices and indicators: 2018 statistical update. New York: United Nations.

UNDP. 2018b. Human development indices and indicators 2018 statistical update; Technical notes. New York: United Nations.

United Nations Secretary General. 2010. *Guidance note of the Secretary-General: United Nations approach to transitional justice.* New York: United Nations.

Weber, M. 1949. *Max Weber on the methodology of the social sciences.* New York: Free Press.

Weede, E. 1976. Overwhelming preponderance as a pacifying condition among contiguous Asian dyads, 1950–1969. *Journal of Conflict Resolution* 20:395–411.

Weeks, J. 2014. *Dictators at war and peace.* Ithaca: Cornell University Press.

Wickham-Crowley, T. 1991. *Guerrillas and revolution in Latin America: a comparative study of insurgents and regimes since 1956.* Princeton: Princeton University Press.

Wintrobe, R. 1990. The tinpot and the totalitarian: an economic theory of dictatorship. *American Political Science Review* 84:849–872.

Wittgenstein, L. 1953. *Philosophical investigations.* London: Macmillan.

Wolff, J., and A. De-Shalit. 2007. *Disadvantage.* Oxford: Oxford University Press.

Wood, R., and M. Gibney. 2010. The Political Terror Scale (PTS): a re-introduction and a comparison to CIRI. *Human Rights Quarterly* 32:367–400.

Wuttke, A., C. Schimpf, and H. Schoen. 2020. When the whole is greater than the sum of its parts: on the conceptualization and measurement of populist attitudes and other multidimensional constructs. *American Political Science Review* 114(2): 356–374.

Ziaja, S., and M. Elff. 2015. An empirical typology of political regimes. Paper presented at the annual meeting of the American Political Science Association.

上海市版权局著作权合同登记号：图字 09-2023-0227

格致方法·社会科学研究方法译丛